やってびっくり 生活雑学の本
——HOW TO コツ1000

日本社

講談社+α文庫

◉もくじ

第1章　気になるところがピカピカに！　目ウロコ掃除術

鏡はジャガイモの切り口で磨く　34
蚊取り線香の灰は磨き粉になる　34
ガラスの小さな破片は小麦団子でとる　34
灰皿についたヤニは塩でこする　35
トースターにくっついたポリ袋は除光液《じょこうえき》で　35
石油ストーブの汚れは灯油で落とす　35
クロムメッキ製品はピーナツバターで磨く　35
畳は酢をまぜた水でふく　36
畳にこぼしたパウダーは塩をまいてとる　36
カーペットのゴミはゴム手袋でとる　36
こぼしたコーヒーは酢とアルコールでふく　36
カーペットについたバターはベンジンで　37
こぼした酒は塩を振ってふきとる　37
インクをこぼしたら塩と牛乳でとる　37
白いカーペットには小麦粉をふりかける　38
カーペットにこびりついたガムは氷でとる　38
灯油をこぼしたら洗濯用洗剤をふりかける　38
テーブルクロスにこぼした紅茶にはレモン汁　38
家具の裏は油をつけた布で掃除する　39
手あかで汚れた壁紙は消しゴムできれいに　39
壁紙のカビはバンソウコウでとる　39
壁紙の汚れはぬかにつけたスポンジでふく　40
壁の黒ずみは食パンでこすりとる　40
しっくい壁の落書きにはサンドペーパー　40
カーテンの汚れ防止は防水スプレーで　40
木製家具はコーンスターチで磨く　41
白木《しらき》の家具は豆乳《とうにゅう》で磨く　41
籐家具《とうかぐ》は薄い塩水でふく　41

黄ばんだ白ぬり家具は練り歯磨きで磨く 42
クレヨンの落書きは練り歯磨きで消す 42
新しい家具の汚れ防止に防水スプレー 42
ニスぬりテーブルの輪ジミにマヨネーズ 43
ラッカーぬりテーブルの輪ジミにたばこの灰 43
布張りソファにはスチームアイロンを 43
布張りソファの汚れは洗剤とアンモニアで 44
電話機は酢水で掃除する 44
窓ガラスは裏と表でふく向きを変える 44
窓ガラスはぬらした新聞紙でふく 45
網戸の汚れは新聞紙と掃除機でとる 45
スポンジを雑巾がわりに使うと便利 46
すみずみの汚れ落としは軍手雑巾で 46
ペンキぬりの窓わくは冷めた紅茶でふく 46
ブラインドは軍手をはめて掃除する 46
ノート式雑巾でふき掃除は楽々 47
化学雑巾は自分で作れる 47
ティッシュを使ってワックス節約 47
リノリウムの床は柔軟仕上げ剤でふく 48
天井の汚れは化学雑巾をつけたほうきで 48
掃除をするときにはシャワーキャップを 48
便器の汚れはサンドペーパーでとる 49
ちりとりにロウをぬればゴミ捨てが簡単 49
換気扇の汚れは小麦粉でとる 49
換気扇の羽根にはせっけんをぬる 49
ステンレスの流しは大根で磨く 50
レモン袋を流しにつるす 50
さびた金具はアルミホイルでこする 50
ステンレスのスプーンは練り歯磨きで磨く 50
ガスレンジ皿の汚れは卵の殻《から》でピカピカに 51
台所の油汚れ防止は食品用ラップで 51
やかんの湯あかは塩水でとる 51
魔法びんのキラキラは酢でとる 51
魔法びんの湯あかは麦茶かすでとる 52
流しのにおいには濃い塩水を流す 52
排水管の通りをよくするにはホースで水を 52

パイプにつまった油はドライヤーでとかす　53
蛇口は練り歯磨きで磨くとピカピカに　53
タイルの目《め》地《じ》のカビ防止はラッカーで　54
壁タイルはヨコの目地にカビとり剤を　54
浴室のカビ防止はアルコールで　54
ポリ浴槽の湯あかは酢と練り歯磨きで　55
シャワーヘッドの汚れは酢につけて落とす　55
洗面台はレモンの切れはしでこする　55
真珠はオリーブ油にひたした布でふく　55
プラチナはせっけん水で洗う　56
銀製品は牛乳にひたしてから磨く　56
たばこの灰で銀製品を磨く　56
金製品はこすり洗いをしない　57

第2章　衣類の手入れ法　もうひと手間ですっきり長持ち

ジーンズは塩水につけて色落ち防止　60
色あせたジーンズは新品と一緒に洗う　60
ジーンズの丈出《たけだ》しは青インクで線を消す　60
色あせた木《も》綿《めん》も酢でよみがえる　61
パンストを長持ちさせるコツ　61
Vネックのセーターは衿《えり》ぐりを裏打ち　61
衿や袖口《そでぐち》の汚れはベビーパウダーで防ぐ　62
シャツの汚れはチョークできれいに　62
汗ジミ予防にはのりをつける　62
楊柳《ようりゅう》がのびたら蒸気をあてる　63
毛足の乱れには蒸しタオルをあてる　63
コーデュロイを洗ったらブラシをかける　63
かぎ裂きは卵白を使ってかけはぎする　64
応急シミ抜き用にぬらしたカット綿を　64
おしゃれ着のシミ予防に防水スプレー　64
ボールペンの汚れは酢で落とす　65
鉄サビの汚れはレモンで漂白する　65
牛乳や卵のシミにはお湯を使わない　65
血液のシミは大根おろしで落ちる　66

コーヒー、紅茶のシミ抜きは炭酸水で　66
雪で下着を漂白する　66
白い木綿の小物はレモンで漂白する　67
衿や袖口の汚れはベンジンで落とす　67
泥はねは食パンでふく　67
フェルトについた汚れは塩で落とす　68
シミ抜きしてから洗濯する　68
シミはシミの内側に向けてふく　68
洗濯物は種類別に袋に放りこむ　68
洗濯機は使わないときもふたをあけておく　69
シャツは袖と身ごろをボタンでとめて洗う　69
お湯で洗えば洗剤の量は少なくてすむ　70
汚れを吸いやすい繊維は残り湯で洗わない　70
マジックテープはとめて洗濯する　70
子ども服はヘムを解いてから洗う　70
おむつ汚れは通水カップで押し洗い　71
洗濯の最後のすすぎ水に酢を入れる　71
白ワインで洗濯物がふんわり仕上がる　72
洗濯バサミは輪にはさんで首にかける　72
洗濯ロープをピンと張る方法　73
針金ハンガーは物干しに利用する　73
洗濯物はボタンをかけてから干す　74
ハンカチはたたんで干すと、あとが楽　74
洗濯物を絞らずに干せばノーアイロンに　74
シーツののりづけはゼラチンで　74
シーツはたたんで重いものの下にしまう　75
ウールの手洗いはすすぎまで同じ温度で　75
セーターは型紙をとってから洗う　76
アクリルのセーターは裏返して洗う　76
ウールのしわは風呂の湯気にあてる　76
ストッキングを使ってセーターを干す　76
縮んだセーターはアンモニアでのばす　77
靴下のひどい汚れは住居用洗剤で落とす　77
合成スエードの衣服は住居用洗剤で洗う　78
レインコートは住居用洗剤で洗う　78
ダウンジャケットは家で水洗いできる　78

革の手袋は中性洗剤で洗う　78
白い絹は牛乳につけると黄ばまない　79
絹は冷水で洗う　79
木綿の帽子はシャンプーで洗う　80
藍染《あいぞ》めの浴衣《ゆかた》はけっしてお湯では洗わない　80
カーテンはまず水につけて汚れを落とす　81
洗濯したカーテンは脱水したら窓につるす　81
レース編みはシーツに縫いつけて洗う　81
大きなものは風呂場で踏み洗いする　82
毛布は三角に干すと乾きが早い　82
ビニール製品はタオルと一緒に洗う　82
ぬいぐるみもお風呂に入りたい　82
毛皮の汚れはおがくずをもみこむ　83
スエード類はブラシで起毛させる　83
革コートの裏は表とちがう手入れが必要　84
ハンガーでの衿じわは輪ゴムで防ぐ　84
ゴアテックスの衣服はしわくちゃにしない　84
和服の手入れはビロードの小ぶとんで　85
虫干しは一〇月のカラッとした日に四時間　85
和服は寒中に虫干しをする　86
ふとん綿は夜露にあてて再生させる　86
ふとんを干したときはたたかない　86
毛布は長い時間干さない　87
毛布についたゴミはぬらしたスポンジで　87
アイロンかけの霧は前もって吹いておく　87
スチームアイロンには湯ざましを使う　87
ハンカチは何枚も重ねてアイロンをかける　88
プリーツはゴムで固定してアイロンを　88
お尻やひじのテカテカはアイロンで直る　88
刺しゅう物のアイロンかけにはぬれタオル　89
ベルベットは同素材のあて布でアイロンを　89
アイロンをかけ終わってもすぐたたまない　90
クリーニングからもどった衣類は風を通す　90
靴クリームのつけすぎは革をいためる　90
伝線したストッキングは靴磨きに最適　91
薄い色の靴ははく前に透明な靴クリームを　91

白い革製品は中性洗剤で手入れする 91
保革用クリームは指でのばしてぬる 91
革底の靴は底にも靴クリームをぬる 92
汚れ落としのクリームは革に万能ではない 92
古い牛乳で革製品を磨く 92
ベルトの穴裂け防止にマニキュアをぬる 93
草履《ぞうり》はゲタ箱にしまわない 93
運動靴はビールびんを使って干す 93
ズック靴にはのりづけをする 94

第3章 ものは試し！ ぐんと得するコツと裏ワザ

切手シートの余白を名札に使う 96
マヨネーズの容器でじょうごを作る 96
古いゴム手袋は輪切りにしてゴムバンドに 97
火鉢を使って池を作る 97
サーフボードがカラフルなテーブルに 97
トイレットホルダーにラップの箱の刃を 98
フィルムの空き容器は携帯灰皿になる 98
チラシ広告の地図を自家用に 99
廃物の電気スタンドで台つき拡大鏡を作る 99
【おもしろ廃物利用法】 100
コンパクトを口紅ケースにリフォーム 102
コーヒーかすを生ゴミにふりかける 102
茶がらはそのままで脱臭剤になる 102
古いTシャツは台所磨きに使う 102
古いこたつのわくをハンガーボードに 103
水のもるホースは芝生の水まき用にする 103
古ワイシャツを洋服カバーにする 103
トウモロコシの皮でタワシを作る 104
シーツでハンガーカバーを作る 104
セーターの袖でレッグウォーマーを作る 104
スニーカーの底敷きを古ジーンズで作る 105
余り布でワイシャツホルダーを作る 105
古い毛布で幼児の肌掛けを作る 106

書けないボールペンはたばこのフィルターで　107
なべの穴は真綿だけで直せる　107
新聞紙と水で紙粘土を作る　107
ゆがんだプラスチックはお湯の中で直す　108
水もれする花びんにはパラフィンを　108
ビニール一枚で風呂を早くわかす　108
ストーブの反射板を磨くとこんなにちがう　109
トイレタンクの節水にはペットボトルを　109
乾電池は全部とり替える　110
蛍光灯もこまめに消したほうがよい　110
ほうきを長持ちさせるには塩水につける　111
缶入り油は熱してむだなく使う　111
余った糸で雑巾《ぞうきん》を縫う　111
乾燥剤はくり返し使える　112
マットレスはときどき上下を逆にする　112
浴用タオルはミシンがけしてから使う　112
腕時計は透明マニキュアをぬっておく　113
角形の腕時計はゴミや水が入りやすい　113
メッキのはげ予防にマニキュアをぬる　113
映画は上映中でも前売り券が買える　113
一二月の結婚・出産は得になる　114
乗車券をなくしてもすぐあきらめない　114
JRの冷暖房が故障しても払い戻しがある　115
遅れた速達は料金を払い戻してもらえる　115

第4章　台所の達人になるこのひと工夫

保存編

おにぎりはお湯を使うと長持ちする　118
おにぎりを竹の皮に包むと腐らない　118
弁当の梅干しはまぶしたほうが持ちがよい　118
梅雨あけには梅干し入りご飯を　119
「米の一升買《いっしょうが》い」はおいしさの象徴　119
米びつにニンニクを入れると虫がつかない　120
米びつにサンショウを入れても虫除《むしよ》けに　120

野菜を新聞紙にくるんで二倍長持ちさせる 120
菜っぱ類の保存は空気を吹きこんで 120
キャベツは芯《しん》に脱脂綿をつめて保存する 121
パセリは葉先を水につけて保存する 121
刻んだ三つ葉はラップに穴をあけて保存 121
レモンはコップの中で保存 122
酢と砂糖でしおれた野菜もシャキッと 122
お茶は冷蔵庫で保存する 122
マヨネーズは室温のほうが長持ちする 122
卵は塩にうめれば長期保存も可能 123
残りご飯は冷凍して雑炊《ぞうすい》、ピラフに 123
食パンは冷凍して保存する 124
もちはつきたてを冷凍する 124
肉は小分けして冷凍する 124
魚介類は穴あきポリ袋に入れて冷凍する 125
大根おろしは凍らせて切ってまた凍らせる 125
パセリはみじん切りにして冷凍してしまう 125
マツタケは生のままで冷凍する 126
ヨモギは冷凍室で一年もつ 126
冷凍を開始したら一時間はそのままに 126
冷蔵室はすきまを作り冷凍室は満タンに 127
冷蔵庫のドアは一〇秒あけると五度上がる 127
水分の多い野菜類は冷凍室に不向き 127
冷凍した乾物はすぐに開封しない 128
チーズは真ん中から切って使う 128
かたくなったハムは牛乳につける 129
卵はとがったほうを下にすると長持ちする 129
残ったワインはマッチに火をつけて保存 129
自家製びん詰めは蒸して空気を抜く 130
砂糖入れのアリ除けには輪ゴムを口に巻く 130
砂糖つぼのアリはニラで退散 130
食塩に炒《い》り米を入れて湿気防止 130
七味唐辛子は粒がつながったら捨てる 131
しょうゆのカビ防止はからし粉で 131
しょうゆのカビはコーヒーフィルターで 131
もちはポリ袋に入れてのすとカビ防止に 131

練りがらしでもちのカビを防止する 132
干し柿は湯通しするとカビない 132
干しタケノコを簡単に作る 132
生シイタケを干してビタミンDを作る 132
ぬかみそは手塩にかけて育てることが大切 133
ぬかみその水分を簡単にとる法 133
ぬかみそのそばでは金物《かなもの》は避ける 134
ナスの漬物には古クギを入れる 134

●調理用具・食器編

まな板は二枚を交互に使う 134
まな板の生ぐさみにはお湯ではなく水 134
まな板の生ぐさみはレモンでとる 135
まな板はタワシに塩をつけて洗う 135
包丁についたにおいは酢で洗ってとる 135
包丁を研《と》ぐときは押すときに力を入れる 136
包丁はアルミホイルを切って研ぐ 136
大根で包丁のサビ止めをする 136
包丁は米ぬかでサビを防止する 136
パンは熱した包丁で切る 137
ケーキを切るときはナイフを冷やす 137
ゆで卵は熱した包丁で切る 137
包丁の種類を知る 138
煮豆は魔法びんで煮る 139
やかんで焼きイモを作る 139
少量の揚げ物はフライパンで揚げる 139
小麦粉やパン粉はそのまま使えるケースに 140
レンガで強火の遠火を作る 140
干し柿作りに編み物用のかぎ針を使う 141
レモン絞りはストローで 141
落としぶたがわりに半紙を使う 141
割りばしを使って野菜を切る 141
抹茶《まっちゃ》茶わんを多目的に使う 142
茶わんのラベルは除光液《じょこうえき》でとる 142
鉄なべは柿の皮を入れて煮立てる 142
鉄なべは茶がらでサビを防ぐ 143
アルミニウム製品はまず米のとぎ汁で煮る 143

黒ずんだアルミなべはリンゴの皮を煮る 143
アルミなべが白くなるのは水分がもと 144
土なべのヒビ割れは米のとぎ汁で直る 144
ホウロウ製品のこげつきは重曹《じゅうそう》でとる 144
なべは積み上げて収納する 144
流し台下の収納にスライド式ハンガーを 145
ガラス器は使う前によく煮る 145
ガラス器は麻のふきんでふく 146
カットグラスの汚れは白い皿を使って見る 146
重ねたコップはお湯と水で抜く 146
ガラス製品はジャガイモを使って洗う 147
黒ずんでしまったガラス器は塩で磨く 147
銀器はジャガイモのジュースで磨く 147
徳利《とっくり》は卵の殻《から》と酢で洗う 147
漆器《しっき》は米びつにうめておく 148
新しいすり鉢は野菜をすってゴミをとる 148
アルミ皿はパタパタ振るとバラバラになる 148
菜《さい》ばしは水にぬらしてから使う 149
食器洗いの最後は湯通しすると乾きが早い 149
手ぬぐいはふきんに最適 149
エプロンに手ふきタオルをつける 149
ポットは角砂糖を入れて保存する 150
糸底《いとぞこ》はサンドペーパーで磨く 150
油のつぼは中が見えるものがよい 150
夏のサラダは氷の器に盛る 151
はし置きを食卓のアクセントにする 151
おいしい色は暖色系 152
料理メモは透明なペーパーケースに 152
ステンレスの流しの穴は接着剤でふさぐ 152
生ゴミ用ポリ容器の底にクレンザーを 153
台所はプラスチック製品の色を統一する 153
電子レンジではホッチキスの針に要注意 153
蒸し器には小石を入れてご用心 154
やかんに貝殻を入れておく 154
やかんの口は横向きにして火にかける 155
台所のガス管にはアルミホイルを巻く 155

◎酒・嗜好品《しこうひん》編

ビールは一〇度がうまい　155
ビールは扇風機のほうが早く冷える　156
ビールをつぐときはコップを傾けない　156
ビールには油が大敵　156
残ったビールをむだなく使う　157
日本酒の燗《かん》はすばやくすると香りがよい　157
香り高い燗酒は割りばしを立てて　157
煎茶《せんちゃ》のビタミンCは一杯目に八割が出る　157
番茶もあられ一つでちょっとぜいたくに　158
麦茶に塩を入れるといい香りになる　158
インスタントコーヒーにマシュマロを　159
角砂糖は大小用意する　159
コーヒー茶わんの取っ手は右側でもよい　159
湯ざましを使うと透明な氷ができる　160
和菓子に葉を巻くときは表を内側にする　160
コーヒー、紅茶の残りは凍らせておく　161
バナナは割りばしを刺して冷凍する　161

◎「なるほど納得！」編

スイカを丸ごと冷やす　161
アイスペールを凍らせてから氷を入れる　162
オーブンのにおいとりにミカンの皮を焼く　162
冷蔵庫の脱臭はドクダミで　162
冷蔵庫に香りのよい花を入れる　162
冷凍室には脱臭剤はいらない　163
手のくさみは番茶の煙で消す　163
室内のにおいは茶がらで消す　163
食器棚のにおいはアルコールで消す　163
カルキくさい水はふたを閉めずにわかす　164
ご飯のこげたにおいは炭で消す　164
焼き魚のにおいとりはしょうゆをこがす　164
刺身はしょうゆにワサビをとかさない　164
製氷皿に輪ゴムを敷いておくととりやすい　165
容器の移し替えは流しでする　165
冷蔵庫のパッキングはハガキで確かめる　165
ジュースをこぼさず持ち運ぶ法　166

スプーン一本でミルクがふきこぼれない　166
熱いなべは乾いたふきんでつかむ　167
流しの下の戸棚は扇風機で湿気を除く　167
油汚れは米のとぎ汁で洗う　167
【暮らしのことわざ】168
ホウ酸入りのジャガイモでゴキブリ退治　171
食器棚にからし粉をまいてゴキブリ追放　171

第5章　これで万全！　料理・食材の知恵袋

●料理編
サラダ油でピカピカご飯　174
芯《しん》のあるご飯には酒をふりかける　174
もち米を入れておいしいご飯　174
冷やご飯は酒でほぐすとサラリとする　175
ご飯はお湯で炊けば経済的　175
お米と水が一対一〇が五分がゆ　175
ご飯と重湯《おもゆ》を同時に作る　176
低い温度だとパンが何回でも温められる　176
ゆでめんを冷水で洗うとこしが強くなる　176
大根おろしの辛みは酢でとる　177
大根に唐辛子を刺してもみじおろしを作る　177
ジャガイモはクギを刺すと早く煮上がる　177
タマネギの串刺しは串を刺してから切る　178
キャベツは芯に熱湯を注ぐとはがしやすい　178
ブロッコリーはゆでる前に塩水につける　178
キュウリは熱湯で漬けると色鮮やかに　179
トマトの皮は熱湯をかけて急冷してむく　179
サラダ用野菜は材料別にポリ袋へ　179
枝豆は急速に冷やすと色がさえる　179
ラッキョウは洗濯機で洗う　180
ショウガはビールの王冠で皮をむく　180
サトイモは食用油を手にぬって皮をむく　180
とろろイモはすり鉢でおろす　181
とろろイモは二本のはしを別々に持って　181

タケノコは、はしを刺して形よく煮る　181
せん切り野菜は切ったら水にひたす　182
土の中でできる野菜は水からゆでる　182
煮物の野菜は面とりをしておく　182
白菜漬けの酸味は卵の殻《から》でとる　183
梅干しに雪をかけるとまろやかになる　183
ビタミンCを逃がさない調理を　183
タマネギのわくで上手に目玉焼きを作る　184
タコは大根でたたくとやわらかくなる　184
カキは大根おろしで洗う　185
タコはコルク栓と一緒に煮る　185
洗濯の小物干しでみりん干しを作る　185
新しいイワシは手開きにする　186
魚のウロコは大根のしっぽでとる　187
塩魚の塩出しは塩水につける　187
エビは尾の水を出してから揚げる　187
やわらかくておいしい貝のみそ汁　187
貝柱は米粒を入れて煮るととりやすい　188
タイは骨まで味わう　188
キャベツを敷いて魚を煮つける　188
小魚はお茶で煮ると骨まで食べられる　189
焼き魚は少し冷ましてからひっくり返す　189
サンマやウナギは横からあおいで焼く　189
アンチョビーは牛乳につけて塩を抜く　190
スルメはお酒で洗ってやわらかく焼く　190
みそ汁は煮立てると香りがとんでしまう　190
冷たいと塩味が強くなる　191
冷めたかば焼きには日本酒をふりかける　191
味つけは〝サシスセソ〟　191
すき焼きの肉としらたきは接しないように　192
割れたハンバーグにはチーズをのせる　192
ソーセージの皮を破らない方法　193
卵に穴をあけておくとゆでても割れない　193
ゆで卵はすぐヒビを入れてしまう　193
ナッツは包丁を二本使って切る　193
いなりずしの油揚げはポンポンとたたく　194

炒《い》りゴマは三粒はねたらちょうどよい 194
冷ややっこも一度加熱すれば安心 194
おいしいダシは昆布とカツオ節で 195
ダシ昆布で酢昆布を作る 195
ダシをとったカツオ節をふりかけに 195
新茶の出がらしを食べる 195
温泉卵を作ろう 196
みそにセリをつけこんで即席みそ汁 196
手秤《てばかり》で分量を知る 197
油の温度を知るにはころもを落とす 198
コロッケは揚げる前に冷やすとくずれない 198
から揚げ粉はポリ袋の中でつける 199
ゆでこぼれはバターで防ぐ 199
天ぷら油に泡が立ったらネギを入れる 199
ジャガイモで油のにおい消し 200

●食材編

茎にすがあるものは根にもある 200
大根とニンジンは一緒におろしにしない 200
野菜の重さを知っていると便利 200
ジャガイモのビタミンCは熱に強い 202
大根はゆっくりおろすと辛くない 202
タマネギはぬらしてから切る 202
芽が出たタマネギは土にうめておく 203
レタスは芯の部分をくりぬいて洗う 203
しおれたレタスはジャガイモ水につける 203
レンコンは酢を入れてゆでると白くなる 204
ヤマイモのかゆみは酢で洗う 204
ヘチマの実は食用にもなる 204
根三つ葉の根は鉢に植える 204
タケノコはぬか汁でゆでる 205
木の芽はポンとたたいて香りを出す 205
マツタケは八分開きがもっとも香り高い 205
ブドウは房の根元の一粒が味を決める 206
メロンの食べごろはお尻で決める 206
パイナップルは皮と身で別々の包丁を使う 206
ドライアイスで柿のしぶ抜きをする 206

しぶ柿は紙に包んで甘くする 207
しぶ柿に白ワインを注ぐと甘くなる 207
古い卵は塩水に入れると浮く 207
卵小二個で一〇〇グラムと覚えておこう 208
ウズラの卵は割るよりハサミで切る 208
貝はざるに入れて砂出しをする 208
ハマグリは立てて表裏を見分ける 208
魚の鮮度はにおいで見分ける 209
ナマズは唐辛子で泥をはく 209
コイは酢水に泳がせてから調理する 209
肉は腐る直前がおいしい 210
冷凍してひき肉を作る 210
松阪牛《まつざかぎゅう》は松阪生まれ？ 211
マトンのにおいのもとは脂肪にある 211
バター焼きのバターは上《うわ》ずみを使う 212
バターはサラダ油を熱してからとかす 212
バターは切り分けて使う 212
牛乳はにおいを消すが吸いとりもする 213

ニンニクのにおいは牛乳で消える 213
チーズにはアルカリ性と酸性がある 213
かたくなったチーズにはウイスキーを 214
かたまった砂糖には霧を吹きかける 214
かたまった砂糖はおろし金でおろす 215
からしはぬるま湯でとくと辛くなる 215
生ワサビは砂糖で辛くする 215
のりは半分に折るか二枚重ねて焼く 215
のり巻きののりは焼かない 216
しけたのりは油と塩でパリッとなる 216
昆布の品質は色、香り、厚みで見分ける 216
昆布はまとめてハサミで切っておく 217
煮干しは腹の側に曲がったものがよい 217
凍り豆腐はぬるま湯でもどす 217
干しシイタケは砂糖を加えてもどす 218
かたいもちはくだいて蒸す 218
コンビーフは熱湯をかけてから開封する 218

第6章　覚えておいて損はない「暮らしのハウツー」

●アイディア編

びんのふたあけにスポンジを　220
細かい探し物は掃除機に靴下をかぶせて　220
部屋の香りは電球に香水をつけて　220
からまったネックレスはパウダーでほどく　221
電気器具のプラグには名前を書いておく　221
雑音が入るときはプラグを反対に差しこむ　221
印鑑はチューインガムで掃除する　222
マニキュア液で防水マッチを作る　222
汚くなった消しゴムは消しゴムできれいに　222
ものさしの溝を使えばインクがにじまない　223
雪かき用のスコップにはロウをぬる　223
鏡のくもり止めにはせっけんをぬる　223
熱すぎる風呂は仕切りをして水でうめる　223
風呂場のタイルは丸いほうがすべりにくい　224
手紙は生ゴミにまぜて捨てる　224
テーブルや机の上には霧吹きを置いておく　225
灰皿に水入りの王冠を入れて火を消す　225
落書き防止にはぬり絵用壁紙を張る　225
赤色で注意をひくのは子どもには危険　226
子どもに出す招待状は風船で　226
青竹製の器は油で素揚げする　227
本の帯ははずしてしおりにする　227
写真はトリミングしてアルバムに貼る　227
やぐらごたつの中にミカンの皮を入れる　228
コーヒーかすを灰皿に敷いて香りのもとに　228
トイレのにおい消しにはマッチを燃やす　228
食器棚で番茶をいぶすとにおいが消える　229
後ろあきブラウスのボタンをとめるには　229
毛玉とりには粘着テープを使う　229
セーターの毛玉はスポンジでとる　230
すそ上げは一〇センチごとに玉結びを作る　230

ボタンホールにはマニキュアをぬっておく 230
羽毛ぶとんに針穴をあけてはいけない 231
羽毛ぶとんはいちばん下にかける 231
電気毛布はふとん乾燥機の代用になる 231
シーツとまくら&ふとんカバーを一つに 231
ふとんずれをサスペンダーで防ぐ 232
カーテンを作るときはつってからすそ上げ 232
ブラインドのひもは同時にひっぱる 233
すだれを二重にすると外から見えない 233
狭い部屋ほど大きなテーブルを 233
居間にかける絵は低めの位置にセットする 234
ポスターは四すみを折り押しピンでとめる 234
独り暮らしの女性の洗濯物は男物と一緒に 234
ペットのノミ除《よ》けは松葉で 235
犬の毛をあっという間に乾かす法 235
米のとぎ汁で犬の糞《ふん》を防ぐ 235
ジョギングシューズのひもは二重に結ぶ 235
縮んだブーツはお湯入りビールびんに差す 236
ナメクジはビールで退治する 236
クモやハチは空のマッチ箱でつかまえる 237
ハチ退治は日が暮れてからする 237
車のガラスのくもりふきに黒板消しが便利 238
フロントガラスの凍結防止に不凍液《ふとうえき》を 238
フロントガラスにラップを張って凍結防止 239
車の灰皿には水を含ませた脱脂綿を 239
電車内の忘れ物は階段までの距離を告げる 239

収納編

セーターは丸めて収納する 240
タンスの上段には上等の着物を入れる 240
ウールの小物は空き缶にしまう 241
スーツケースは虫のつきやすい衣服を収納 241
背広は袖《そで》を袖の中に通してたたむ 241
スカーフは巻いて収納する 242
桐《きり》のタンスは火事でも中身は大丈夫 242
ズボンハンガーにスポンジテープを貼る 243
ハンガーはかけ金の向きをそろえる 243

防虫剤はちがう種類を併用しない 244
防虫剤は衣類の上に置く 244
防虫剤の袋はいろいろな切り方にする 245
梅雨どきにはふとんはすぐにたたまない 245
押し入れの湿気防止に発泡スチロール 245
クリーニング店の保管サービスを利用する 245
コートは玄関に収納する 246
本棚は食器棚に使える 246
高いところの棚は浅く低いところは深く 247
小物整理には事務用小引き出しがいちばん 247
季節外の毛布はクッションにする 247
ハンドバッグの収納に手製バッグホルダー 248
歯ブラシにふたつき容器は不衛生 248
長さのちがうクギはガラスのびんに入れる 249
古雑誌は目次だけ切り抜いて保存する 249
雑誌は必要なところだけ残して製本し直す 249
【非常持ち出し品一覧】 250
氷まくらはストッキングをつめて保管 253

◎修理・DIY編

接着剤つきのフックは酢ではがす 253
スムーズでないファスナーにはロウをぬる 253
腕時計のガラスのくもりはこすればとれる 253
夜光塗料のはげてきた時計の再生法 254
水銀柱《すいぎんちゅう》の切れた体温計はお湯につけて直す 254
家具の傷は絵の具とマニキュアで直す 254
ホウロウ浴槽の傷はマニキュアで直す 254
金ぬりの木製品は卵白で手入れする 255
すべりの悪い敷居《しきい》はスプーンの背でこする 255
すべりの悪い雨戸は卵の殻《から》でふく 255
すべりのよすぎる戸にはベビーパウダーを 256
水もれする蛇口には糸を結んで応急処置を 256
ゆるくなった吸盤はお湯で元どおりに 256
古い籐椅子《とういす》は熱湯をかけてリフレッシュ 257
レザーのかけはぎはビー玉でならす 257
テーブルを保護するにはリンネル油をぬる 257
桐ダンスのへこみにはアイロンをあてる 258

桐ダンスはスチールウールで磨く 258
カーテンは簡易フックで簡単に作れる 258
壁紙を替えるときにはまずトイレから 259
壁紙はアイロンではがす 259
壁紙のかわりに雑誌を貼って靴ずみで磨く 259
はがれにくい障子《しょうじ》には大根おろしをぬる 260
障子を張るときは逆さにしてから 260
障子張りの仕上げは寒天《かんてん》で 260
畳の焼けこげは接着剤でかためる 260
畳に焼けこげを作ったら畳を入れ替える 261
カーペットの焼けこげは毛糸で直す 261
カーペットの家具あとはスチームで消す 261
カーペットの裁断は接着剤をしみこませる 262
浮いてきたビニールタイルにはアイロンを 262
大谷《おおや》石《いし》の塀《へい》のはがれは防水スプレーで防ぐ 262
ベニヤ板はガムテープを貼って切る 263
かたい板にクギを打つには先端にロウを 263
短いクギは割りばしを使って打つ 264
柱に残ったクギ穴にはつまようじをつめる 264
木の表面のデコボコを見つけるには 264
ペンキの缶には、しごき用のゴム輪を 265
ペンキをぬるときは手袋を折り返す 265
ペンキをぬるときは窓ガラスにせっけんを 265
ペンキぬりにはスポンジを使う 266
肌にペンキがついたらバターで落とす 266
ペンキのにおいはタマネギで消す 267
発泡スチロールはノコギリで切る 267
二《ふた》またはしごで棚を作る 267
子どもの学習机はユニット家具で 268

●マナー編

電話で話すときは上を向いて 268
「殿」は目上の人には使わない 269
時間に遅れるときの連絡のコツ 269
ステレオは壁から少し離して置く 270
目上の人へは現金ではなく商品券を 270
並んで座るときは向かって右側が位が高い 270

自宅への招待にはほんの少し遅れていく 271
玄関先ではコートを着たままでよい 272
座布団は縫い目のないほうを前にする 272
はし置きがないときははし袋で代用する 273
知人の車では助手席が上座《かみざ》 273
「平服で」のパーティにふだん着で行かない 273
結婚式では花嫁より豪華な服装をしない 274
礼装には爬虫類《はちゅうるい》の草履《ぞうり》・バッグはタブー 274
急な不幸には黒ネクタイ、黒靴下で 274
足のしびれない正座のしかた 275
通夜《つや》には何を着て行くか 275
自分の草履に目じるしをつけておく 276
白いエプロンは一枚は持っておく 276
色留《いろと》め袖《そで》があれば黒留め袖はいらない 276
他人に着つけをしてもらうときは 277

第7章　元気になれる！　健康雑学あれこれ

風邪のひきはじめにはタマネギみそを飲む 280
のどの痛みに大根あめを 280
せき止めにはシソに番茶をそそいで飲む 281
下痢しやすい人はシソの葉を食べる 281
下痢には生卵にお茶をかけて飲む 281
下痢止めに梅肉エキスを 282
ゲンノショウコは下痢にも便秘にも効く 282
便秘しやすい人はサツマイモを食べる 283
【世界の風邪の治し方】 284
便秘になったらキャベツを食べる 287
タンポポは胃腸を丈夫にする 287
生理痛、冷え性には紅花酒《べにばなしゅ》が効く 288
肩こりには炒《い》った塩をあてる 288
肩こりにはアイロンをあてるとよい 289

あせもはキュウリの汁でよくなる 289
ニキビには大根おろし汁をつける 289
おできにはドクダミの絞り汁をつける 290
がんこないぼもハト麦でよくなる 290
疲労回復には土踏まずにニンニクの貼り薬 290
打ち身、ねんざにサトイモ湿布を 291
ヘビイチゴ酒は自家製の傷薬になる 291
【気軽にできるストレッチ体操1】 292
【気軽にできるストレッチ体操2】 294
ヨモギの葉は応急の止血剤になる 296
ひざのけがは靴下で包帯する 296
虫さされに唾《つば》をつけると毒を中和する 297
ハチの毒はタマネギで吸い出す 297
のどにつかえた食べ物は電気掃除機でとる 297
耳に虫が入ったら食用油を耳の中にたらす 298
鼻血のとき首の後ろをたたくのは間違い 299
やけどをしたら衣類の上から水をかける 299
やけどは最低一〇分間は流水で冷やす 300
やけどにはアロエがよく効く 300
笹の葉をかみながら歩くと疲れない 300
靴ずれ防止にはバンソウコウを貼っておく 301
足の疲れをとるには足浴法がいちばん 301
【とっさの手当てを覚えよう】 302
塩湯に入れば湯ざめなし 305
ミカンの皮は干して風呂に入れる 305
顔の汗は首筋を冷やすと止まる 305
汗かきの人は酢で手足を洗う 306
いびきをかく人は横向きに寝る 306
しゃっくりには器の水を向こう側から飲む 307
止まらないしゃっくりには柿のへた 307
目が疲れたら髪の毛をひっぱる 307
正座はひざの病気を防ぐ 308
赤ちゃんに眼帯をかけさせるのはよくない 309
お年寄りのベッドは高めにする 309
ソバがらまくらは頭が冷えて眠りやすい 310
虫歯防止には食事のあと水を飲む 310

ひび、あかぎれは手袋をはめて寝る　311
歯磨きは力を入れなくてよい　311
歯磨き剤は少量でよい　311
歯磨きを座ってやると長く磨ける　312
歯が痛いときは耳の下を押す　312
薬の効能書きは救急箱にまとめておく　313
車酔いを防ぐには求心的姿勢をとる　313
牛乳を飲むとイライラがしずまる　313
豆乳《とうにゅう》と牛乳、栄養価はここがちがう　314
砂糖を減らすと塩も減る　315
減塩みそも多く使えば同じこと　315
つけあわせのパセリは食べてしまう　315
果物も肥満の原因になる　316
ビタミンをとるにはサラダよりも野菜炒め　316
消化剤はお茶と一緒に飲んではいけない　317
インフルエンザと風邪はここがちがう　317
紅茶はコーヒーよりもカフェインが多い　317
たばこの煙は紫煙《しえん》のほうが有害　318
アルカリ性食品が体にいいというのはうそ　318
食後寝るのは肝臓を助ける　318
爪の具合で健康をはかる　319
ガス中毒の人を歩かせてはいけない　319
うつ病の人を励ましてはいけない　320
おならはがまんすると体に悪い　320
服の背中がきつくなったら肥満に注意　321
歩く経済速度は一分間八〇メートル　321
スポーツドリンクは自家製で　322

第8章　買い物上手はここがちがう！

バーゲン品は端切《はぎ》れがついたものを選ぶ　324
服を買うときは同じレベルの服を着ていく　324
家族の寸法一覧表を作る　324
タオル地の衣類は大きめのサイズを選ぶ　325
コートの基本色を覚えておこう　325

ダウン製品のよしあしはさわるとわかる 325
ネクタイはタテにひっぱってみて選ぶ 326
足袋《たび》は小さめのものを選ぶ 326
かさは顔色が悪く見える色を避ける 327
バッグ選びはまず口金をチェックする 327
バッグを買うときは実際に物を入れてみる 328
靴は夕方に買う 328
家具選びにはメジャーと見取り図を 329
家具は雨の日に選ぶとよい 329
タンスは引き出しを閉めてみて選ぶ 330
家具は婚礼用の売れ残り品が狙い目 330
テーブルは靴を脱いで選ぶ 330
ベッドは業務用が最高 330
カーペットは加工の種類を確かめて買う 331
カーテンは裏表使えるものを選ぶ 331
小型の電気製品は三日に一度は使うものを 331
冷蔵庫は置く場所によっては左開きを選ぶ 332
料理がおいしそうなテレビは色がよい 332
冷暖房機は大きめのものを買うほうが得 332
CMの多い商品は値引き率が低い 332
大きな買い物は食事をすませてからにする 333
冷凍食品はショーケースの温度を確認する 333
冷凍食品の買い物は新聞紙持参で 333
同系色の網に入った青果物にご用心 334
生鮮食品は金曜日が買い得 334

第9章　暮らしを楽しむ豆知識

植物編

旅行中の鉢植えの水やりは古タオルで 336
水も立派な殺虫剤になる 336
観葉植物は風呂場に置く 336
水やりの時期は鉢をたたいて判断する 337
発泡スチロールで鉢の水はけをよくする 337
アボカドを観葉植物に 338

旅行中の植物の防寒は段ボール箱で 338
卵の殻《から》は鉢植えのよい肥料になる 339
植木鉢はクギを逆に打った板の上に 339
花から根まで食べられるタンポポを育てる 339
卵のパッケージで苗作《なえづく》りを 340
ポリ袋を使って苗を越冬《えっとう》させる 340
草花の防霜《ぼうそう》には新聞紙を 340
庭に木を植えるときは隣近所を見てまわる 341
木が弱ったときにはすぐに肥料を与えない 341
アブラムシ退治にはたばこがいちばん 342
畑のミミズは殺してはだめ 342
砂利道の雑草には塩水をかける 342
バターナイフを草取りに利用 343
大根を水栽培して葉を食用に 343
台所で野菜を水栽培する 343
ビー玉を使って水栽培を 344
切り花は思いきって飾る 344
花びんに一〇円玉を入れると花が長持ち 345
生け花は炭酸で長持ちさせる 345
切り花は冷蔵庫に入れると長持ちする 345
淡い色の花はカラーインキで彩りを 346
花びんと発泡スチロールで花を生ける 346
背が高く不安定な花びんの底にビー玉を 346
短い茎の花はストローで長い花びんに 346
センターフラワーの生け方 347

おしゃれ編

シャンプー後のすすぎに酢を使う 348
シャンプー剤はむやみにたくさん使わない 348
入浴できないときの洗髪法 348
マヨネーズで髪をトリートメントする 349
いたんだ髪の手入れにエッグ・シャンプー 349
ヘアトニックは自作すると経済的 350
ブラッシングで皮脂が髪全体にゆきわたる 350
たまにはミルク風呂もいかが 351
肌の色は壁の色によって変わって見える 351
洗顔前に牛乳でマッサージ 352

洗顔後のつっぱりはリンゴ酢でとる　352
ぬか袋で肌を磨く　352
ツヤのない肌はスチーム療法で治す　353
口紅はすべての身仕度が終わってからぬる　353
口紅はガーゼで押さえながらぬる　353
マニキュアは水につけて乾かすと早い　354
マニキュアは爪の裏にもぬる　354
香水は箱に入れて保管する　354
香水は髪やわきの下につけてはいけない　355
夏は化粧水浴でさっぱり　355
全身が映る鏡は身長の五分の三あればＯＫ　356
スリムに見せる着こなし　356
試着のポイントは横から見たライン　357
かっこうよく歩くには頭を肩から離す　357
伸縮性のあるズボンは太って見える　358
マタニティはローウエストですっきり　358
ベルトの穴の間隔はウエストサイズで決める　358
男物を着るときはアクセサリーを合わせる　359
コートとスカートは同色にする　360
ニットには大きめのアクセサリーを　360
ダッフルコートは粋《いき》に着られる　360
ダウンジャケットの下は思いきって薄着に　361
ブレザーの丈《たけ》はお尻が隠れるものを　362
手作りのリバーシブル・カーディガン　362
水着選びは肌の色に合わせて　363
靴を脱いでもバランスのよい服装で　363
外国製バッグは色落ちに注意する　363
雨の日のバッグを決めておく　364
和服での外出には風呂敷を忘れずに　364
足袋《たび》は着つけの前にはいておく　365
替え足袋は帯の中に入れておく　365

お出かけ編

衣類をスーツケースにつめるときには　366
海外旅行では機内で着替えてしまう　366
旅行中はシャンプーで下着を洗う　366
タオルを巻いてシャワーで入浴気分を　367

ホテル・旅館から外出するときは 367
大きなホテルは必ず予約をとってから行く 367
ハイキングには缶ジュースを凍らせていく 368
ビールの空き缶はタテにつぶす 368
長距離ドライブには牛乳の空きパックを 369
休日ドライブの帰り時間は遅いほうがよい 369
牛乳パックでかち割り氷を作る 369
【動物天気予報】 370
毒キノコを見分ける俗説に気をつける 373
カーボン製釣《つ》り竿《ざお》は感電の危険がある 373
落雷を避けるには高い樹木を探す 374
「一時雨」と「ときどき雨」のちがいは 374
キャンプ用のマットは風呂場用が最高 375
キャンプで食べる肉はみそ漬けにする 375
灯油をしみこませたレンガでたき火を 376
ガソリンは朝入れると得 376
公共施設の周囲は駐車できる場所が多い 377
「五《ご》、十日《とおび》」は都市部に車で行かない 377
車頭時《しゃとうじ》間《かん》で追突防止 377
黒ぬりの車は追突されやすい 378

第10章　なるほど便利！驚きのアイディア集

水中でならハサミでもガラスが切れる 380
びんに穴をあけるときは水を入れる 380
五円玉と糸でポスターをまっすぐ貼れる 380
靴用ワックスでポスターの色あせを防ぐ 381
額で壁を傷つけないよう消しゴムを貼る 381
油絵はジャガイモでリフレッシュできる 381
ふすまを破いてしまったら 381
障子《しょうじ》は漂白剤を吹きつけると白くなる 382
貼りついたシールはドライヤーではがす 382
大きくなりすぎたネジ穴にはタワシの毛 382
サビついたネジはアイロンをあてて抜く 383
ペンキぬりのところにクギを打つコツ 383

クギに酢をつけて打つと抜けなくなる 383
キリにテープを巻いて均一の穴をあける 384
カギ穴がサビついたら鉛筆の芯の粉で直す 384
タンスは週刊誌で簡単に動く 384
物干し竿《ざお》は部屋の中にも一本 385
接着剤のふたにはマチ針を 385
缶入りの接着剤は逆さに置いて保存する 385
せっけん箱にはスポンジを敷く 386
ぬれたかさはレンガの上に立てかける 386
ハチはヘアスプレーで退治する 386
スリッパ立てはタオル掛けで作る 387
紙袋はスカートハンガーに収納する 387
古新聞の整理には段ボール箱を工夫する 387
タオル掛けをワイシャツ専用のハンガーに 388
ワイシャツ入れに事務用のキャビネットを 389
本は高さと前面をそろえて本棚に収納する 389
ボックスで食事用テーブルの収納力アップ 389
余分なハンガーはベルトにかける 390

スイカを真っ二つに切るには 391
ロウソクは塩水につけて食卓へ 391
トイレットペーパーを鎖《くさり》でつるす 392
紙ナプキンはボタンにかけると落とさない 392
三角フラスコはデキャンタにもなる 392
手ぬぐいでご飯を炊く 392
布袋で蒸しご飯を作る 393
ビニールの折り目は熱湯でとる 393
ホッチキスは立派な洋裁道具 393
途中で折れた針は茶わんの底で研《と》ぐ 394
服のラベルをつけ替えてスカーフどめに 394
マットに折りこめる掛けぶとんカバー 395
干したふとんを楽に裏返す法 395
雪を利用してカーペットをリフレッシュ 395
すべりやすい化《か》繊《せん》のカーテンを縫うときは 396
きつい靴はお湯をつけてのばす 396
時刻表は写真に撮る 396
電話番号簿は一行おきにマーカーをひく 397

こわれやすいものを送る方法 397
草むしりするときは爪の間にせっけんを 397
つまようじのケースは包帯入れに 398
泥棒に入られたら〝火事だっ〟と叫ぶ 398
耳が遠い人と話すときはラップの芯《しん》を使う 398
たくさん切手を貼るときはジャガイモを 398
くっつき合った切手は冷蔵庫ではがす 399
旅先でのベビーベッドはビニールプールで 399
レンズにひと息かけてソフトフォーカスに 399
海水浴では腕時計をガラスのびんに入れる 400
ボールをぶら下げておくと車庫入れに便利 400
蚊取り線香は寝る前に洗濯バサミをはさむ 401
スカートで自転車に乗るときは 401
折れた口紅は冷蔵庫で直す 401
電気コードを使ってペディキュアをぬる 402
忘れ物防止には腕時計を逆の腕にはめる 402
電灯の明るさはアルミホイルで三倍に 402
鏡でロウソクの明るさを倍増させる 403

やってびっくり　生活雑学の本――HOW TO コツ一〇〇〇

第1章　気になるところがピカピカに！　目ウロコ掃除術

鏡はジャガイモの切り口で磨く

鏡はいつもきれいにしておきたいもの。台所にジャガイモが残っていたら、二つに切った切り口で鏡をよくこすります。雑巾《ぞうきん》でふきとってから、乾いた布で磨けばピカピカになります。

蚊取り線香の灰は磨き粉になる

夏に蚊取り線香を愛用している家庭もまだ多いでしょう。この蚊取り線香、蚊を落とすだけでなく、残った灰も立派に役に立つのです。この灰は粒子が細かく磨き粉として最適です。布に少しつけアイロンやノブ、家具の取っ手の金属部分を磨きますと、サビや汚れを落としてピカピカになります。

ガラスの小さな破片は小麦団子でとる

ガラスや食器を割ったときに出る、目に見えないほどの小さな破片は、電気掃除機でもなかなかとれません。こんなときは小麦団子がいちばん。小麦粉に水を少々入れてこね、

団子にしたものを、破片の上にペタペタ押しつけるようにすれば、おもしろいように破片がくっついてすっかりとれてしまいます。

灰皿についたヤニは塩でこする

灰皿にいつのまにかたまったヤニは、こびりついて、なかなかとれないものです。こんなときは、塩をひとつまみふりかけ、コルク栓でこすります。コルク栓がなければボロ布でもかまいません。こうしておいて水で洗えばがんこなヤニも簡単にとれてしまいます。

トースターにくっついたポリ袋は除光液《じょこうえき》で

熱いストーブやトースターにふれると、ポリ袋はたちまちべったりとくっついてしまいます。水や洗剤ではとれないので困りもの。こんなときは、マニキュア用の除光液を布に含ませてこすると、簡単にとれます。

石油ストーブの汚れは灯油で落とす

石油ストーブは、反射板が汚れると熱効率が落ち、燃焼筒にすすやタールがたまると不完全燃焼の原因にもなります。気がついたときは早めに手入れをするよう心がけることです。反射板は灯油を布にしみこませて磨くとピカピカになります。また、燃焼筒のすすは歯ブラシで払い落とし、タールは布に灯油をつけてふけばきれいになります。

クロムメッキ製品はピーナツバターで磨く

ガス台や浴槽などクロムメッキされているものは、布にピーナツバターを少しつけて磨いてみましょう。驚くほどピカピカになります。

畳は酢をまぜた水でふく

畳は湿気を嫌うので、ふだんの掃除ではからぶきが原則。でもうす汚れてきたときは、次の方法でリフレッシュさせます。バケツ半分ほどの水に、さかずき一杯の酢を加えたもので雑巾がけをします。雑巾はかたく絞ってから、もう一枚乾いた布でくるんでふくと畳をあまり湿らせません。

酢には畳の黄ばみをとる漂白効果があり、元の美しさにもどります。

畳にこぼしたパウダーは塩をまいてとる

畳にこぼしたベビーパウダーや灰は、何度掃いても出てきてきりがありません。こんなときは、粗塩《あらじお》をまいてから掃くようにします。畳の目の間の粉まで粗塩にくっついて、すっきりとれてしまいます。

カーペットのゴミはゴム手袋でとる

カーペットにからみついた髪の毛や糸くずは、掃除機ではなかなかとりきれないものです。そこで、炊事用のゴム手袋を両手にはめ、カーペットの表面を軽くなでてみましょう。髪の毛はもちろん、動物の抜け毛や綿ボコリまできれいに集めることができます。

こぼしたコーヒーは酢とアルコールでふく

畳やカーペットにコーヒーをこぼしたときは、まず乾いた布でトントンたたいて吸いとります。そのあとで、酢とアルコールを一対一に合わせたものをふりかけ、乾いた布でふきとる作業をくり返せば、シミにならずきれいに落ちます。

カーペットについたバターはベンジンで

バターやドレッシングなど油性のものをカーペットにこぼしたときには、十分にとり除いておかないとあとで思わぬシミになります。まずベンジンでよくふきとります。次に中性洗剤をそのままカーペットにぬり、歯ブラシなどでよくこすります。あとは、ぬるま湯でかたく絞った布で洗剤分をしっかりふきとっておくだけです。

こぼした酒は塩を振ってふきとる

畳やカーペットにうっかりこぼした酒類は、すぐに処置しておかないと、あとにいやなにおいを残してしまいます。まず、ぬれた部分にたっぷり塩をのせ、手早く水分を吸収させてしまいましょう。そのあと、ブラシで塩を掃きとり、湯か水でかたく絞った布でよくふいておきます。

インクをこぼしたら塩と牛乳でとる

畳やカーペットにこぼしたインクは、下手にこするとシミが広がってしまいます。こすらずに、まずインクの上に塩をたっぷりめにのせます。塩とインクが出合うと塩化鉄になるので、塩がインクをどんどん吸いとります。しばらくしたら、乾いた雑巾でふきとり、そのあと牛乳を少々たらして、乾いた布でトントンたたくようにふいておくと、シミを残すことはありません。

白いカーペットには小麦粉をふりかける

白いカーペットはうす汚れた感じになりがちです。そんなときは小麦粉かベビーパウダーをたっぷりふりかけます。それからブラシでよくこすり、あとは電気掃除機で吸いとります。こうすれば、元の真っ白なカーペットにもどります。

カーペットにこびりついたガムは氷でとる

こびりついたガムを無理にはがそうとすると、カーペットの毛まではいでしまうことになりかねません。

まず氷をビニール袋に入れガムの上にのせます。冷えてガムがかたまってから、古歯ブラシなどでていねいにこすりとり、さらに残ったものは除光液でふきとります。

灯油をこぼしたら洗濯用洗剤をふりかける

こぼれた灯油は雑巾でふいたくらいでは、においやシミが残っていやなものです。こんなときは、洗濯用の合成洗剤をこぼれた灯油の上に手早くふりかけます。しばらくおくと、洗剤が灯油を吸いとってくれますので、掃きとってよく水ぶきをしておきます。合成洗剤のかわりに小麦粉でもかまいません。

テーブルクロスにこぼした紅茶にはレモン汁

紅茶にレモンを入れると、サッと色が薄くなります。この応用ですが、テーブルクロスに紅茶をこぼしたときは、手早くレモン汁をふりかけます。そのあと冷水で洗っておけばシミが残らず、きれいに落ちてしまいます。

家具の裏は油をつけた布で掃除する

家具の下や裏側は掃除がむずかしく、ついついホコリをためてしまいます。細長い棒の先に油をつけた布を巻き、それを家具の奥までつっこむと、ホコリが簡単にとれてしまいます。

手あかで汚れた壁紙は消しゴムできれいに

電灯スイッチやコンセントのまわりの壁紙は手あかなどでとくに汚れやすいものです。黒ずんできたときは消しゴムでこするときれいになります。また、こうした汚れやすいところには防水スプレーを吹きつけておくと、汚れを防止し、あとの手入れが楽になります。

壁紙のカビはバンソウコウでとる

壁紙に生えたカビは、こすってはいけません。バンソウコウを人差し指に巻きつけ、軽くたたくようにしてとります。セロハンテープでもいいのですが、バンソウコウのほうが壁紙をいためず具合がよいようです。

壁紙の汚れはぬかにつけたスポンジでふく

壁紙が全体的にうす汚れてきたら、ひと晩ぬかにつけておいた乾いたスポンジで磨きます。自然なツヤが出て、見違えるようにきれいになります。

壁の黒ずみは食パンでこすりとる

壁は知らず知らずのうちに手あかなどで黒ずんできます。しっくい壁の汚れ落としに水や洗剤を使うのは禁物。シミになってしまいます。軽い汚れは食パンの白い部分でこすりとりましょう。それでも落ちないものは、目の細かいサンドペーパーで根気よくこすりとります。

しっくい壁の落書きにはサンドペーパー

しっくい壁に書かれたクレヨンの落書きを、油性だからとベンジンなどでふくのは禁物。とけた色が壁にしみこんでしまいます。こんなときは、台所用のスチールウールで壁を傷つけない程度にこすりとり、そのあとでサンドペーパーをかけます。サッと書いた程度なら、サンドペーパーをかけるだけで十分。油性マジックの場合は、こするだけでは中にしみこんだ分が落ちないので、ナイフの先でシミになった部分を削りとり、石膏《せっこう》か白墨《はくぼく》を削って粉末にして水で練ったものを、へこんだ部分につめてうめます。

カーテンの汚れ防止は防水スプレーで

カーテンは、いざ洗ってみると意外に汚れがたまっているものです。汚れ防止に、防水スプレーを吹きつけておきます。こうすると、ホコリがつきにくくなり、洗濯にも手間がかかりません。

木製家具はコーンスターチで磨く

木製家具といっても材質はさまざまですが、これはどんなものにも共通した手入れ法です。汚れを乾いた布でふきとったあと、コーンスターチをやわらかい布につけて磨きます。コーンスターチが家具の余分なワックスを吸収し、手の脂《あぶら》のあともつかないくらいつややかになります。

白木《しらき》の家具は豆乳《とうにゅう》で磨く

白木の家具や床は、水ぶきしてはいけません。白木は水分を吸収するので、とけた汚れも一緒に吸収されシミになってしまうからです。もしツヤが落ちてきたら、布に豆乳をつけ、かたく絞ってふきましょう。自然なツヤがよみがえります。

また、ふだんはからぶきするだけで十分です。

籐家具《とうかぐ》は薄い塩水でふく

籐家具は、見えないところに綿ボコリがつきやすいもの。まめにブラシでホコリを払い、からぶきをするようにしましょう。また、汚れをふくときは、中性洗剤でなく薄い塩水を使います。塩水でかたく絞った布でふいた籐家具はいつまでも変色せず、新しいときのままの美しさが保てます。

黄ばんだ白ぬり家具は練り歯磨きで磨く

白ぬり家具の黄ばみは、直射日光やたばこのヤニだけでなく、使用した洗剤にも原因がありますので、十分注意が必要です。手入れとしては、乾いた布に練り歯磨きをつけて、やさしくなでるようにふくと白くなります。強くこすると、ぬりがはげるおそれがありますので気をつけましょう。

クレヨンの落書きは練り歯磨きで消す

子どものいる家では、家具にクレヨンの落書きが、なんてことがたびたびあるはず。家具についたクレヨンは、やわらかい布に練り歯磨きをつけ、ていねいにこすっていけば、きれいに消えてしまいます。これなら家具の塗料をはがすこともありません。

新しい家具の汚れ防止に防水スプレー

新しい家具を買ったとき、使用する前に防水しておけば、汚れ、シミが防げて、あとの手入れも楽になります。スプレー式の防水液を家具から二〇〜三〇センチ離して全体にまんべんなくスプレーしておくだけです。

ニスぬりテーブルの輪ジミにマヨネーズ

ニスぬりのテーブルに熱いなべなどを置くと、たちまち白い輪ジミができてしまいます。こんなときは、まず布にアルコールを含ませ、シミの上に置きます。二、三分たってから、シミのまわりを内側から外側に向かって軽くふいていきましょう。輪ジミのまわりのニスがアルコールでとけ、シミを隠してしまいます。また、マヨネーズを薄くすりこみ、やわらかい布でふいても、かなりシミがとれます。

ラッカーぬりテーブルの輪ジミにたばこの灰

ちょっと意外な方法ですが、ラッカーぬりのテーブルについた輪ジミはたばこの灰で消せます。まず、水にひたした布にたばこの灰をつけ、シミになった部分をよくこすります。そのあと、水でかたく絞った布でふくときれいにとれてしまいます。

布張りソファにはスチームアイロンを

布張りのソファは、洋服と同じようにときどきスチームアイロンをかけると、さっぱりとして布に張りが出ます。方法は、アイロンをかける前に、まず、十分にホコリをたたき、汚れをふきとります。それから全体に霧を吹きつけ、スチームアイロンを軽くあてるようにして布をのばします。

布張りソファの汚れは洗剤とアンモニアで

布張りソファの汚れが目立つときは、住居用洗剤を湯にとかし、アンモニア水を少量加えたものでブラシがけをします。

また、カーペット用の泡クリーナーをブラシにつけてこすり、その後タオルでふきとっておくのも同様に効果があります。

電話機は酢水で掃除する

電話機は、ホコリや手あかで汚れやすいものなのに、ふだんの掃除ではつい見過ごしてしまいがちです。ときどき酢水でふいておくと、静電気が起こりにくくなり、それだけホコリがつきません。

窓ガラスは裏と表でふく向きを変える

窓ガラスをふくときには、糸くずの出ない布を使います。

表側を水平の方向にふいたら、裏側は垂直

の方向に、とふき方を変えます。こうすると、ふき残した汚れの場所がひと目でわかります。

窓ガラスはぬらした新聞紙でふく

窓ガラスの汚れが布で落ちないときは、丸めた新聞紙をぬらしてふいてみてください。ガラスの汚れがきれいに落ちます。印刷インクの油が汚れを落としてくれるのです。また、インクにはツヤ出しの効果もあります。仕上げは、乾いた新聞紙で少し力を入れてふきます。これで窓ガラスは驚くほどピカピカになります。

網戸の汚れは新聞紙と掃除機でとる

はめこみ式の網戸は、はずして洗うわけにはいきませんが、水洗いをしなくても、汚れをとる方法があるのです。

まず、網戸にそっとブラシをかけます。次に、外側の面にセロハンテープで新聞紙を張りつけ、内側から掃除機をかけるのです。こうすると掃除機の吸引力が強くなり、網にからみついたホコリまできれいに吸いとってしまいます。

スポンジを雑巾がわりに使うと便利

棚の上や窓わくなど、細かいところをふくときは、タオル地などで作った大きな雑巾よりも、台所用スポンジのほうが使いやすいものです。スポンジは、厚さ二センチくらいの、空気孔が大きくてこしの強いものが便利です。使用後はきれいにすすげば、また台所で使えます。

すみずみの汚れ落としは軍手雑巾で

窓の桟《さん》や棚のすみなど、細かいところを掃除するとき、雑巾に指先をあててふいたりしま す。それならば、いっそ軍手を雑巾がわりにしてみてはどうでしょう。指が自由に動くのですみずみまでふきやすく、便利です。

ペンキぬりの窓わくは冷めた紅茶でふく

雨にあたるとだんだんはげてくるように、ペンキは水に弱いものです。そして、とくに弱いのがせっけん水。ですから、ペンキぬりの窓わくなどはせっけん水でふいてはいけません。ペンキがはげるもとになります。昔から冷めた紅茶でふくのがいちばんよいとされています。

ブラインドは軍手をはめて掃除する

ブラインドの羽根は、指をけがしやすいので、掃除のときには軍手をはめるといいでしょう。軍手に直接、住居用洗剤をつけて、指先で一枚一枚羽根をなでるようにふいていくと、スピーディーにきれいになります。

ノート式雑巾でふき掃除は楽々

ふき掃除をすると、たびたび雑巾を洗わなくてはいけませんが、これが意外にめんどうなものです。そこで、ノート式の雑巾を作って、ちょっと横着《おうちゃく》をしてみましょう。古いタオルを適当な大きさに切り、何枚か重ね合わせます。これを図のようにしっかりと縫いつけてできあがり。これなら、ノートのように一枚一枚めくって使え、いちいちすすぐ手間が省けます。ふき掃除が終わってから、水洗いして干せばＯＫ。

化学雑巾は自分で作れる

サッとひとふきするだけでホコリをきれいにとってしまう化学雑巾はとても便利なものです。家庭でも簡単にできるので、ボロ布を利用して作ってみましょう。

まず、水一カップに台所用洗剤をキャップ半分ほど入れ、さらに灯油五分の一カップを加えます。次に、ポリ袋にボロ布を入れ、できた溶液をたらしてよくしみこませます。これをひと晩おけばもうできあがりです。

ティッシュを使ってワックス節約

家具や床にワックスをかけるとき、ワック

スをつけた布で直接磨くと、布がすぐ汚れてしまいワックスがまだしみこんでいるうちに布を洗わなければならなくなります。そこで、ワックスをつけた布で直接ふかず、布にティッシュペーパーを二、三枚あてがってから磨くようにすると、ティッシュが汚れたときは何度でもとり替えられ、布を洗う手間を省くと同時にワックス代の節約にもなります。

リノリウムの床は柔軟仕上げ剤でふく

リノリウムの床は水に大変弱いものですから、ふだんの手入れでは掃除機でホコリを吸いとり、あとはからぶきをするようにします。それでも気になるなら、ときどき雑巾に柔軟仕上げ剤をつけてふくようにしましょう。汚れを落とすだけでなく、床の表面に膜を作って、汚れ防止にもなります。

天井の汚れは化学雑巾をつけたほうきで

天井の掃除はつい忘れがちですが、ホコリやたばこのヤニで意外に汚れているものです。月に一度はほうきの先に化学雑巾をつけ、軽くなでるようにふきます。

化学雑巾は、ホコリをそのまま吸いとるので、落ちてくるゴミが目に入る心配がありません。

掃除をするときにはシャワーキャップを

姉《あね》さんかぶりをしてお掃除、といっても手ぬぐい自体少なくなってしまいました。タオル、マフラーで頭を包んでも結構ですが、いっそのこと、シャワーキャップで頭をすっぽりとおおってしまいましょう。ずれたりゆるんだりすることなく、頭にフィットしてとても重宝《ちょうほう》。ホコリにまみれても、そのままザブザブ洗えるのもうれしいかぎりです。

便器の汚れはサンドペーパーでとる

便器の汚れには、専用の洗剤やブラシでこすっても落ちないしつこいものがあります。こんながんこな汚れは、サンドペーパーでこするのがいちばん。一〇〇〇番ぐらいのサンドペーパーなら、便器をいためずにこびりついた汚れを簡単に落とすことができます。

ちりとりにロウをぬればゴミ捨てが簡単

ちりとりでゴミを集めてゴミ箱に捨てるとき、ホコリがちりとりにくっついて、イライラすることがあります。ちりとりの表面にロウをぬっておけば、ホコリもきれいにすべり落ち、あと始末がとても楽になります。

換気扇の汚れは小麦粉でとる

キッチンでもっとも汚れるのが換気扇。油と煙のすすでベタベタになってしまいます。この汚れ落としに小麦粉が威力を発揮します。換気扇を分解したら、小麦粉をまんべんなくふりかけます。しばらくおくと油が浮いてきますので、熱い湯で絞った布でふくと、汚れはすっきりとれてしまいます。

換気扇の羽根にはせっけんをぬる

台所の換気扇は、洗ってもじきに油汚れがべっとりこびりついてしまいます。換気扇を洗ったあと、せっけんを羽根の部分にぬっておきます。こうしておくと、油汚れがついても次に洗うときはすぐに汚れが落ちて、とても楽です。

ステンレスの流しは大根で磨く

ステンレスの流しはナイロンタワシにクレンザーをつけて磨いてはいけません。細かい傷がたくさんついてしまいます。ふだんは台所用スポンジで洗うようにします。汚れがひどい場合は、大根やニンジンの切れはしにクレンザーをつけて磨きます。ていねいに磨けば、たいていの汚れは落ちてしまいます。

レモン袋を流しにつるす

レモンは切れはしといえども大変役に立ちます。切れはしをガーゼの袋に入れて流しにつるしておきましょう。コーヒー、紅茶の汚れもちょっとこすればきれいになります。また、ガラスのコップ磨き、ホウロウなべのこげつき落としにもと、洗剤いらずの便利さです。

さびた金具はアルミホイルでこする

さびた金具、金物《かなもの》類や、どうしても落ちないなべ底の汚れなどは、アルミホイルでこすります。アルミホイルを水につけ、クレンザーをぬってこすると、汚れやサビは楽に落ちますし、手も荒れません。

ステンレスのスプーンは練り歯磨きで磨く

ステンレスのスプーン類は、クレンザーや

タワシでゴシゴシやると細かい傷がついてしまいます。また、漂白剤もサビのもとになります。光沢を出す場合は、やわらかい古布に練り歯磨きをつけて包むようにして磨くと光沢も出て傷もつけません。

ガスレンジ皿の汚れは卵の殻《から》でピカピカに

煮汁や油がこびりついたガスレンジの受け皿は、ちょっとやそっとではきれいになりません。こんなときは、スポンジに洗剤をつけ、その上に細かくくだいた卵の殻をのせて磨きます。驚くほどピカピカになります。

台所の油汚れ防止は食品用ラップで

台所のガス台のまわりは、油が飛び散ってすぐ汚れ、放っておくと簡単にとれなくなってしまいます。そこで、食品包装用のラップをガス台まわりの壁やガラス窓に張りつけ、セロハンテープでとめておきましょう。ラップが汚れたら新しいものに張り替えれば、手間もかからず清潔さが保てます。

やかんの湯あかは塩水でとる

やかんの内側にべっとりとついた湯あかをとるには、濃い塩水をいっぱいに入れ、酢を少したらしてそのままひと晩おきます。翌日、水ですすげばすっかりきれいになります。

魔法びんのキラキラは酢でとる

一・八リットルの魔法びんなら、カップ一杯の酢を入れ、水を足して満杯にします。二時間ほどおいたら、ブラシでこすって落とします。このキラキラは、フレークス現象といって、水中の物質がたがいに反応しあってできるものです。とくに害になるようなものではありませんが、きれいに落としたいものです。

魔法びんの湯あかは麦茶かすでとる

外からはわかりにくいのですが、魔法びんの中は湯あかがたまって不衛生になりがちです。麦茶の煮かすを水と一緒にして魔法びんの三分の一くらいまで入れ、上下によく振ります。これで湯あかが落ち、においがつく心配もありません。

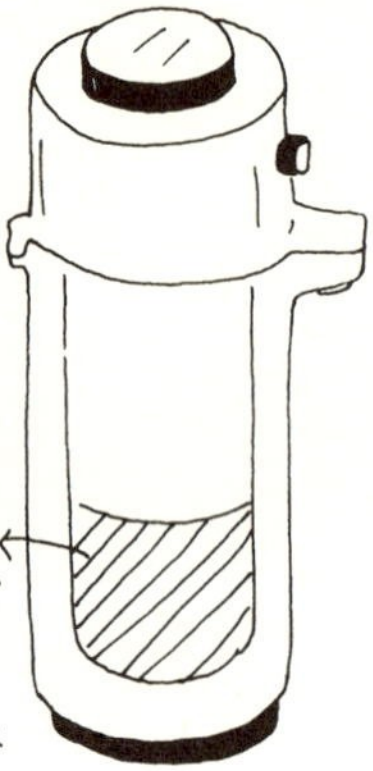

流しのにおいには濃い塩水を流す

生ゴミのかすや水あかなどで流しがにおうことがあります。こんなときは、コップ一杯の濃い塩水を流せば、いやなにおいを消し去ります。

排水管の通りをよくするにはホースで水を

流しの排水口は、小さなゴミや油でだんだん通りが悪くなってきます。こんなときは、水道の蛇口につけたホースを排水口の奥まで差しこみます。そして蛇口をいっぱいにあ

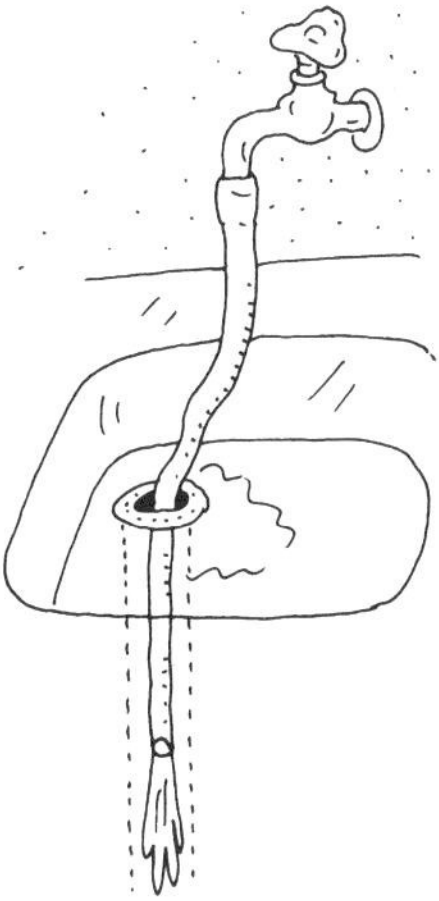

け、勢いよく水を流せば、水圧でほとんどの汚れは落ちてしまいます。

パイプにつまった油はドライヤーでとかす

台所の流しに油を流さないように注意していても、食器やなべに油がついていたりするため、それらがいつのまにか流しの排水管にたまってしまいます。流しがつまるのは、たいていの場合この油が管のまわりにかたまってこびりつくためです。

水だけでは汚れが落ちなくなったときは、流しの下の棚を開け、ヘアドライヤーを高温にして排水管に直接熱風をあてて油をとかします。それと同時にお湯を五〜六分流します。これでつまった排水管もきれいになります。

蛇口は練り歯磨きで磨くとピカピカに

水道の蛇口は案外磨きにくいもので、たんなる水ぶきではくもった感じになってしまいます。クレンザーで磨く方法もありますが、クレンザーは蛇口のメッキをはがしかねません。せいぜい年に一回が限度です。ふだんは、古くなった歯ブラシに練り歯磨きをつけて磨きます。びっくりするほどピカピカになります。

タイルの目地《めじ》のカビ防止はラッカーで

　風呂場のタイルはカビやすいもの。タイルの目地にカビが生えると、黒さが目立って汚らしいものです。何度とってもいつのまにか生えてくるというときは、ラッカーをぬるとよいでしょう。タイルをきれいに掃除したあと、水気をよくふきとります。乾いたら、タイルの色に合ったラッカーを、細い筆で目地のセメントにしみこませるようにぬっていきます。こうしておくと、セメントが水を吸わなくなってカビが生えにくくなるのです。

壁タイルはヨコの目地にカビとり剤を

　壁タイルの目地の掃除で洗剤やカビとり剤を使うときは、ヨコの目地にぬるだけで十分です。タテの目地には自然に液が流れ落ちるので、ぬる必要はありません。

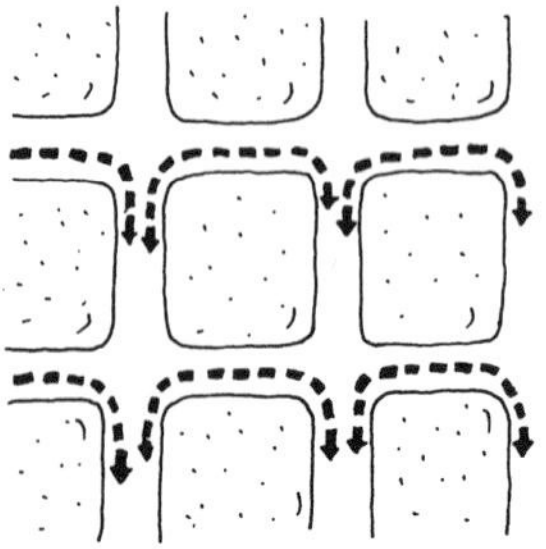

浴室のカビ防止はアルコールで

　梅雨どきは住居にもカビが生えやすくなりますが、とくに浴室には注意しなければなりません。アルコール一に水四の割合の水溶液を作り霧吹きで吹いておくと、カビの発生が防げます。

ポリ浴槽の湯あかは酢と練り歯磨きで

ポリ浴槽についた湯あかなどの汚れは、意外にがんこで浴槽洗剤でもなかなか落ちません。こんなときは、まず浴槽に酢をぬります。三時間ほどおいてから、漂白剤入りクレンザーを住居用洗剤にとかし、スポンジにつけてこすります。さらに、これを洗い流して十分乾かしてから、布につけた練り歯磨きで磨くと、がんこな汚れもうそのように落ちてピカピカに仕上がります。

シャワーヘッドの汚れは酢につけて落とす

シャワーヘッドは水あかでけっこう汚れているものです。金属製のものなら、一リットルの水に二分の一カップの酢を入れ、この中にヘッドをひたして一五分ほど火にかけます。ただし、プラスチック製のものは煮るわけにはいきません。同量の湯と酢をまぜたものの中にひと晩ほどつけておきます。

洗面台はレモンの切れはしでこする

顔を洗ったり、歯を磨いたりする洗面台はいつも清潔にしておきたいものです。ふだんの掃除のときに、レモンの切れはしでこすります。香りもさわやかで、黄ばみなどの汚れもとれてしまいます。

真珠はオリーブ油にひたした布でふく

宝石の中でも、真珠は硬度が低く傷つきやすいので、他のアクセサリー類とガチャガチャこすれあうようなしまい方は避けましょう。

ビロード張りの箱や、やわらかい布にくるんで保管します。汚れた場合は、アルコールで汚れを落としてから、オリーブ油にひたした布でふくと、美しい光沢が保てます。

プラチナはせっけん水で洗う

結婚指輪などプラチナ製品をお持ちの方も多いでしょう。身につけていると知らず知らず汚れがついて色もくすんできますので、ときどきせっけん水で洗いましょう。

毛のやわらかい歯ブラシでやさしく、ていねいにこすり、ぬるま湯で十分にすすぎます。乾いた布でふいたあと、さらに麻の布で磨くと美しい光沢がよみがえります。

銀製品は牛乳にひたしてから磨く

アクセサリーや食器など、幅広く用いられる銀製品は、長く使っていると表面が赤黒く汚れてきます。色がくすんできたら、牛乳に一〇分間ほどひたし、乾いた布でふき上げるときれいになります。また、練り歯磨きで汚れを落とすのもよい方法です。

たばこの灰で銀製品を磨く

始末に困りもののたばこの灰。なんの役にも立ちそうにありませんが、これで銀製品を磨けば銀らしい輝きをよみがえらせてくれます。吸い殻やマッチ棒は捨ててしまい、灰だけを保存しておきます。そして、やわらかい布に灰をつけて磨くだけ。ただし、磨いたあとはよく水洗いして灰を落とします。

金製品はこすり洗いをしない

金製品の汚れを落とすときには、とても傷つきやすいのでこすらないように気をつけなければなりません。ぬるま湯の中にアンモニア少々を入れて、振り洗いをしましょう。よくすすいでから、アルコールにひたした綿でそっとふいて仕上げます。

第2章　衣類の手入れ法　もうひと手間ですっきり長持ち

ジーンズは塩水につけて色落ち防止

ジーンズは洗濯するたびに色落ちしますから、その独特の風合いを好む人も多いでしょう。けれど、色あせたジーンズは嫌いという人には、色落ち防止策があります。

ジーンズを買ったら、すぐに濃い塩水につけます。丸一日つけておいてふつうに洗ってから着るようにすると、その後、洗濯をくり返しても色落ちしません。

色あせたジーンズは新品と一緒に洗う

洗いざらしのジーンズはなかなか味があってよいものです。しかし、それも度が過ぎると考えもの。色が落ちすぎて気になってきたら、リフレッシュさせる方法があります。新品のジーンズと一緒に、ぬるま湯を入れた洗濯機の中に入れて洗います。新品のジーンズから落ちた染料が古いジーンズに移って、おどろくほど色がよみがえってきます。

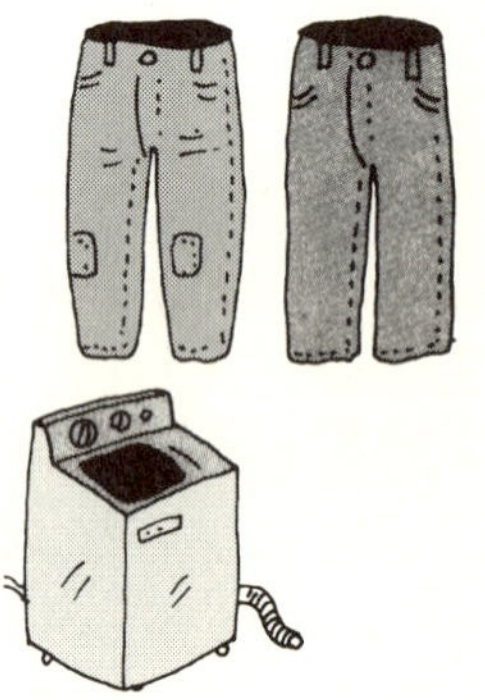

ジーンズの丈《たけ》出《だ》しは青インクで線を消す

ジーンズの丈を出すときに、以前のすそ線が白くなっているのが気になります。すれて白くなった部分に青インクをしみこませます。インクをつけたあとよく水洗いし、ブラシをあててから乾かすと、白い線はすっかり消えてしまいます。

色あせた木綿《もめん》も酢でよみがえる

夏物の木綿の衣類は、洗濯がひんぱんなだけに色のあせるのが気になります。とくに、黒や紺、赤などのものは色がさめて白っぽくなってしまいます。色あせてしまった木綿は酢ですすぐとよみがえるという不思議な性質があります。洗濯後のすすぎに、カップ一杯ほどの酢を入れて、三〇分そのままにします。そして、よくすすいで干せば、鮮やかな色がよみがえってきます。

パンストを長持ちさせるコツ

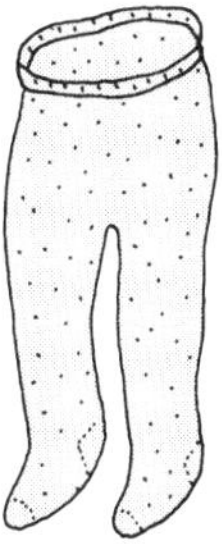

おろしたてのパンティストッキングがその日のうちに破れてしまうのは、とてもくやしいものです。パンストはちょっとした工夫でぐっと丈夫になりますので、試してみてください。まず、新しいパンストをぬるま湯につけ、乾かしてから低温のアイロンをかけます。また、洗うときにはすすぎの水に小さじ一杯の砂糖を加えるのです。

Vネックのセーターは衿《えり》ぐりを裏打ち

Vネックのセーターの衿ぐりがのびてしまうのはみっともないものです。Vの部分に裏からバイアステープをあて、セーターと同色の糸で縫いつけておくと、いつまでもきれいな形が保てます。とくに綿セーターには効果抜群です。

衿や袖口《そでぐち》の汚れは ベビーパウダーで防ぐ

白いシャツやブラウスは、衿や袖口がすぐに汚れて、だんだん、洗ってもきれいにならなくなってしまいます。これを防ぐには、ベビーパウダーを少量つけて、アイロンをかけておけばいいのです。布地ではなく、パウダーが汚れを吸収しますから、洗濯も楽ですし、黒ずんだ汚れがしみついてとれなくなることもありません。

シャツの汚れはチョークできれいに

ワイシャツの衿や袖口の落ちにくい汚れに

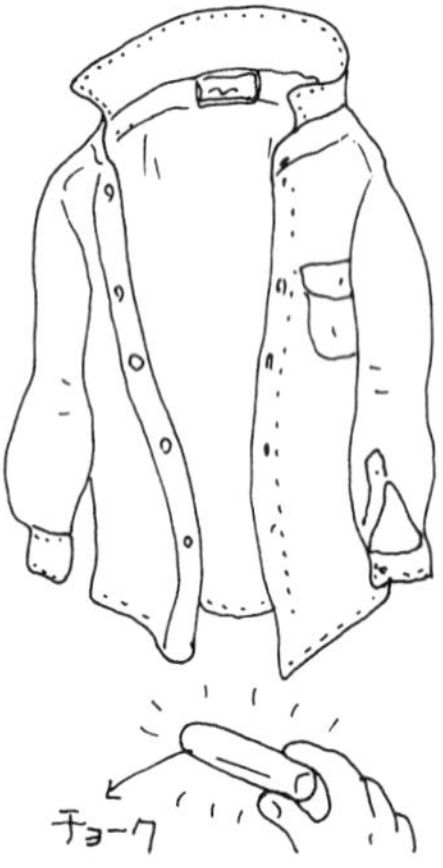

は、洗濯の前に白いチョークをこすりつけてみましょう。チョークが脂分《あぶらぶん》を吸いとるうえに、研磨材《けんまざい》の役目もしますので、汚れが落ちやすくなります。それでもきれいにならないときは、ブラシにシャンプーをつけて部分洗いします。シャンプーには体から出る脂分をとかすはたらきがありますから、すっきりと洗い上がります。

汗ジミ予防にはのりをつける

衣服のわきの下に汗をかいて、汗ジミができてしまうのはいやなものです。着る前にわきの部分の裏表両方にスプレーのりをかけ、アイロンをあてておきましょう。汗をかいてものりが吸収してくれますので、水洗いだけで汗が流れ落ち、シミになりません。

楊柳《ようりゅう》がのびたら蒸気をあてる

楊柳やクレープ、サッカーなどの布を使った夏物は、しぼがのびてしまうと、いかにも着古した感じになってしまいます。アイロンをかけてはだいなしですから、のびてしまった部分に蒸気をあててみます。

スチームアイロンのスチームや、やかんの湯気などにあてると、元どおりのしぼにもどります。

毛足の乱れには蒸しタオルをあてる

毛皮のストールやコートの毛足が乱れてしまって、なでつけただけでは元にもどらないときには、蒸しタオルを使います。首の部分など、乱れやくせのついたところに蒸しタオルをあてて、くしでとかして元の方向にもどします。ていねいに、そっととかします。

コーデュロイを洗ったらブラシをかける

コーデュロイの衣服は、畝《うね》がつぶれてしまうと、とたんにみすぼらしくなってしまいます。洗濯が終わったら、まだぬれているうちに、かたい毛のブラシを使って、畝にそって勢いよくなでつけておきましょう。毛の向きがそろってきれいに仕上がります。

かぎ裂きは卵白を使ってかけはぎする

衣服にかぎ裂きを作ってしまったら、次の方法でかけはぎをしましょう。布を平らに広げて、破れた部分がきちんと合うようにします。裏に、卵白をハケでぬりつけて、すそなどから切りとった共布《ともぬの》を貼りつけます。あとは同色の糸で目立たないように数ヵ所だけ押さえておけばいいのです。

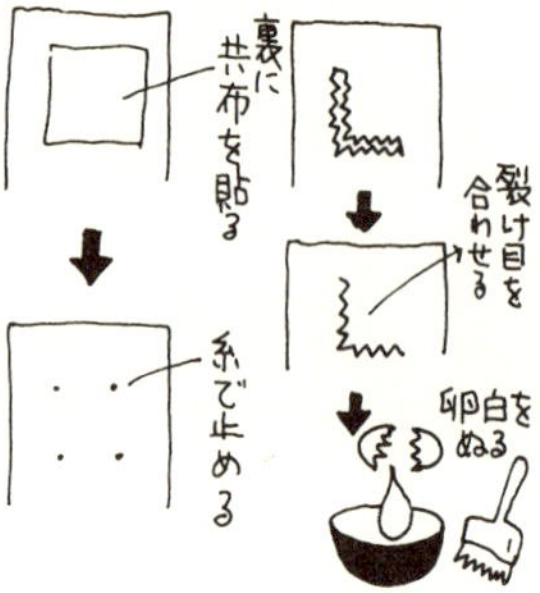

応急シミ抜き用にぬらしたカット綿を

大切な外出着を着たときなどは、カット綿を水でぬらしてポリ袋に入れたものをバッグにしのばせておきます。シミ抜きはできるだけ早く処置するのがコツですから、うっかり食べこぼしたときなど、このカット綿でたたいておけば汚れが残りません。とっさの場合にとても重宝《ちょうほう》します。

おしゃれ着のシミ予防に防水スプレー

大切な服には、あらかじめシミや汚れをつけないような工夫をしておきましょう。シミや汚れがつきやすい胸もとや袖口、腰かけたときにひざの上になる部分などに、防水スプレーをかけておけばいいのです。うっかり食べたものの汁などをつけても、ティッシュでひとふきすればすぐに落ちます。

ボールペンの汚れは酢で落とす

うっかりして衣服にボールペンの汚れをつけてしまうことがありますが、そんなときには酢で落とせます。酢を布に少量含ませて、上からたたくようにすると簡単にきれいになります。ただし、ボールペンのインクは時間がたつと定着してしまいますから、汚れをつけたらすぐに落とすことがポイントです。

鉄サビの汚れはレモンで漂白する

鉄棒で遊んできた子どもの衣服や、車の掃除、物置の片づけなどでうっかりつけてしまう鉄サビの汚れ。洗ってもなかなかとれないときには、レモンで漂白するのが効果的です。レモンの切れはしを汚れの部分にこすりつけてみてください。ただし、その後よく水洗いしておくのを忘れずに。レモンの強い酸は、そのままにしておくと布の変色をまねいてしまいます。

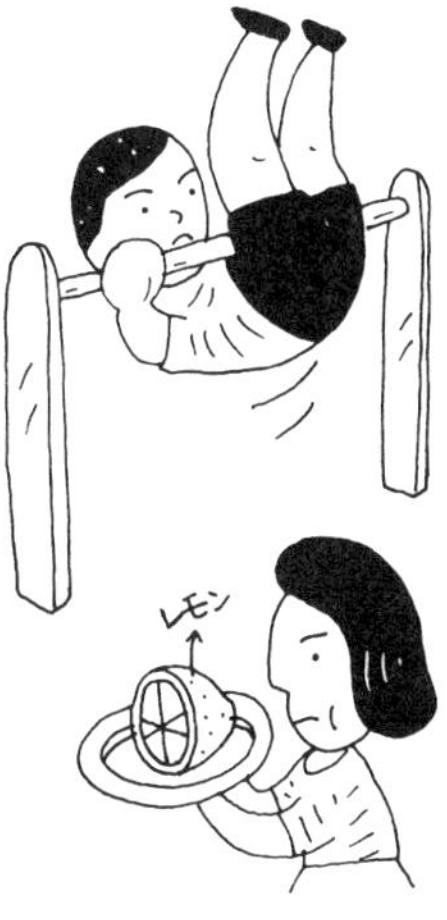

牛乳や卵のシミにはお湯を使わない

牛乳や卵など、動物性たんぱく質を含んだ

食品のシミは必ず水で洗うようにします。お湯を使うと、熱でたんぱく質がかたまってしまうのです。

また、シミをつけてしまってから長い時間放っておくと、化学変化を起こして布自体を変色させてしまいます。シミをつけたらすぐ水で洗うか、水で絞ったタオルでよくたたいて、落としておくことが大切です。

血液のシミは大根おろしで落ちる

血液のシミは、お湯で洗ってはいけません。熱で血液の成分が凝固《ぎょうこ》してしまうからです。必ず水洗いするようにします。それでもきれいに落ちないがんこなシミや、時間がたってしまったものには、大根おろしを使ってみましょう。

大根おろしを少量、ガーゼなどの布にくるんで、血液のしみこんだ部分をていねいにたたきます。大根に含まれている酵素《こうそ》ジアスターゼのはたらきで、シミが落ちやすくなります。

コーヒー、紅茶のシミ抜きは炭酸水で

コーヒー、紅茶のシミは、ついてすぐなら水で十分に落とせますが、炭酸水を使えばもっと効果的です。シミの下にタオルをあてて、糖分を含まない炭酸水をしみこませた布で上からたたきます。下のタオルがシミを吸いとってくれ、すっかりきれいになります。

雪で下着を漂白する

大雪のあと、積もった雪を利用して、下着やシーツ、ふきんなどを漂白することができ

ます。洗濯した下着などを雪の上に広げて、日光によくあてます。丸一日さらしておくと、びっくりするほど白くなりますが、これは、日光の紫外線が雪に反射して漂白作用をもつためです。

白い木綿の小物はレモンで漂白する

白い木綿のハンカチやソックス、シャツなどが黄ばんでしまったら、レモンを使って漂白しましょう。熱湯にレモンを絞ったものにひと晩つけておくか、レモンの輪切りを浮かせた熱湯に入れてしばらく煮るかします。漂白剤を使うより生地をいためません。

衿や袖口の汚れはベンジンで落とす

まず、きれいなタオルを床の上に四つ折りにして置きます。その上に汚れている面をタオルにあててのせます。そして、汚れの裏から、ベンジンをたっぷり含ませたガーゼでたたきます。そうすると、汚れは下のタオルに移ってきれいになります。

それでも落ちないようなひどい汚れは、ベンジンを含ませたタオルではさみこんで、軽くもむとよいでしょう。汚れが落ちたら、そのまわりをベンジンで軽くふき、ベンジンの輪ジミができないようにします。

泥はねは食パンでふく

雨の日、衣服に泥はねをつけてしまったらまずそのままよく乾かしましょう。雑巾《ぞうきん》などでこすると、かえって汚れを広げてしまいます。乾いてから指先でもんで、布目につまった泥を落とします。そのあと、食パンでふくと細かい泥も落ちてきれいになります。

フェルトについた汚れは塩で落とす

子ども服や帽子などフェルトでできたものについた汚れは、ベンジンなどでたたくとかえって広がってしまいます。汚れの部分に塩をふりかけて、ブラシで同じ方向にこするときれいに落ちます。

シミ抜きしてから洗濯する

シミのついたものは、必ず洗濯する前にシミ抜きをしておきましょう。洗ってだめだったら……と考えてはいけません。洗っている最中にシミが広がってしまうことがあるからです。

シミはシミの内側に向けてふく

どんな種類のシミでも、シミ抜きする基本は同じです。大切なのは汚れをそれ以上広げないことです。汚れから外側に向けてふかずに、内側に向けてふきとるようにします。

洗濯物は種類別に袋に放りこむ

バスルームの脱衣コーナーに、洗濯物入れが欲しいがスペースがなくてというときは、空間の利用を考えます。ビニール製か布製の袋を五つくらい用意し、これを脱衣コーナーの壁に下げます。袋は色別にするなどして、シーツ類を入れる袋、下着類を入れる袋というように分け、この中に洗濯するものを種類別に放りこんでいくのです。これならば、スペースもとりませんし、いざ洗濯というとき、何がどれくらいたまっているかもひと目でわかり、便利です。

洗濯機は使わないときもふたをあけておく

洗濯機は使用しないときも、できるだけふたをあけておくようにします。こうすると、モーターの部分が蒸れず、ぐんと長持ちするのです。

シャツは袖と身ごろをボタンでとめて洗う

ワイシャツやブラウスなどをまとめて洗濯機にかけると、袖同士がからみ合ってほどくのに手間もかかりますし、形くずれの原因にもなります。洗濯機に入れる前に、身ごろのボタンを袖口のボタンホールにかけておきましょう。からみ合うことがなくなります。

お湯で洗えば洗剤の量は少なくてすむ

洗濯のとき、汚れがひどいからといって洗剤を多く使っても、まったく効果は上がりません。かえってすすぎのときに水をむだに使うことになるだけです。汚れのひどいものを洗うときは、お湯を使うと、洗剤の洗浄力が上がります。風呂の残り湯を利用すれば、洗剤は表示量よりも二、三割少なめでも大丈夫です。

汚れを吸いやすい繊維は残り湯で洗わない

風呂の残り湯は洗濯に便利ですが、ポリエステル、ポリウレタン、毛糸などの衣服は汚れをとても吸収しやすいので、新しいお湯や水を使うようにします。風呂の残り湯は脂肪やあかがとけていますし、髪の毛やゴミも浮いています。汚れを吸いやすい繊維は再汚染されてしまうおそれがあるので十分気をつけましょう。

マジックテープはとめて洗濯する

ボタンがわりにマジックテープを使った衣服が増えてきました。手軽で便利なものですが、洗濯のときは、ゴミや糸クズを吸い寄せてしまいます。接着部分の細かいループについてしまったゴミをとるのは大変。必ずマジックテープをとめてから洗濯するようにしましょう。

子ども服はヘムを解いてから洗う

季節の変わり目に衣服を洗って保管すると

き、子ども服はすそ上げを解いてから洗うようにします。次のシーズンに着るときに、背丈に合わせて調整しますが、このようにして保管すると、ヘムのあとが目立たなくなります。

おむつ汚れは通水カップで押し洗い

汚れたおむつやトイレのシートカバーは、洗濯機に入れるのは気がひけますし、手洗いもちょっといやなものです。こんなときは下水の詰まりを直す通水カップを使いましょう。バケツに水と洗濯物を入れ、上から通水カップで押し洗いをします。ゴムのカップの吸引力で、手でもむよりもずっと強い力で洗うことができます。おむつ以外でも、ひどい汚れ物には通水カップが威力を発揮します。

洗濯の最後のすすぎ水に酢を入れる

合成洗剤で洗ったものは、最後のすすぎ水に酢を加えると、しんなりとやわらかな肌ざわりに仕上がります。クリーニング屋さんがよくする仕上げ法です。おむつなどはとくにやわらかく仕上げたいものです。最後のすすぎのときに、洗濯機に大さじ三杯くらいの酢を入れましょう。

白ワインで洗濯物がふんわり仕上がる

飲み残しのワインは洗濯に利用できます。洗濯機に白ワインを一カップ入れて、あとはふつうに洗うだけ。どういうわけか洗濯物がふんわりと仕上がります。

洗濯バサミは輪にはさんで首にかける

洗濯物を干すときは、ひもで輪を作り、首にかけておきます。この輪に必要量の洗濯バサミをはさんでおくのです。とり入れるときも同じように、はずした洗濯バサミをはさんでいきます。しまうときは、輪にはさんだままクギなどにかけておけばよいでしょう。

洗濯ロープをピンと張る方法

ロープを張って洗濯物を干すときにとても便利なロープの結び方があります。図の結び方はターバック結びといい、登山などでテントの張り綱を張るときに使う結び方です。結び目は自由にスライドしますが、ロープに荷《か》重《じゅう》がかかると強く締まり、その位置で固定されます。ちょうど自《じ》在《ざい》鉤《かぎ》の役割を果たすわけです。ロープの片方を固定しておいて、もう一方にターバック結びを作ります。結び目をスライドさせることによって、洗濯物を干してもたるまないようにピンと張れます。

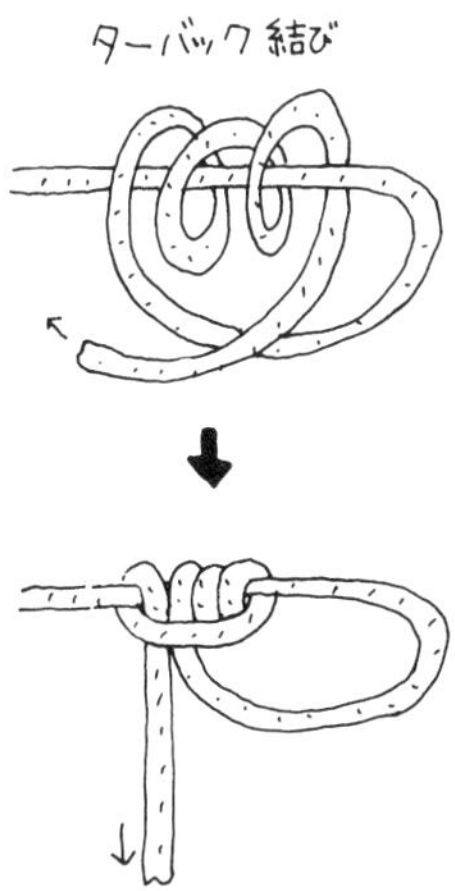

針金ハンガーは物干しに利用する

クリーニングに出した衣類についてくる針金ハンガーは、捨てるには惜しいけれど、収納場所にも困るもの。そこで洗濯物干しに利用すると重宝です。

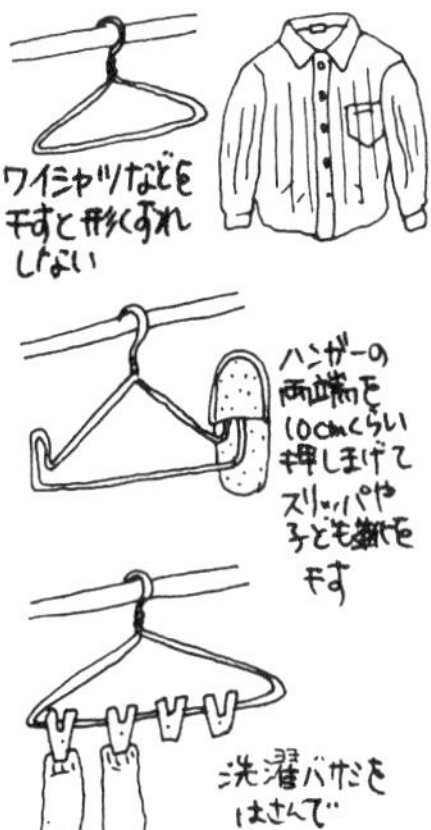
ワイシャツなどを干すと形くずれしない
ハンガーの両端を10cmくらい押しまげてスリッパや子ども靴を干す
洗濯バサミをはさんで靴下干しに

洗濯物はボタンをかけてから干す

シャツやブラウスなどボタンのついたものを洗ったら、必ずボタンを全部とめてから干すようにします。とくにタオル地のものやニットなどは、ボタンの重みで片側だけがたれ下がり、打ち合わせが合わなくなってしまうことがありますので、必ずボタンをかけて干す、これが形くずれを防ぐコツです。

ハンカチはたたんで干すと、あとが楽

ハンカチを干すとき、角を洗濯バサミでつるすと、ハンカチが対角線方向にのびてしまいます。ハンカチは薄いものです。四つ折りにして端をとめるようにすれば、アイロンかけの際もうんと楽です。

洗濯物を絞らずに干せばノーアイロンに

洗濯のひんぱんな夏の衣服は、いちいちアイロンをかけるのが大変です。木綿の服でも、洗って絞らずに干せばアイロンは不要です。絞らずに、しずくがポタポタたれるままハンガーにかけて、風呂場につるします。水が切れたら外に出して干しますが、これでピンと乾いてしまいます。

シーツののりづけはゼラチンで

パリッとしたシーツで眠りたいけれど、のりづけがおっくうで、という方も多いでしょう。市販のゼラチンを少量（板状のものは一〇センチ四方、粉状なら大さじ一杯）をお湯にとかし、洗濯のすすぎの水に入れてみまし

ょう。ノーアイロンで、張りのあるシーツに仕上がります。

シーツはたたんで重いものの下にしまう

洗濯したシーツはバイアス方向へそれぞれよくひっぱってからたたみましょう。二人でするときは向かい合ってシーツを持ってひっぱりますが、一人のときはタンスの引き出しに片側をはさんでひっぱります。このとき、対角線方向にしっかりのばすのがコツです。

矢印の方向へ引き合う
半分にたたむ
また半分にたたんで引き合う

たたんだシーツは押し入れの座ぶとんなど重いものの下にしまいます。こうすれば、ほとんどアイロンの必要はありません。ふとんカバー、テーブルクロスなども同じです。

ウールの手洗いはすすぎまで同じ温度で

セーターなどで毛が九〇パーセント以上のものは中性洗剤を使って手洗いします。ぬるま湯で洗うのですが、注意したいのは、洗いからすすぎまで必ず同じ温度ですること。

たとえば、三〇度のぬるま湯で洗って水ですすぐというのは、縮みや形くずれの原因になってしまいます。それならむしろ、はじめから水で洗うほうがいいのです。汚れのひどいところでも、もみ洗いをしてはいけません。そこだけけばだってしまいます。手で軽くたたいて汚れを落としましょう。

セーターは型紙をとってから洗う

大事なセーターを家で手洗いするときは、洗う前に型紙をとっておくのがコツです。包装紙など大きな紙の上にセーターを広げ、アウトラインを鉛筆でなぞっておきます。ぬるま湯に中性洗剤をとき、軽く押し洗いして、やはりぬるま湯ですすぎます。バスタオルでセーターをくるみ、たたいて水気をよくとったら、型紙の上に広げて、元どおりの形に整えます。そのまま平らな板などの上にのせて陰干しすれば万全です。

アクリルのセーターは裏返して洗う

アクリルのセーターは毛玉ができやすいので、必ず裏返して洗うようにしましょう。ふだん着と割り切れるものは、手洗いするよりも洗濯機で洗ったほうが簡単です。洗濯機にかけるときはネットに入れると、いたみ方が少なくてすみます。

ウールのしわは風呂の湯気にあてる

ウールにしわをつけてしまうと、セーターやカーディガンはとくにアイロンかけがむずかしいものです。しわになってしまったウール素材のセーターなどは、ハンガーにかけて、風呂の残り湯の上につるしておきます。一五分ほどで、まるでアイロンをかけたように、きれいにしわがとれます。その後、よく乾かすのを忘れずに。

ストッキングを使ってセーターを干す

セーターなど形くずれしやすいものや、洗濯バサミのあとをつけたくないものを干すときには、古いパンティストッキングを使ってみましょう。セーターや、ボタンを全部とめたシャツの両袖に、ストッキングの両脚を開くように通します。首からはパンティ部分、手首から足先の部分が出ますので、それを竿《さお》やロープにとめればいいのです。

縮んだセーターはアンモニアでのばす

ウールのセーターが縮んでしまったら、家庭用アンモニアを使ってのばすことができます。たらいにぬるま湯を入れ、アンモニアを少量たらしてセーターをつけます。毛糸に残っていたせっけん分がとけ出してきますので、両手で軽く縮んだ部分をひっぱってのばします。すすいだあとは陰干しをし、生乾きのときに手でひっぱって形を整えながらスチームアイロンをかけます。

靴下のひどい汚れは住居用洗剤で落とす

白い木綿のソックスなどのひどい汚れは、ふつうの洗剤で洗ってもなかなか落ちません。こんなときは住居用洗剤を使います。ぬるま湯に住居用洗剤をとかし、靴下をしばらくひたしておき、もみ洗いすればきれいに落ちます。

合成スエードの衣服は住居用洗剤で洗う

合成スエードのジャケットやコートは、住居用洗剤をとかした水につけて押し洗いします。衿や袖口、裏地などにとくに気をつけて、汚れのひどい箇所はブラシでたたき洗いします。そして、よくすすいで、絞らずそのままハンガーにかけて陰干しします。

レインコートは住居用洗剤で洗う

レインコートも家で洗えます。木綿、化繊《かせん》どちらでも、まず住居用洗剤で洗って、だいたいの汚れを落とします。次に、ふつうの洗濯用洗剤で洗います。風呂場の床に広げて、ブラシを使って洗うと楽です。衿山とすそ線がとくに汚れているものです。よくすすいだら、好みによってのりをつけて仕上げます。乾いたら、防水スプレーをかけておきましょう。

ダウンジャケットは家で水洗いできる

ダウンジャケットもこわがらずに家で水洗いしましょう。大きなたらいなどに中性洗剤液を作り、手早く押し洗いします。そっと下から持ち上げるようにして三回ほどすすぎ、バスタオルにはさんで水を切ります。平らに置いて陰干しして、十分に乾いたら中の羽毛が均等になるように手でもんでおくことも大切です。

革の手袋は中性洗剤で洗う

革の手袋は、手早くやれば洗っても大丈夫

です。乾いた布でホコリを落としてから、中性洗剤をとかしたぬるま湯につけ、ブラシで洗います。水でよくすすいだら、乾いたタオルにはさんで水気をとります。とくに指先のほうに水分が残らないように注意します。そのあと、手にはめて形を整え、指のほうを上にして陰干しします。なお、乾いたら、コールドクリームをぬっておきましょう。

白い絹は牛乳につけると黄ばまない

白い絹のブラウスやスカーフなどはすぐ黄ばんでしまうので困りますが、よい予防法があります。洗濯する前に、牛乳につけておくのです。あるいは、洗濯の最後のすすぎ水に牛乳を少量落とすようにしてもよいでしょう。こうしておけば、いつまでも美しい白さが保てます。

絹は冷水で洗う

絹はとてもデリケートな繊維ですから、洗うときにはていねいに扱わなければなりません。洗いもすすぎも必ず冷水を使います。絞るときはねじらずに、両手で押しつけるようにして水気をとります。最後のすすぎ水に、少量の砂糖とレモン汁を加えると、ソフトに仕上がり、色落ちの防止になります。

木綿の帽子はシャンプーで洗う

帽子の汚れのもとは髪の毛の汚れと頭皮から出る脂分《あぶらぶん》です。ですから、帽子を洗うときは、頭を洗うのと同じに考えて、シャンプーを使うのがいちばん。

大きめの洗面器にお湯を入れ、洗髪一回分のシャンプーをたらします。木綿の帽子でしたら、手でザブザブと洗えます。形くずれを防ぐには、内側を歯ブラシでこすって洗えばよいでしょう。これで帽子のムッとするいやなにおいはすっかりとれるはずです。

藍染《あいぞ》めの浴衣《ゆかた》はけっしてお湯では洗わない

浴衣は、ぬいだあとはハンガーにかけて、汗をとばしてからたたむようにします。洗濯は大きなたらいなどに水を入れ、ざっとたたんだ浴衣をつけます。てのひらで押さえるようにして汗や汚れを出しましょう。一度浴衣をひきあげて、次に、薄い中性洗剤液を作り、その中でたたくようにして洗います。二、三度すすいでから干し、生乾きのところで、アイロンをかけるとパリッとします。

なお、藍染めの浴衣を洗うときにはけっしてお湯は使わないように。色がぬけ落ちてしまいます。

カーテンはまず水につけて汚れを落とす

カーテンを洗濯するとき、いきなり洗剤液につけてはいませんか？　これでは汚れが十分に落ちません。まず、電気掃除機でホコリを吸いとります。次に適当な大きさにたたんで、水に一五分ほどつけておきます。こうすると、ホコリやゴミが浮いてきますので、そのあとでたたんだまま洗剤液で押し洗いすると汚れがよく落ちます。

洗濯したカーテンは脱水したら窓につる

洗濯したカーテンは、水がしたたらなくなるまで脱水して、そのまま窓のカーテンレールに取りつけます。こうすると、乾いてくるうちにカーテン自身の重みでひとりでにしわがとれ、アイロンをかける必要がないからです。

レース編みはシーツに縫いつけて洗う

レース編みや刺しゅうなど、ほつれては困るものの洗濯は、大きなものならシーツに縫いつけて動かないようにして、レースを内側にたたんで洗います。小さなものはタオルではさんで、タオルごと手洗いするようにするといたみません。

大きなものは風呂場で踏み洗いする

肌掛けぶとんや毛布、玄関マットなど大きなものは風呂場で踏み洗いをしましょう。シャワーや水道の水をザーザーかけながら、汚れを流し出すような気持ちで踏んでいきます。洗い終わったらざっとたたんで、やはり足で踏んで水気をとり、軽く脱水機にかけてから干します。

毛布は三角に干すと乾きが早い

毛布やタオルケットなどの大判のものは、干すときが大変。なかなか乾かないうえに、いつまでもしずくがたれて、ベランダなどに干したときは階下に迷惑をかけてしまうこともあります。そこで、毛布を対角線で合わせて三角になるように干します。こうすると水滴は一ヵ所に集まりますから、洗面器一つで水滴を受けられますし、乾きもぐんと早くなります。

ビニール製品はタオルと一緒に洗う

テーブルクロスやマット類でビニールコーティングしてあるものは、タオル四、五枚と一緒に洗濯機に入れると、タオルがビニールの表面をこすってくれるのでとてもきれいになります。洗濯じわがついてしまったら、干す前に熱いシャワーをかけるとピンとのびます。

ぬいぐるみもお風呂に入りたい

ぬいぐるみも、汚れてしまったらお風呂に

入れてあげましょう。といってもジャブンとつけてしまうのではありません。中性洗剤かシャンプーをぬるま湯にといて、古い歯ブラシにつけてていねいにブラッシングします。そのあと、お湯で絞ったタオルで何度もよくふいて、乾かします。

毛皮の汚れはおがくずをもみこむ

毛皮が汚れてしまったら、簡単な汚れは、水でぬらしたタオルをかたく絞って、アルコールをつけてふきとります。ひどい汚れは、おがくずをアルコールでしめらせ、これを毛皮にもみこむようにしてとります。このとき、毛皮ごとポリ袋にすっぽりと入れてしまい、口を閉じます。そして、ポリ袋の上からもみこむようにすれば、おがくずが散らかることはありません。

スエード類はブラシで起毛させる

スエードやベロアなどの起毛させた革製品の手入れは、ナイロンか毛のブラシでそっとブラッシングして汚れを落とし、毛足をそろえます。色落ちしてきたら、スエード用インクかチョークで色をつけましょう。また、よくこすれる部分などが光ってきたら、目の細かいサンドペーパーかナイロンのブラシで起毛させればいいのです。

革コートの裏は表とちがう手入れが必要

革や毛皮のコートは、それぞれの種類に合わせた手入れをしますが、裏地の手入れはまた別にしなければなりません。衿や袖口などがとくに汚れますが、これは布の汚れですので、歯ブラシにふつうの洗濯用洗剤をつけて、部分的によくこすって汚れを落としましょう。タオルを絞ってよく洗剤分をぬぐい落とすことで、すすぎのかわりになります。

ハンガーでの衿じわは輪ゴムで防ぐ

ブラウスやワンピースをハンガーにかけておくと、衿がたれさがって、そこだけしわになることがよくあります。ハンガーと衿もとの第一ボタンとを輪ゴムでつないでおけば、このしわは防げます。衿ぐりの大きさに合わせて、輪ゴムを二、三本タテにつなぐようにします。

ゴアテックスの衣服はしわくちゃにしない

スキーウエアを中心に急速に普及してきたゴアテックス。完全防水でしかも蒸れないというすぐれた特性をもつ布地です。このゴアテックス、取り扱い上注意したいのはしわくちゃに丸めたりしないこと。ゴアテックスは防水・透湿性をもった薄いテフロンフィルムをナイロンなどの布地でサンドイッチしたものですが、このフィルムがとても傷つきやすいのです。無造作に丸めてスキーザックにつっこんだりすると、テフロンフィルムが破れて、防水性が落ちるおそれがあります。もちろん汚れた場合のもみ洗いは厳禁です。

和服の手入れはビロードの小ぶとんで

絹の和服の手入れには、昔から小ぶとんが使われています。八センチ四方ほどのビロードの小袋を縫って、中に綿をつめます。この小ぶとんで、外出から帰ったら着物や帯の汚れを落とします。ブラシや布などでこすると、かえって汚したりいためたりしてしまうこともありますから、小ぶとんを作っておくことが手入れのコツです。

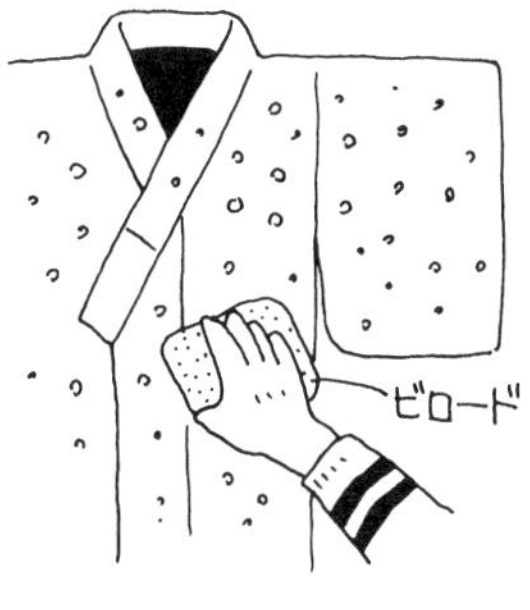

虫干しは一〇月のカラッとした日に四時間

衣類の虫干しは、七月と一〇月がよいといわれています。このうちでも一〇月のほうが湿度も低く最適。さて、虫干しの日ですが、晴天が三日以上続いたカラッと晴れた日にします。もちろん虫干しは衣類に風を通すことが目的で、直接日光にあててはいけません。また、時間は、午前一〇時から午後の二時くらいまでの湿度のいちばん低い時間帯にします。

和服は寒中に虫干しをする

お正月に和服を着ると、着ながらにして虫干しをしたことになりますが、袖を通さない和服も寒中に虫干しをするようにします。空気が乾燥していて虫も活動していない寒い時期が、和服の虫干しに最適なのです。からりと晴れた日に干してみましょう。

ふとんを干したときはたたかない

ふとんを干したあと、ふとんたたきでパンパンとたたく人がいます。でもこれは、綿の繊維を切り、ふとんの寿命を縮めます。干して綿がふっくらとしたら、そのままとりこむようにしましょう。どうしても気になるなら、手で軽く払う程度にします。

ふとん綿は夜露にあてて再生させる

ふとん綿はつぶれてしまうと保温性も劣ってしまいます。打ち直しをするほどではない場合には、綿を外に放っておくだけというひたって簡単な再生法があります。

夏の晴天続きの日に四日三晩屋根の上にでも広げておきます。夜露を吸い込んだ綿は、日中に水分を蒸発させます。こうした一種の呼吸をくり返すうちに、綿はふっくらしてきて弾力性も回復します。これが「夜露干し」です。

毛布は長い時間干さない

毛布は、干すと気持ちのよいものですが、ふとんとちがってウールや合成繊維でできていますから、あまり長い時間日にあてるといたみやすく、色もあせてしまいます。干すときには片面一時間程度にしておきましょう。

毛布についたゴミはぬらしたスポンジで

朝、目が覚めたとき、毛布に髪の毛や糸くずがついているのは気になるものです。かといって朝の忙しい時間に電気掃除機をひっぱりだすのもおっくうだし……。そこで、水でぬらしてかたく絞ったスポンジでサッサッとぬぐうようにします。からみついた糸くずや髪の毛も簡単にとれてさっぱりします。

アイロンかけの霧は前もって吹いておく

アイロンかけのコツのひとつに霧吹きがあります。アイロンをかけるものは、まとめて二時間ほど前に霧を吹いておきましょう。そして、霧を吹いたら一枚ずつ巻くようにたたんで、ポリ袋に一緒に入れておきます。こうすれば湿気がムラなくゆきわたり、アイロンかけの効果が上がります。

スチームアイロンには湯ざましを使う

スチームアイロンには湯ざましを入れて使うと、水あかがたまってスチームの穴をふさぐことがありません。

使い終わったら必ず中のお湯を捨て、高めの温度で五分ほど通電乾燥させましょう。水の入れっぱなしはアイロンの寿命を縮め、衣服を汚す原因にもなります。

ハンカチは何枚も重ねてアイロンをかける

洗ったハンカチを窓ガラスに張りつけておくと、ピンと乾きますが、うっかりしていると乾いて下へ落ちてしまって洗い直すということにもなりかねません。ハンカチは何枚も重ねて一度にアイロンをかけると便利です。二枚めから下は、上からの熱でよくのびていますので、縁だけきれいに押さえればきれいに仕上がります。

プリーツはゴムで固定してアイロンを

プリーツスカートにアイロンをかけるときは、ゴムひもで固定してしまうと簡単です。

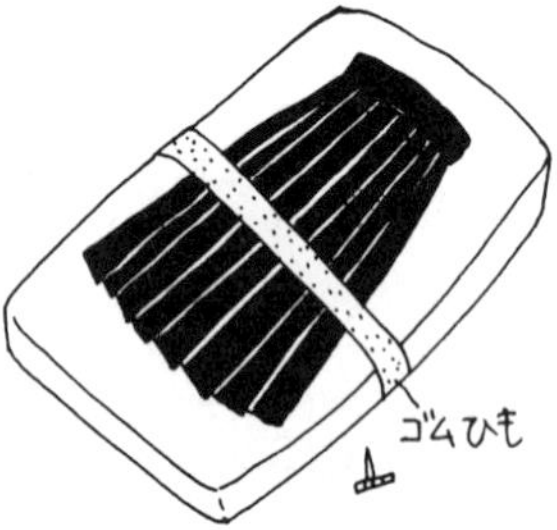

プリーツをきちんとたたんでアイロン台にのせ、上からゴムひもをかけて、アイロン台の裏に画鋲《がびょう》でとめます。こうして、すそからウエストに向かってアイロンをかけると、上手にかけられます。

お尻やひじのテカテカはアイロンで直る

ズボンのお尻や、上着のひじなどがすれて

テカテカ光っているのはみっともないものです。テカテカは繊維の間に汚れがつまり、それがこすれて光るのですから、まず、アンモニアか中性洗剤を水にとかしたものでよくふき、汚れを落とします。そのあと、ぬれ手ぬぐいをあててアイロンをかけると、テカテカはすっかり直ります。

刺しゅう物のアイロンかけにはぬれタオル

美しい刺しゅうのあるブラウスやテーブルセンターなどは、どうアイロンかけしていいか困ってしまいます。これは、ちょっとした工夫で刺しゅうの風合いをつぶさずにすむ方法です。かたく絞ったぬれタオルの上に刺しゅう部分をあて、裏からアイロンをかけます。アイロンは高温にして、手早くかけるようにします。こうすると刺しゅうはつぶれず、ふんわりと仕上がります。

ベルベットは同素材のあて布でアイロンを

ベルベットやビロードの服も、自分でアイロンかけすることができます。同素材で三〇センチ四方ほどの布を用意し、あて布にします。服とあて布と両方のけばが合わさるよう、中表に重ねてスチームアイロンを軽くあ

てるのです。ただし、レーヨンのベルベットはクリーニング店にまかせたほうがいいでしょう。

アイロンをかけ終わってもすぐたたまない

木綿と麻は表から、絹は裏からアイロンをかけます。アイロンは布目にそってタテ、ヨコの方向にかけ、特別なもの以外はバイアスにはかけません。アイロンをかけ終わったら、椅子《いす》の背などにふわっとのせて風にあて、熱気と湿気をとってからたたむようにします。あわててたたむと、せっかくの仕上げがくずれてしまうからです。

クリーニングからもどった衣類は風を通す

クリーニング店からもどった衣類はポリ袋に入っていますが、必ず袋から出して風を通すようにしましょう。アイロンかけに使った蒸気が水分となって残っていることが多いからです。また、汚れがよく落ちているかどうかも確認してください。ポリ袋に密閉したままで収納してしまうと、残った汚れや水分によってカビが生えることがあります。

靴クリームのつけすぎは革をいためる

革靴は、脱いだらすぐにブラシで汚れを払い、ときに応じて靴クリームをつけて磨くと長持ちしますが、靴クリームはつけすぎると革の毛穴をふさぎ、革をいためる原因になりますから注意が必要です。革には通気性がありますから、それを損なわないことが大切なのです。靴クリームを薄くのばし、よくツヤを出してはくとよいでしょう。

伝線したストッキングは靴磨きに最適

靴のツヤ出しには古ストッキングが最適です。伝線してしまったらつま先からくるくると丸めて、靴クリームなどと一緒の場所にためておきます。丸めておけばかさばらず、使いやすいものですし、たくさんたまってしまったら一回ごとに使い捨てにしてもいいでしょう。

薄い色の靴ははく前に透明な靴クリームを

白やベージュなど薄い色の靴は汚れが目立ちやすく、いったん汚れてしまうとあとの手入れも大変です。はく前に、シリコンなどの入った透明な靴クリームをよくすりこんでおきましょう。クリームが被膜を作り、革そのものの内部に汚れがしみこむのを防ぎます。

白い革製品は中性洗剤で手入れする

白い革のバッグや靴は、汚れたり黄ばんでしまったりで、美しい白さを保つのがむずかしいものです。ホコリや表面の汚れを落としてから、薄めた中性洗剤で絞った布で軽くふくようにします。これで白さがよみがえります。そのあと、日陰で風を通し、保革用クリームをごく少量つけて、やわらかい布でこすって仕上げます。

保革用クリームは指でのばしてぬる

ワークブーツやスキー手袋などの手入れでは、保革用クリームを十分にぬることが大切です。ぬるときは、ブラシを使わずに、指で直接すりこみます。こうすると、体温で油脂分がとけて、よく革に浸透するのです。とくにロウ成分の多いクリームは浸透性が弱いので、指でていねいにすりこむようにします。

革底の靴は底にも靴クリームをぬる

革底の靴は底にも靴クリームをぬると、寿命がぐんとのびます。新しい靴はまず四、五日はき、それからよく底の汚れを落とし、クリームをたっぷりぬります。雨の中を歩いても水分が底革にしみこまなくなり、靴のいたみを防ぎます。

汚れ落としのクリームは革に万能ではない

革製品の手入れというと、なんでも汚れ落としのクリームでふくというのは、革の種類によっては間違いです。オーストリッチ、ピッグスキン、トカゲの革は、クリームを使うとそのままシミになってしまいます。起毛タイプのものやカーフも同様です。

これらの手入れは、乾いた布でよくふき、汚れが落ちない部分は白い消しゴムでそっとこするようにしてください。

古い牛乳で革製品を磨く

牛乳を冷蔵庫に入れっぱなしにしたまま、古くしてしまうことがあります。そんなとき、ただ捨ててしまわないで、革磨きに利用するとよいでしょう。小なべで温めて脂肪と水分とが分離したら、脂肪分だけをとって、バッグやベルト、財布などの革製品を磨いてみましょう。簡単にツヤが出ます。磨いたあとは乾いた布でからぶきして、脂肪をとりのぞくようにします。

ベルトの穴裂け防止にマニキュアをぬる

ちょっときつめにベルトをしめていると、穴が裂けてしまうことがあります。穴裂け防止には、穴のまわりに透明なマニキュアをぬっておくといいでしょう。これだけでずいぶん長持ちします。半年ごとにぬり直せばより効果的です。

草履《ぞうり》はゲタ箱にしまわない

草履をはいて出かけたとき、外出からもどったら、すぐに手入れをしましょう。革のものならやわらかい布で汚れをふきとって、底を陰干しします。エナメルのものには専用クリームをぬっておきます。ゲタ箱の中は湿気があるので入れないようにします。やわらかな紙でくるんで箱にしまうのが長持ちさせるコツです。

運動靴はビールびんを使って干す

運動靴を洗ったら、空のビールびんにかぶせて干しましょう。水切れがよく、しかもビールびんの濃い色が光をたくさん吸収しますので、ふつうに干すより二、三時間早く乾きます。ビールびんでなくても濃い色のついた

びんなら同じです。

ズック靴にはのりづけをする

ズック製の運動靴は汚れがはげしく、とくに泥汚れは洗ってもなかなかきれいになりません。そこで、靴にのりをつけておく方法をすすめます。水でといたのりをハケで表面にぬるのです。こうしておけば、洗うときにとても簡単に汚れが落ちます。

第3章　ものは試し！　ぐんと得するコツと裏ワザ

切手シートの余白を名札に使う

こまごまとした学用品などに名前をつけるとき、シートで買った切手の余白部分を使うととても便利です。適当な大きさに切って名前を書きます。のりがついていますから、そのままどこにでも貼れます。

マヨネーズの容器でじょうごを作る

寒い夜などに、石油ストーブに灯油を入れるポンプがこわれてしまったら、今夜は暖房なしなどとあきらめず、ちょっと工夫してみましょう。マヨネーズの空になったポリエチレン容器を輪切りにし、口側の部分をよく洗

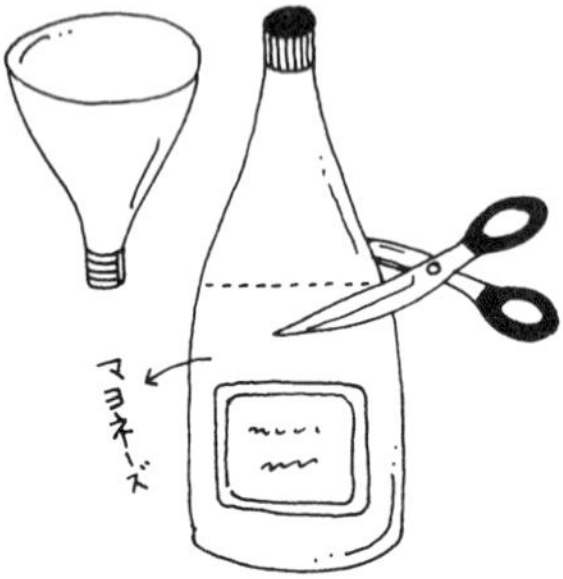

って水気をしっかりふきとります。これをストーブの給油口に差しこめば、便利なじょうごに早変わり。楽に給油できます。

古いゴム手袋は輪切りにしてゴムバンドに

古いゴム手袋は、全体を輪切りにしてしまいます。手首、手の甲、それぞれの指の部分と、いろいろな大きさのゴムバンドができて、実用的です。幅も、広いもの、狭いものと自由自在。

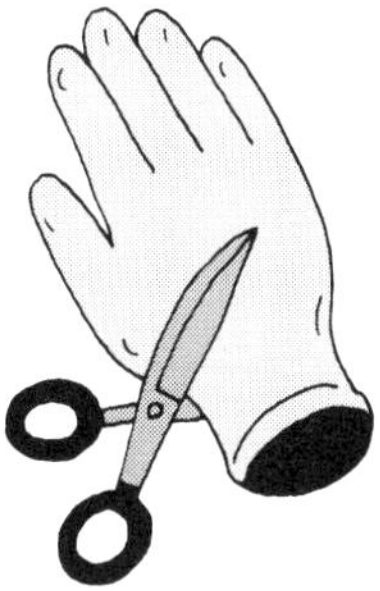

火鉢を使って池を作る

物置でホコリをかぶっている火鉢を使って庭に小さな池を作ってみましょう。穴を掘って火鉢をうめ、水を入れるだけでできあがりです。金魚などを飼うのに最適です。

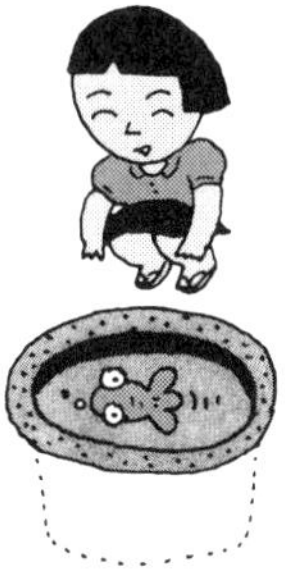

サーフボードがカラフルなテーブルに

家具屋さんで「テーブル」として売っているものだけがテーブル、と決めつけないで、自分で工夫してみるのも楽しいものです。サーフボードなども、カラフルでスマートなテーブルになりますし、古い木製のミシン（本体が逆さになって下に収まるもの）もアンティックでよいものです。

トイレットホルダーにラップの箱の刃を

プラスチック製のトイレットペーパーホルダーでは紙がうまく切れないことがあります。そこで、切りやすくする工夫ですが、ホルダーにラップの箱などについているギザギザの刃をとりつけます。つけ方は簡単。刃の部分を箱から切りとり、ホルダーの長さに合わせてカットし、テープで貼りつければできあがり。刃の切れ味が落ちたら何度でもとり替えられて便利です。

フィルムの空き容器は携帯灰皿になる

ハイキングでは、たばこの吸いがらは持ち帰るのが原則。フィルターは腐らないので、自然を汚すもとになります。ポケットに入る携帯灰皿をフィルムの空き容器で作って持ち歩きましょう。作り方は簡単。空き容器の内側をアルミホイルでおおうだけです。たばこをもみ消さなくても、ふたを閉めると自然に火が消え、とても便利です。

チラシ広告の地図を自家用に

近所に新しい商店がオープンしたときに配られるチラシ広告に地図がのっていたら、自家用の地図として活用しましょう。自分の家の位置を書きこみ、適当な枚数をコピーしておきます。人に自宅までの道順を教えるときは、自宅の位置を赤鉛筆でかこんで、この地図を渡すと便利です。

チラシ

廃物の電気スタンドで台つき拡大鏡を作る

いらなくなった蛍光灯《けいこうとう》スタンドで、台つきの拡大鏡を作ってみると便利です。裁縫などの両手を使う仕事のとき、拡大鏡を持たなくてもすみ、お年寄りには大変重宝《ちょうほう》します。

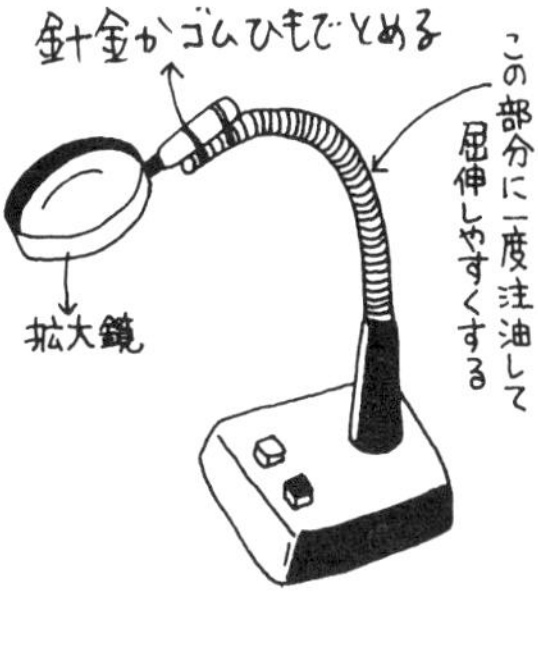
針金かゴムひもでとめる
この部分に一度注油して屈伸しやすくする
拡大鏡

おもしろ廃物利用法

スキー板を帽子かけに

いたんで使わなくなったスキー板は、いろいろな思い出がこめられていて捨てるにはしのびないものです。

ヨコにして鴨居《かもい》や壁にクギで打ちつけ、帽子かけや洋服かけにします。なかなかしゃれたインテリアです。

いろいろに使える古火鉢

暖房器具の発達によってまったく使われなくなった火鉢ですが、丈夫で美しく、いろいろな使い道があります。そのまま伏せてクッションを置けば椅子《いす》になります。居間に置くのもしゃれていますし、庭に出せば庭椅子として最高です。

玄関に置いてかさ立てにするのもよいアイディアです。水気でいたむこともありません。

中に花器をすっぽり入れ、大型の花いけにして豪華に花を盛るのも楽しいものです。

破れたざるを状差しに

ところどころ網目が破れた竹製のざるは、もう本来の目的には使えません。竹細工の美しさを生かして、インテリアに活用します。盆ざるの半分にきれいな布を張れば、しゃれた状差しが簡単にできあがります。

ストーブのガードを皿立てに

反射型石油ストーブの前面についている、金属棒を山形にして並べたガードをとりはずします。そのまま調理台の上にふせると皿立てに、あるいは食器棚の上に置いてお盆立てにといった使い方もできます。

かさの骨をアサガオの支柱に

古くなったかさの布地をとりはずし、骨だけにします。骨にはサビ防止にラッカーをぬっておきます。つるが伝ってのびていけるように適当に糸を張り、開いた状態で地面に立ててアサガオの支柱にします。かさの骨いっぱいにつるがのびると、とてもすてきな行灯《あんどん》仕立てのアサガオになります。

テニスラケットをハンガーに

ガットの切れたラケットはそのまま壁にかけるとハンガーになります。ヨコのガットがまだ残っていれば、ガットを利用してハンガーかけにも使えます。

牛乳パックもいろいろに使える

牛乳のパックは完全防水でとても丈夫なので、水気が外にもれず、具合のよいものです。スープストック入れにも利用できます。また、テトラパックは一端を切りとると、じょうごの代用品に。

ポリ袋の意外な利用法

スーパーマーケットで買った品物を入れる持ち手のついたポリ袋は丈夫で使いやすいものです。ここではちょっと意外な利用法を紹介します。

※底を切り開くと、小さな子どもの食事用エプロンになります。持ち手のほうから頭をすっぽり通すだけです。

※赤ちゃんを連れての外出中、応急のおむつカバーになります。

コンパクトを口紅ケースにリフォーム

パンケーキタイプのファンデーションやコンパクトなど、中身を使いきってしまったら口紅ケースにリフォームしてみませんか。短くなった口紅を底までくりぬいて出して、何色も入れておくのです。鏡がついているので外出のときにも便利ですし、口紅も最後まで使いきることができます。

コーヒーかすを生ゴミにふりかける

コーヒーかすには、いろいろな利用法があります。生ゴミにふりかけるか、生ゴミ用の容器に入れておくと、脱臭効果があり、脱臭剤のかわりになります。

茶がらはそのままで脱臭剤になる

茶がらを茶わんなどにとり、冷蔵庫に入れます。そのままで効果抜群の脱臭剤になります。毎日出るものなので、毎日とり替えることもできます。

古いTシャツは台所磨きに使う

着古したTシャツや下着類は、よく洗ってから一〇センチ四方ほどの大きさにそろえて切ってしまいます。それを、空き箱に入れておいて、台所まわりの油汚れなどをふくときに使うと便利です。一度使ったらそのまま捨ててしまっても、タンスの中でいつまでも場所ふさぎをしていることを思えば、惜しくありません。

古いこたつのわくをハンガーボードに

使わなくなったこたつのわくは、台所のハンガーボードに利用してみましょう。なべやまな板を下げられるようにネジやクギを打ち、あとは壁にとりつけるだけ。わくの厚みが約三センチもあるので、土びんなど重いものをぶら下げても平気です。

水のもるホースは芝生の水まき用にする

ホースが水がもれるからといって捨てるのはちょっと待ってください。まだ使い道があります。ホースに適当にキリで穴をあけ、芝生や庭の水まき用に使います。蛇口にホースをつけて芝生の上に置いておけば、水が四方に飛び散って簡単に水まきができます。

古ワイシャツを洋服カバーにする

洋服は形くずれを防ぐために、必ずハンガーにつるして収納します。そして、日常の出し入れが少ないものは洋服カバーをかけておきます。扉の開け閉めでかなりのホコリが舞うからです。ところで、ビニール製の洋服カバーは避けましょう。中が蒸れて、繊維が呼吸困難になってしまいます。その点、古ワイシャツなら安心で経済的です。なお、ハンガーは、洋服の形に合ったものを使うと形くずれしません。

トウモロコシの皮でタワシを作る

トウモロコシの皮は丈夫なのでタワシを作ることができます。干したトウモロコシの皮を一センチ幅に裂いて束ねます。半分の長さのところでひっくり返して、もう一度束ねるとできあがり。

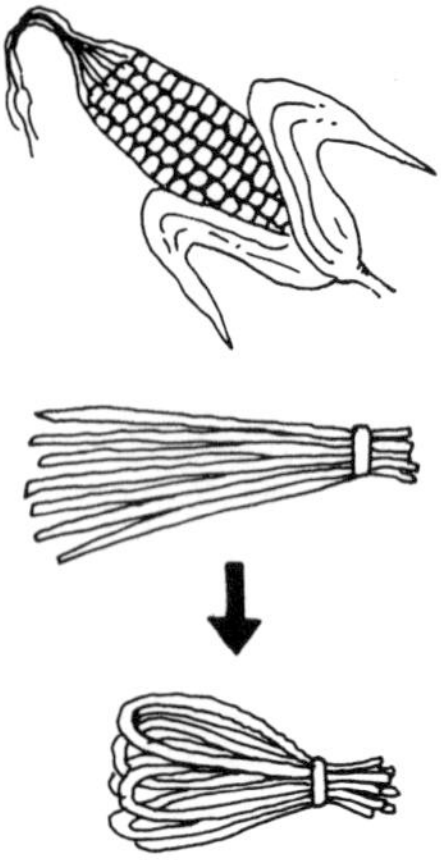

シーツでハンガーカバーを作る

古くなったシーツや余り布でハンガーカバーを作ると、服の汚れ防止に役立ちます。ハンガーにかけた服の上にすっぽりかぶさる形に、布を二枚切りとって外側を縫います。なお、縫いしろは裏に返さないで、ピンキングバサミで切っておくだけにします。縫いしろが内側に入ると、糸くずがウールなどの服についてしまうからです。

セーターの袖でレッグウォーマーを作る

雪遊びをする子どもにはレッグウォーマーが便利です。ひざ下から靴までをすっぽりおおってしまえば、靴下をぬらすこともなく、暖かいものです。

古いラクダの下着やセーターの両袖、またはももひきを、子どもに合わせて切りとって、両端にゴムを入れればできあがり。純毛ですと雪をよくはじき、グッショリしめることもありません。アップリケなどをすればとてもかわいくなります。

スニーカーの底敷きを古ジーンズで作る

スニーカーがちょっと大きめだったら、古ジーンズを足の形に切って底敷きにしましょう。デニムの裏を表に出して、布・ゴム用の接着剤で貼りつけます。足にぴったりになり、素足ではいても快適です。

余り布でワイシャツホルダーを作る

余り布があったらワイシャツ専用のホルダーを作ると便利です。ハンガーに布を渡して、ポケットを両側にとりつけます。一本のハンガーに六つぐらいのポケットが適当でしょう。

いっぺんに六枚のワイシャツが収納できて、形くずれの心配もありません。とり出す

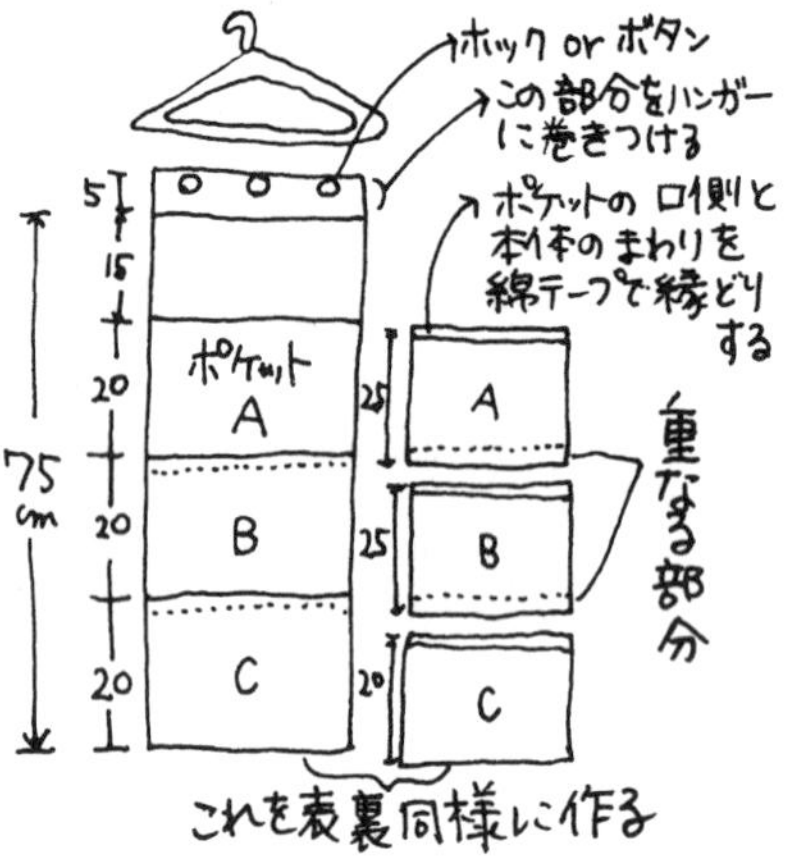

ときに、色や柄がひと目でわかるのも便利な点です。

古い毛布で幼児の肌掛けを作る

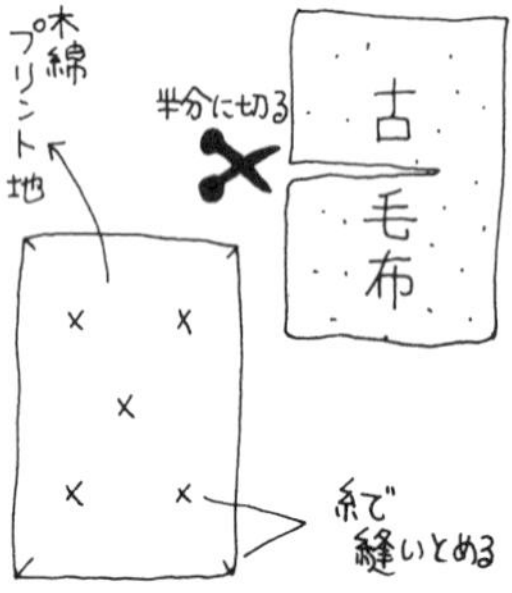

古くなって毛のすり切れた毛布は、幼児の肌掛けにリフォームしてみませんか。

毛布を半分に切って、綿プリント地などですっぽり入れられる袋を縫います。毛布を入れたら口を閉じて、四すみと真ん中五、六ヵ所を糸でとめてしまいます。これでできあがり。季節の変わり目などにかけてあげます。また、冬には敷きぶとんの上にのせて一緒にシーツでくるめばぐっと暖かくなります。

書けないボールペンはたばこのフィルターで

インクはまだ残っているのに先の部分がつまってしまって、ボールペンが書けなくなるということがよくあります。そんなときは、たばこのフィルターの中にボールペンの先をつっこんで、手早くグルグル回してみましょう。インクがスムーズに出るようになります。

なべの穴は真綿だけで直せる

金属製のなべに穴があいても、あきらめることはありません。ほんの少しの真綿を使うだけで直すことができます。真綿は、こよりをよるように、細くかたくより合わせます。そして、なべの穴に一方の端を通したら強く一気にひっぱります。すると、途中でつっかえますから、あとは両側を二〜三ミリ残して切り落とすだけ。もちろん、このまま火にかけても大丈夫です。真綿がない場合は、脱脂綿でも代用できます。

新聞紙と水で紙粘土を作る

紙粘土は、壁の穴をうめるなどの補修に便利です。作り方を覚えておき、いざというときに役立てましょう。

バケツに新聞紙をできるだけ細かくちぎって入れ、水を入れてひと晩くらいそのままにしておきます。その後、上《うわ》ずみの水を捨てて、根気よくこねると、次第に粘土状になってきて、できあがりです。白いきれいな紙粘土を作りたいときは、白いちり紙などを利用するとよいでしょう。

ゆがんだプラスチックはお湯の中で直す

変形したプラスチック容器は、お湯の中で簡単に整形できます。これは、プラスチックの熱に弱い性質を逆に利用したものです。プラスチックの容器がすっぽり入るくらいの大きさのおけなどに、少し熱めのお湯をたっぷり入れます。少しやわらかくなったころを見計らって、お湯の中で形を直します。そして、すぐに冷たい水の中に入れて形を固定させます。

水もれする花びんにはパラフィンを

花びんが水もれするからと、すぐに捨てなくても大丈夫です。水もれの原因は、ヒビ割れや小さな傷によるものです。傷口のまわり全体にパラフィンをとかしたものを薄く流しこんでみましょう。パラフィンが傷口をふさいで元どおりに使えます。

ビニール一枚で風呂を早くわかす

風呂をわかすガス代はバカにならないもの。水面を大きなビニールでおおってしまえば、熱が逃げないので、ずいぶんと早くわきます。わかしたあとも、お湯が冷めにくいので、遅く入る人のためにわかし直すむだが省けます。

また、夏は朝のうちから風呂の水を張っておけば、日中その水が温められるので、より早くわいて経済的です。

ストーブの反射板を磨くとこんなにちがう

一般的な反射板つきのガスストーブの場合、ピカピカに磨かれた反射板と、汚れた反射板とでは熱効率が約二〇パーセントもちがうといわれます。

ピカピカの反射板は熱効率のよい分だけ、室内を同じ温度に保つのに必要なガス消費量は当然少なくなります。こまめに反射板を磨けばずいぶん得です。

トイレタンクの節水にはペットボトルを

トイレの水の出がよすぎると、なんだかむだづかいをしているようで気になります。ロールタンク式のトイレなら、簡単にむだを省くよい方法があります。ジュースなどのペットボトルに水をいっぱい満たし、これをタンクの中に入れておきます。こうすると、入れ

たボトルの分だけ水位が上がり、流すたびに節水ができるのです。

乾電池は全部とり替える

ラジオや懐中電灯などの電池が切れかけたときに、もったいないからと一個だけ新しい電池に替えるのはかえって不経済。新しく入れた電池はすぐに寿命がつきてしまいます。数個の電池を使っている器具の電池をとり替えるときは、いっせいに新しくするのが原則です。

蛍光灯もこまめに消したほうがよい

蛍光灯の場合、こまめにつけたり消したりすると、蛍光灯の寿命が短くなってかえって損だといわれます。しかし、現在の蛍光灯は

この欠点がかなり改善されており、よほどひんぱんにつけたり消したりしないかぎり、不要なときは消したほうが経済的なのです。白色二〇ワットの蛍光灯を例にとると、点滅による寿命短縮の損失と、つけっ放しによる電気代の損失とが等しくなるのは四五秒間です。つまり、蛍光灯を消してから再びつけるまでの時間が四五秒なら、こまめに消すほうが得ということになります。

ほうきを長持ちさせるには塩水につける

買ったばかりのほうきは、いきなり使わずに海水程度の塩水の中に数時間つけておきましょう。穂先がやわらかくなったら水気をよくきり、形を整えて日陰にぶら下げて乾かします。こうすると、ずっと長持ちし、しなやかになって使いやすくなります。

また、くせのついてしまったほうきもこの方法で元どおりに直せます。

缶入り油は熱してむだなく使う

油には粘りがあって、単に逆さにしておくだけでは最後まで使いきるのがむずかしいものです。油が出なくなっても、容器にかなりの量が残っていますから、捨てるのはちょっと待ってください。缶入りの油の場合には、底の部分を軽く熱してみましょう。熱で粘りがとれて油を使いきることができます。

余った糸で雑巾《ぞうきん》を縫う

縫いものをして糸が余ってしまったら、捨てないで雑巾作りに利用しましょう。ふだんから裁縫箱に古くなったタオルなどを雑巾の形に折って入れておきます。糸が余ったときに、その糸の分だけ縫ってとめるようにしましょう。知らず知らずに雑巾ができあがることです。刺しつぎになりますから、しっかりした雑巾ができますし、縫い糸も色とりどりになって楽しいものです。

乾燥剤はくり返し使える

お菓子の袋に入っている乾燥剤や、衣服や収納ケースなどに使用する乾燥剤は、ほとんどがシリカゲルを主成分としています。シリカゲルは単なる吸水体ですから、湿気を含んでもまた乾かしてやれば、何度でもくり返し使えます。乾燥剤をよく見ると中に青色の粒がまざっています。これは塩化コバルトで着色したシリカゲルの粒で、シリカゲルがどのくらい湿気を吸ったかの目安になるものです。この青い粒がピンク色に変わったら限界です。シリカゲルをフライパンに入れ、弱火で熱してください。塩化コバルトの粒がまた青色に変わったら、乾燥剤の効力は元どおりに再生しています。

マットレスはときどき上下を逆にする

ベッドのマットレスは、長く使っていると、お尻のあたる部分がへこんできます。ずっとそのままにしておくと、マットレスもいたみますし、寝心地もよくありません。ときどきは頭のほうと足のほうの位置を逆にセットすると平均に使えて、いたみが少なくてすみます。

浴用タオルはミシンがけしてから使う

浴用タオルにはタテ、ヨコに横七、八本ずつミシン目を入れておきます。雑巾のようにしてしまうことはありませんが、ミシンをかけておくことでタオルはずっと長持ちします。体をこするときの、あかすり効果も大きくなります。

腕時計は透明マニキュアをぬっておく

腕時計の表面は、とかくこすったりしていたみやすく、すぐ傷がついてしまいます。買ったらガラス面に透明マニキュアをぬって、しっかりとガードしておきます。

角形の腕時計はゴミや水が入りやすい

丸形の腕時計は角形に比べて密閉率が高く、たとえ「防水」の表示のないものでも、ある程度の防水性があります。角形は、デザイン上の要求なのでしょうが、機能的にはゴミや水が入りやすいものです。

メッキのはげ予防にマニキュアをぬる

ハンドバッグの留め金やブローチ、ベルトのバックルなどに金や銀のメッキがしてある場合は、あらかじめ、はげ予防をしておくといつまでもきれいに使えます。買ったらすぐに、透明なマニキュアをぬってしまいましょう。二度ぬりすればなお効果的です。

映画は上映中でも前売り券が買える

映画を見に行くとき、安いことはわかっていても、前売り券を買う時間がとれないという人が大半ではないでしょうか。ところが、

大人気の作品以外は、プレイガイドやチケットショップでは上映中の作品でも前売り券を売っているのです。プレイガイドやチケットショップと映画館とがすぐ近くにあれば、まず前売り券を買ってから映画館に行けば、数百円分得することになります。

一二月の結婚・出産は得になる

税法上のことですが、配偶者控除や扶養者控除の認定基準日は一二月三一日となっています。ですから、たとえ一日だけでも、一年分の控除が受けられ、年末調整や確定申告で「収入」から引くことができ、還付金が多くなります。出産はともかく、結婚退職する人は、入籍だけでも〝年内結婚〟としたほうが得です。

乗車券をなくしてもすぐあきらめない

ＪＲや主な私鉄に乗っていて乗車券をなくしたのに気づいたらすぐに車掌にその旨を伝えて、もう一度乗車券を買います。これは、「特別様式」の乗車券といって、降りた駅で証明を受け、そのまま持ち帰ります。

後日、なくした乗車券が見つかった場合に、この「特別様式」の乗車券と一緒に持っていけば払い戻してもらえます（払い戻し有効期間は一年。各社所定の手数料が必要）。なお、定期券、回数券は取り扱い外です。

ＪＲの冷暖房が故障しても払い戻しがある

ＪＲの特急列車では、冷暖房が故障しても払い戻しが受けられます。特急・急行が到着時刻より二時間以上遅れた場合の払い戻しはよく知られていますが、特急では冷暖房が故障してしまった場合にも、特急料金の払い戻しがあります。全車両にわたって故障した場合はもちろん、指定席車両が故障して、他の車両に代替空席がなかった場合にも特急料金の全額が払い戻されます。

遅れた速達は料金を払い戻してもらえる

速達郵便は、遅れて配達された場合と速達取扱地域外あてに出された場合は、速達料金を払い戻してもらえます。速達を差し出した人か、その委任を受けた人がその郵便物を持って近くの集配郵便局か差し出した郵便局に行けばよいのです。しっかり払い戻してもらいましょう。ただし、不可抗力によって遅れた場合は別です。

第4章　台所の達人になるこのひと工夫

●保存編

おにぎりはお湯を使うと長持ちする

おにぎりを作るときに、水のかわりに熱いお湯で手をしめらせてにぎるようにします。水を使うと、どうしてもベタベタになりやすく、味も落ちます。お湯の場合は、水分の少ない、かたくしまったおにぎりができます。また、雑菌が水より少ないので、衛生的で、長持ちするおにぎりになります。

おにぎりを竹の皮に包むと腐らない

おにぎりをアルミホイルやラップに包むと蒸れてしまい、食中毒の原因になる細菌が増えやすくなります。おにぎりを長時間持って歩くときは、昔ながらの竹の皮に包むのがいちばん安全です。それは、おにぎりが蒸れないというだけでなく、竹の皮自体に強い殺菌力があるからです。竹の皮には亜硫酸《ありゅうさん》が含まれており、この亜硫酸がおにぎりについている細菌を殺すのです。昔の人の知恵も捨てたものではありません。

弁当の梅干しはまぶしたほうが持ちがよい

弁当に梅干しを入れるとクエン酸のはたら

きで腐りにくくなるのはよく知られています。日の丸弁当もよいのですが、いたみの早い季節では、ほぐした梅干しを全体にまぶしたほうが長持ちします。日の丸弁当では梅干しのまわりにだけしかクエン酸の効果が及ばないからです。

梅雨あけには梅干し入りご飯を

梅雨のあとには古米《こまい》の味が落ちます。そこで、梅干しを入れて炊いてみましょう。香りもよく、さっぱりとした味になります。

まず、水を何度もかえて米を洗い、十分水を吸わせます。そして、米カップ一杯に対して梅干し一個の割合で入れ、ふつうに炊くだけです。真夏でも腐りにくく、長持ちします。

「米の一升買《いっしょうが》い」はおいしさの象徴

「米の一升買い」は貧乏の象徴でした。しかし、これはおいしいお米を食べる秘訣《ひけつ》でもあったわけです。精米すると、ふつう少しずつ味が落ちてきます。そして、だいたい一週間をすぎるとぐんと味が落ちるといわれています。

米びつにニンニクを入れると虫がつかない

精米は長く保存しているとコクゾウムシ（コメムシ）がつくことがあります。米びつの中に、少し乾燥させたニンニクを入れておくと虫が全然つきません。なお、もし虫がついた場合には、日にあてるだけで、虫を追い出すことができます。

米びつにサンショウを入れても虫除《むしよ》けに

サンショウは虫除けになります。サンショウの葉をよく乾かします。

葉がくだけてまざらないように、ガーゼに包んで米びつの中に入れておくと、虫がつきません。

野菜を新聞紙にくるんで二倍長持ちさせる

野菜を水でぬらした新聞紙でくるみます。新聞紙のインクが気になる人は、ペーパータオルで一度巻いてからぬれた新聞紙でくるみます。その上から乾いた新聞紙を巻いて、冷蔵庫に保存します。

何もしないで冷蔵する場合の二倍も長持ちします。

菜っぱ類の保存は空気を吹きこんで

ホウレンソウや小松菜などを冷蔵庫に保存するとき、新聞紙を水でぬらして包み、ポリ袋に入れると長持ちしますが、このとき、フーッと空気を吹きこんで袋の口をしめると、ぐんと鮮度が保てます。

キャベツは芯《しん》に脱脂綿をつめて保存する

キャベツは、かたい芯から腐りはじめます。丸ごと保存する場合は、まず包丁で芯をくりぬきます。そして、水でぬらした脱脂綿かペーパータオルをくりぬいた部分につめます。これでずいぶんと腐りにくくなります。この上からぬれた新聞紙、乾いた新聞紙と巻いて冷蔵庫で保存を。芯をくりぬいてあるので葉をはがしやすく、一石二鳥です。

パセリは葉先を水につけて保存する

パセリやセロリ、クレソンなどは、水を入れたコップに葉先を下にしてつけ、ポリ袋を全体にかぶせて冷蔵庫に入れておきます。こうすれば二週間は、みずみずしいままで使えます。

刻んだ三つ葉はラップに穴をあけて保存

刻みすぎてしまった三つ葉を、ラップに包んで冷蔵庫へ。ふつうはこうしますが、ラップにつまようじでちょっと穴をあけておくとずっと長持ちします。しかし、いちばん長持ちさせるには、ぬれた新聞紙に包んで低温で保存することです。

レモンはコップの中で保存

使いかけのレモンは、切り口を下にして皿にのせ、その上からコップをすっぽりとかぶせて保存します。

また、切り口に塩をぬってもよく、皿に酢をたらして、切り口を下にしてふせておく方法もあります。さらに、丸ごとのレモンの場合は、粗塩《あらじお》の中にうめこんでしまっても保存できます。

酢と砂糖でしおれた野菜もシャキッと

酢少々と角砂糖二個を入れた水に、しおれた野菜をつけておきます。すると、しおれた野菜がみるみる元気になって、食べられる程度に生き返ってくれます。なお、しおれてしまう前につけておけば長持ちさせることができます。

お茶は冷蔵庫で保存する

冷蔵庫の中は非常に乾燥していて、しめらせずに保存するには最適の場所です。お茶は、小さな缶かびんに小出しにしておき、残りは冷蔵庫で保存します。これで開封時の味と香りが保てます。ただし、庫内のにおいが移らないように気をつけてください。

マヨネーズは室温のほうが長持ちする

マヨネーズは、卵黄に酢、塩、香辛料そして植物油などを加え、乳化して作ります。この乳化状態がくずれると腐りやすくなります。つまり、原料が分離してしまうと腐りやすくなるということです。

　マヨネーズの乳化状態は、一〇〜三〇度がもっともよく、室温とほぼ同じ。それ以上でも以下でも分離しやすく腐りやすいというわけです。ですから、冷蔵庫で保存するのは分離・腐敗を早めるだけといえます。また、せっかくの酢の殺菌力も弱めてしまいます。市販のポリエチレンチューブ入りなら一〇度くらいの冷暗所に保存しておけば、一年くらいもつといわれています。ただし、開栓後は冷蔵庫に入れ、早めに使い切るようにしましょう。

卵は塩にうめれば長期保存も可能

　買いおきの卵がたくさんある場合は、塩にうめて保存します。かめに塩を敷きつめ、卵はおたがいが触れ合わないように立てます。その上から塩をどっさりかぶせ、卵が空気に触れないようにします。この方法ですと、一ヵ月以上はもちます。

残りご飯は冷凍して雑炊《ぞうすい》、ピラフに

　余ったご飯は弁当箱に入れてホームフリージングで保存します。雑炊、ピラフ、チャーハンにすぐ役立ち、便利です。保存期間はおよそ二週間です。

食パンは冷凍して保存する

食パンは新しいうちにスライスして、冷凍して保存します。食べるときはそのまま、オーブントースターで焼けばよいのです。これでいつまでも新しいときのままの香りと味を楽しめます。

もちはつきたてを冷凍する

もちは、つきたてのやわらかいうちに冷凍してしまいます。こうすれば、かたくなりませんし、カビが生えることもありません。冷凍する場合は、空気が入らないようにキチッとラップで包装します。空気が入るとかたくなったり、ヒビが入ったりします。食べるときはラップをはずしてそのまま焼けば、ふっくらと焼き上がります。

肉は小分けして冷凍する

肉をまとめ買いして冷凍すると経済的です。この場合に、丸ごと大きなかたまりで冷凍するのではなく、小分けするとあとが楽です。たとえば、ひき肉なら一〇〇グラムずつ、ベーコンなら五〇グラムずつというようにすれば、調理の際に解凍する分量がすぐわかり、とても便利です。それに、大きなかたまりから解凍するより早いことうけあいです。なお、冷凍した日付を包みに書いておくことも忘れずに。

魚介類は穴あきポリ袋に入れて冷凍する

魚介類は生ゴミ用の穴あきポリ袋に入れて冷凍すると大変便利です。

解凍するときは、ポリ袋を水道の蛇口に結びつけ、チョロチョロと流水にさらします。このとき、水が穴から下に流れ落ち、それと一緒に魚介類独特のいやなにおいもすっかりとれてしまいますから、おいしく料理することができます。

大根おろしは凍らせて切ってまた凍らせる

大根おろしやマッシュポテトなどは、一回で使う分量に分けて冷凍しておくと、あとで非常に便利です。アルミの弁当箱に入れたら、七分通り冷凍します。ここでいったんとり出して、包丁でザクザクと切り分けます。今度はこれをポリ袋に入れて庫内にもどし、完全に冷凍させて保存します。

パセリはみじん切りにして冷凍してしまう

パセリを買ってきたら、水洗いをし、よく水気を切ってみじん切りにします。それを密閉容器に入れて冷凍してしまいましょう。スープにちょっと散らすなど、必要なときに必要なだけ使えて、むだも出ません。

マツタケは生のままで冷凍する

旬《しゅん》をすぎると手に入らなくなるマツタケですが、冷凍しておけばお正月でも使えます。マツタケは、洗って冷凍すると水分が凍って風味を落とします。汚れを軽く落としたら一本一本和紙に包み、その上からラップで空気が入らないようにていねいに包みます。そして、ポリ袋にまとめて入れて冷凍します。三ヵ月は保存できます。

和紙に包み
その上からラップ
で空気が入ら
ないように包む

ヨモギは冷凍室で一年もつ

春にヨモギをいっぱいつんでおきましょう。アク抜きをしたら塩でもみ、かたく絞ってポリ袋に入れます。そのまま冷凍室に入れておけば一年間は青々としたヨモギが利用できます。

冷凍を開始したら一時間はそのままに

新鮮なものを急速冷凍することがフリージングのコツです。冷凍するものは、庫内でいちばん温度が低い冷気孔のそばに置きます。そして、温度調節ダイヤルを最強にして、少なくとも一時間は、ものの出し入れをしないように心がけます。

冷蔵室はすきまを作り冷凍室は満タンに

冷蔵室の中段にあまり大きな箱やお盆などを置くと冷気の対流が悪くなり、効率が悪くなります。ぎっしりつめこんでしまうのも同様です。反対に、冷凍室は満タンにするほうが効率がよいのです。おたがいが冷やし合うためです。

冷蔵庫のドアは一〇秒あけると五度上がる

もちろん室温や冷蔵庫の容量によってもちがいますが、盛夏時ですと、ドアを一〇秒間あけておくと、庫内の温度は五度も上がります。また、冬でも一～五度は上がります。節電だけでなく、衛生的にもドアの開け閉めは手早く、少ない回数ですむように心がけたいものです。

水分の多い野菜類は冷凍室に不向き

なんでも冷凍室に入れておけば新鮮さがいつまでも保てると思うのは間違いです。とくに、大根、白菜、ニンジン、セロリ、ジャガイモ、カブなど水分の多い野菜類は不向き。水分だけが分離して凍ってしまうためです。また、牛乳、卵、こんにゃく、一度解凍した冷凍魚なども同様で、冷凍室には入れないほうがよいでしょう。

冷凍した乾物はすぐに開封しない

湿気をきらい、香りのとびやすいお茶、コーヒー豆、のりなどは冷凍室で冬眠させておきます。

さて、使うときにはちょっとした注意が必要です。冷凍室からとり出すと、袋のまわりに水滴がつき、すぐに開封するとしけるもととなります。室温に放置し、水滴が消えるのを待ってからあけることです。

チーズは真ん中から切って使う

チーズの切り口は空気に触れるとかたくなってしまい、次に使うときにその部分を切り捨てることになるので、むだです。ラップをかけてもあまり効果がありません。

いちばんよいのは、新しいチーズを使うときに真ん中から二つに切ってしまい、内側から使っていくことです。切り口が二ヵ所になって乾燥しやすいと考えがちですが、残りの二つをピタッと合わせておけば切り口が空気に触れません。

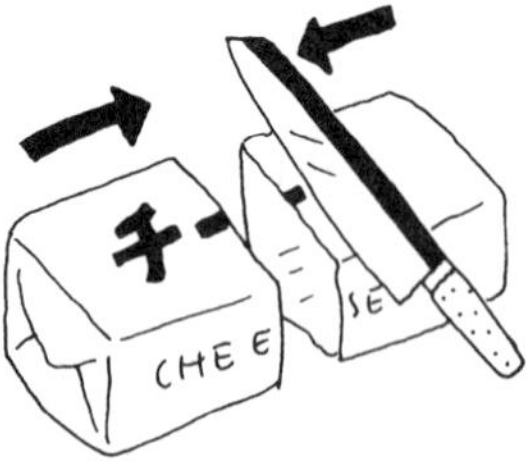

かたくなったハムは牛乳につける

ついうっかりしてかたくしてしまったハムは、牛乳につけておきます。そうすると、牛乳を吸って、新鮮さをとりもどします。

なお、冷蔵庫に保存するときに切り口にバターをぬっておくと、干からびることもありません。

卵はとがったほうを下にすると長持ちする

スーパーなどの卵のパック詰めでは、とがったほうが上を向いていることがあります。これをひっくり返して保存しましょう。こうするだけで日持ちがたいへん違います。それは、卵の丸いほうには呼吸作用をするところがあって、こちらを下にするとその部分が圧迫されて、呼吸困難になるからです。

残ったワインはマッチに火をつけて保存

ワインは栓をあけたら早めに飲んでしまわないと、酸化してどうしても味が落ちてしまいます。やむを得ず保存する場合は、コルク栓の下側（ボトルの中に入る側）にマッチをさして火をつけます。そして、火のついたま

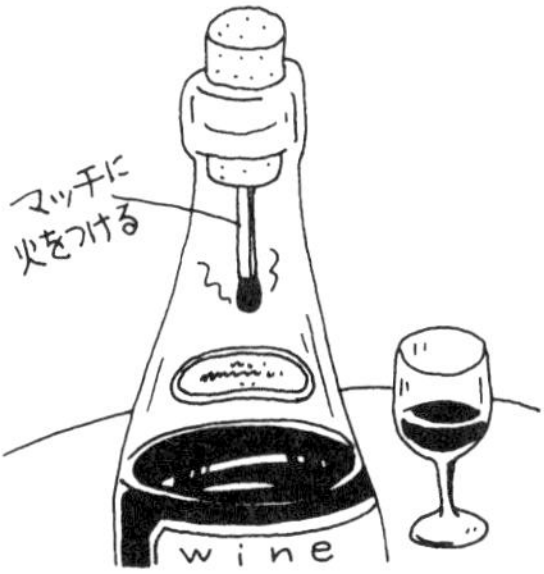
マッチに
火をつける
wine

ま栓をして保存するのです。こうして酸化する原因の空気をなくしてしまうのが、元の味を保つ秘訣です。

自家製びん詰めは蒸して空気を抜く

タケノコ、ワラビ、オクラなどが余ってしまいそうなときは、サッと塩ゆでして広口びん（コーヒーの空きびんなど）で保存します。二、三ヵ月は味も変わらず利用できます。

さて、びん詰めは空気を抜くことが大切です。つめて、ふたをゆるめにしめたら、二〇分ほど蒸し器で蒸します。こうすると空気が抜けますから、熱いところを軍手でサッとしめ、冷めたら、もう一度ギュッとしめておきます。

砂糖入れのアリ除けには輪ゴムを口に巻く

砂糖を入れたガラスびんには、口に輪ゴムを巻いておきます。こうすると、アリが寄ってきません。これは、アリがゴムのにおいを嫌うためだと考えられます。

砂糖つぼのアリはニラで退散

砂糖つぼにたくさんのアリがたかってしまうことがあります。そんなときは、ニラの青葉を手でよくもんで砂糖の上に置いてみましょう。ほんの数分間で退散してしまいます。

食塩に炒《い》り米を入れて湿気防止

食塩は吸湿性が強く、とくに湯気のこもり

やすいキッチンではしけてしまって、びんを振っても塩が出てこないことがあります。湿気を防ぐには、炒った米を一〇粒ほどまぜておきます。こうすると、米が湿気を吸ってくれ、食塩はいつでもサラサラです。

七味唐辛子は粒がつながったら捨てる

七味唐辛子のびんをふったとき、香辛料の粒が糸でつながっていたら、もう食べられません。これは中に発生したダニのしわざによるものです。

しょうゆのカビ防止はからし粉で

無添加のしょうゆは、カビが生えやすいものです。害はありませんが、気持ちよくはありません。しょうゆ一・八リットルに対して小さじ一杯のからし粉を入れておくと、かなりの期間、カビを防止します。

しょうゆのカビはコーヒーフィルターで

しょうゆのカビは無害なので、そのままますくって使って平気です。ちょっと抵抗を感じるようなら、一度煮立ててコーヒーフィルターでこしましょう。古いしょうゆも新しく生まれ変わったようになります。

もちはポリ袋に入れてのすとカビ防止に

もちにカビが生えるのは、空気中のカビの胞子《ほうし》が原因。だから、空気と触れるのをできるだけ避けるのが、カビを生やさないコツです。

つきたてのもちをポリ袋に入れ、このまま

のし、して空気を抜きます。次に、袋の口をふさいで保存します。食べるときは、ポリ袋ごと切ってしまえばいいのです。

練りがらしでもちのカビを防止する

切りもちのカビ防止法です。切りもちを段ボール箱に入れます。次に、大さじ二杯ほどの練りがらしをおちょこに入れて、和紙で包みます。これを箱に入れておくだけで不思議にカビが生えません。

干し柿は湯通しするとカビない

干し柿を作るときは、皮をむいた柿を細なわか、つりひもにつるします。そして、干す前に、このひもを手に持って、たっぷりの熱湯に通します。こうして消毒しておけばカビが生えることがなく、きれいな干し柿ができます。なお、湯通しするときは手早く引き上げましょう。

干しタケノコを簡単に作る

大量にタケノコが手に入ったら、干しタケノコを作ります。作り方は、湯がいて天日《てんぴ》に干すだけという簡単なもの。先のやわらかいほうは四つ割りに、根のかたいほうは薄い輪切りにします。もどす場合は、多めの水で気長にもどします。

生シイタケを干してビタミンDを作る

大量に生シイタケが手に入ったら、保存もかねて干しシイタケを作りましょう。シイタケにはエルゴステリンが豊富に含まれており、これが紫外線を浴びるとビタミンDになります。ただ日光乾燥させるだけ、と簡単で一石二鳥というわけです。

ぬかみそは手塩にかけて育てることが大切

ぬかみその独特の風味は乳酸菌《にゅうさんきん》によるものです。これは、ちょっと気を抜くと酪酸菌《らくさんきん》や雑菌などが繁殖してしまったりしまい、悪臭を放ったり酸味が増してしまったりします。日に三度はかきまぜるくらいに手塩にかけてぬかみそを育ててやるのが、おいしい漬け方の基本でもありコツでもあるのです。

ぬかみその水分を簡単にとる法

ぬかみそは水分がたまりやすいものです。水分が多いと当然水っぽくなって味が落ちます。そこで、新しいスポンジをぬかみそに入れて水分を吸収させます。スポンジは毎日とり出してよく絞って乾燥させます。ぬかみそ用に二個用意するとよいでしょう。

スポンジのかわりにマヨネーズなどのポリ容器で水分をとることもできます。ポリ容器の上部に細かい穴をいくつかあけてぬかみその中に入れておきます。一日もたつと水分がたまっていますから、キャップをとって捨てるだけ、とても簡単。

ぬかみそのそばでは金物《かなもの》は避ける

ぬかの漬物《つけもの》容器は涼しい場所に置きます。また、ぬか床には塩が多く含まれていますので、そばに金気《かなけ》のものを置いておくとさびることがあります。なるべく風通しのいいところに置き、容器やふたをこまめにふくようにします。

ナスの漬物には古クギを入れる

ナスの漬物に古クギを入れると、ナスが鮮やかな紫色になります。これは、古クギから出る鉄イオンがナスの色素とうまく結びつくためです。なお、黒豆を煮るときに古クギを入れるのも同様の原理を応用したもので、黒豆がツヤよく黒々と煮えます。

●調理用具・食器編

まな板は二枚を交互に使う

まな板は湿気があり、食品のかすがついているために細菌の巣になっています。熱湯をかけたくらいでは、表面以外は殺菌できません。日光消毒がいちばんですが、完全に乾くまでには丸一日かかります。できたら、まな板を二枚用意して、日光消毒を交互にくり返すとよいでしょう。晴天の少ない梅雨時には、漂白剤で殺菌します。また、魚肉用にもう一枚用意すればなお衛生的です。

まな板の生ぐさみにはお湯ではなく水

なんでもお湯で洗ったほうがよいと思うの

は間違いです。たとえば、肉、魚などの生ぐさみのついたまな板などは、お湯をかけるとたんぱく質がかたまって、においがしみついてしまいます。また、ニンニクのにおいも、お湯よりも水のほうがよくとれます。

まな板の生ぐさみはレモンでとる

生ぐさみの残ったまな板は、レモンでこすって、そのあと水で流しておけばにおいがとれます。また、レモンのかわりに夏ミカンの皮でも効果があります。

まな板はタワシに塩をつけて洗う

木製のまな板にはいろいろな食べ物のにおいがしみこんでしまいます。週に一度ほど、タワシに塩をつけてゴシゴシと流水で洗うと、清潔になります。お湯で洗うと、においが中のほうへとしみていってしまい、逆効果ですから注意しましょう。

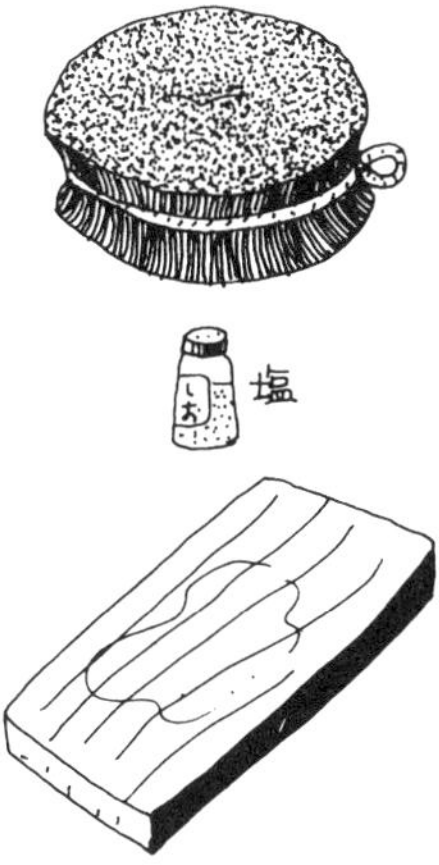

包丁についたにおいは酢で洗ってとる

魚や肉を切って、包丁ににおいが残ってしまったら、酢をとかした水の中でよく振り洗いします。そのあと、柄のほうを上にして、柄の頭からザアザアと水道の流水でよくすすぐと、いやなにおいはすっきりととれてしまいます。

包丁を研《と》ぐときは押すときに力を入れる

包丁を研ぐときのコツは、両刃なら、表裏同じ回数だけ研ぐこと。包丁と砥石《といし》との角度をできるだけ小さくすること。そして、力は押すときにだけ入れればよいことなどです。

なお、一週間で相当に刃先が丸くなってしまうものです。月に二、三度は必ず研ぐようにしましょう。

包丁はアルミホイルを切って研ぐ

包丁やハサミの切れ味が悪くなったら、アルミホイルをザクザク、ジョキジョキ切ってみましょう。思いがけなく切れ味がよくなります。

なお、砥石で研ぐときは、少量のクレンザーをふりかけて、こまめに水気を与えながら研ぐとよいでしょう。

大根で包丁のサビ止めをする

輪切りにした大根にクレンザーをつけて包丁を磨きます。サビにくくする効果があります。また、包丁を使ったあと、水洗いしたまま放っておかないで、よく水気をとるようにしましょう。最後に熱湯につけるのもサビ止めになります。

包丁は米ぬかでサビを防止する

図のような箱を作ります。この箱の中には、フライパンでよく炒《い》った米ぬかを入れておきます。包丁は、上部にあけた穴からさし

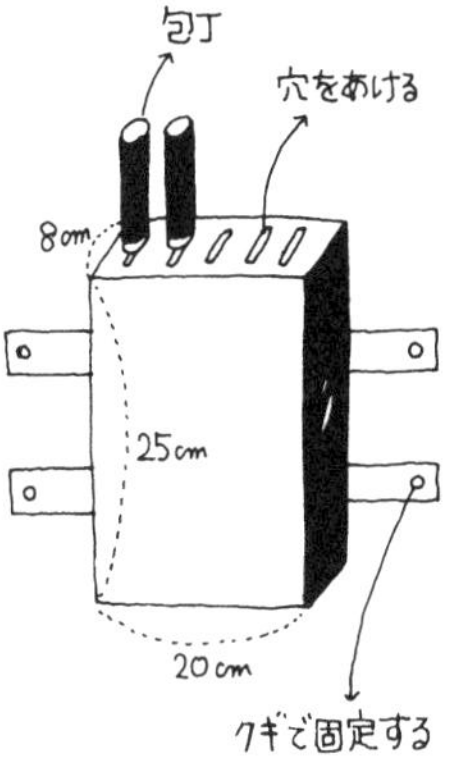

入れ、米ぬかの中に収めます。これでサビを完全に防止することができます。

パンは熱した包丁で切る

食パンなどのやわらかいパンは、包丁を火であぶってから切ると、楽に切ることができます。最初だけでなく、くり返しあぶると最後まできれいに切れます。

ケーキを切るときはナイフを冷やす

やわらかいケーキを切るときは、まずナイフの油脂分をよくとります。次によく冷やすことです。これは、パンを切るときと逆です。

また、一度切ったらベタベタしてきますので、そのつど紙でふくと、きれいに切ることができます。

ゆで卵は熱した包丁で切る

ゆで卵がきれいに切れなかったために、盛りつけがうまくいかなかったことはありませんか。切る前に包丁を熱しておけば、切り口がきれいに仕上がります。

包丁の種類を知る

包丁も用途によってさまざまな種類があります。知っていると何かと便利です。なお、一般には菜切り包丁と皮むき包丁（ペティナイフ）は必携。出刃《でば》や肉切り包丁もそろえられたら便利です。

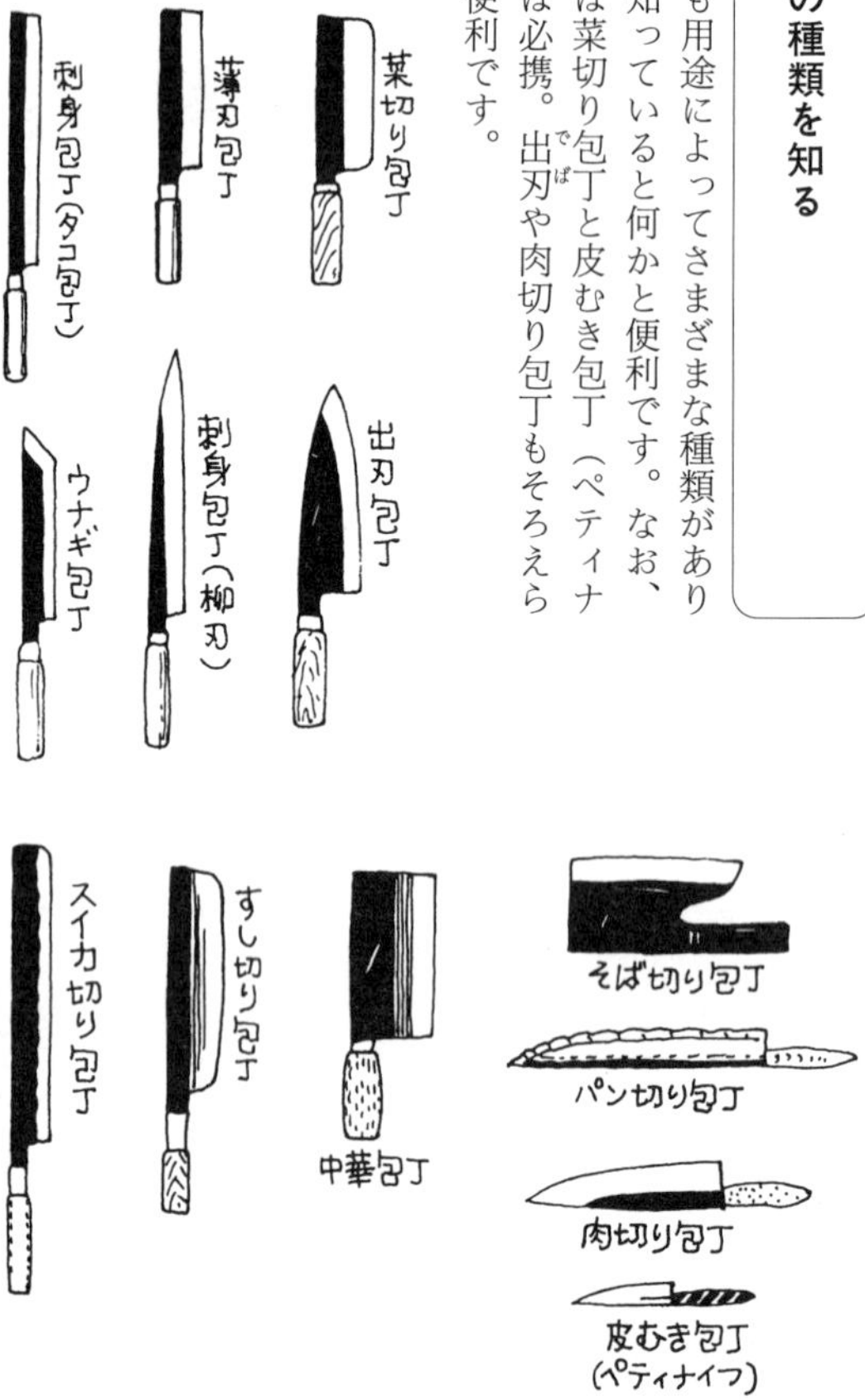

煮豆は魔法びんで煮る

時間もかかればガス代もかかる煮豆ですが、魔法びんを使えば省エネになります。豆一に対して熱湯三の割合で魔法びんに入れて一日おきます。たったこれだけで、七割がたは煮えてしまいます。赤飯用の小豆《あずき》ならこのままで使えます。

やかんで焼きイモを作る

ビタミンCが豊富な焼きイモを家庭で作ってみましょう。古くなったやかんに、丸い石を底が見えなくなるように敷きつめます。その上にサツマイモをのせ、ふたをして火にかけます。石が熱くなったころにトロ火にします。これで、ふっくら焼きイモのできあがりです。

少量の揚げ物はフライパンで揚げる

お弁当のおかずのような少量の揚げ物はフライパンで十分間に合います。少量の油をフライパンで熱し、柄を軽く持ち上げ、縁に油を寄せて使います。油を温める時間も短くてすみますし、残りの油は、そのまま炒め物に使うこともできます。

小麦粉やパン粉はそのまま使えるケースに

とんカツ屋さんでは、小麦粉やパン粉は引き出しに直接入れ、その中でころもをつけるようにしています。よく揚げ物をする家庭なら、この方法を応用してみましょう。適当な大きさのプラスチックやステンレスのバットを台所の引き出しに置きます。あるいはプラスチックの事務用品用小引き出しを利用してもよいでしょう。これらの中に小麦粉やパン粉を入れ、直接この中でころもをつけるようにすれば、いちいちお皿にとり出す手間が省けます。

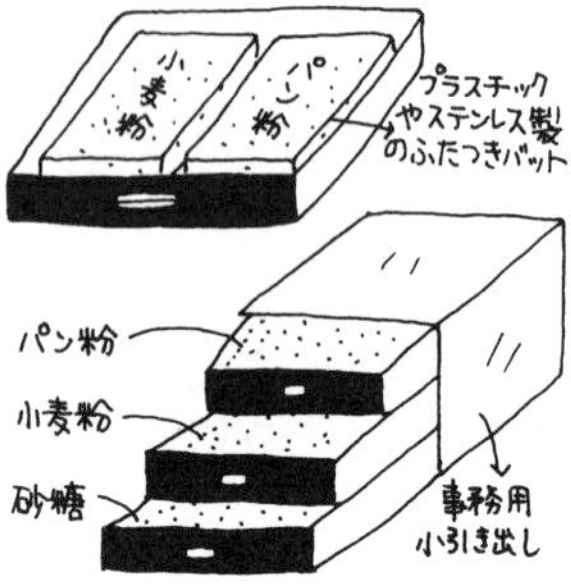

レンガで強火の遠火を作る

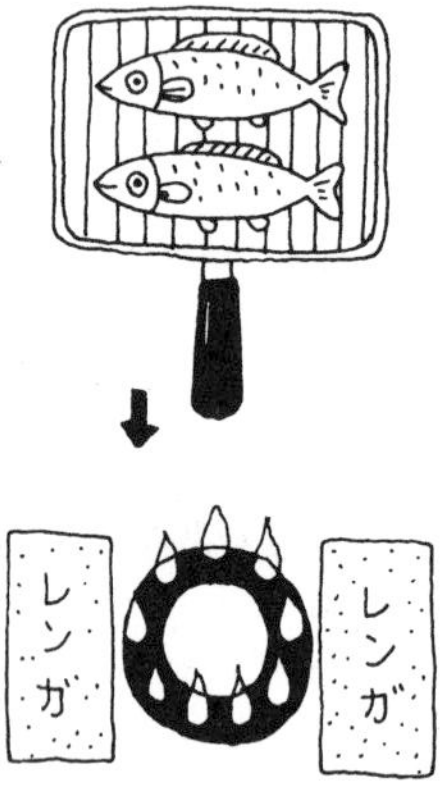

魚を焼く場合には、強火の遠火が理想的です。ふつうのガス台ではむずかしいとあきらめないでください。二個のレンガをガス台をはさんで置くだけで、簡単に強火の遠火を作り出せます。

干し柿作りに編み物用のかぎ針を使う

干し柿を作るとき、柿をくりぬいてひもを通すのはめんどうなものです。編み物用のかぎ針を柿に刺し、かぎ針にひもをかけて針を抜くと、簡単にひもが通せます。

レモン絞りはストローで

レモン汁を少量ずつ使いたいときは輪切りではなく、レモンにストローを刺して全体を押さえるだけで適量のレモン汁がとれます。

保存するときはそのままラップに包んで冷蔵庫に入れます。

落としぶたがわりに半紙を使う

野菜や魚などを煮るときに落としぶたをすると、味がよくしみこんでおいしく仕上がりますが、いろいろななべに合った落としぶたはなかなかそろえられません。そんなときには、習字に使う半紙を適当な大きさに折って使います。木のふたより軽いので、身のやわらかい魚など、かえって紙のほうが煮くずれせずきれいに仕上がります。アルミホイルや天ぷら敷き紙も落としぶたとして使えます。

割りばしを使って野菜を切る

「菊花カブ」の酢漬けのようなものは、根元

割りばしにはさんで
包丁を入れると
離れることがない

を切り離さないように切り目を入れていきますが、これがなかなかやっかいなもの。あやまって切り離してしまわないように、両側に割りばしを置いておくとうまくいきます。切り目の長さも一定になって、きれいに仕上がります。

抹茶《まっちゃ》茶わんを多目的に使う

持ちやすく、たくさん取り分けられ、汁物にもよく、そのうえ温かみのある上品な……と、いうことなしの食器が抹茶茶わん。なべ物用のほか、向こうづけ（刺身など一品料理）にも納豆、スープ、豚汁、カフェオレ、雑煮《ぞうに》ｅｔｃ……なんにでも使える便利なものです。

茶わんのラベルは除光液《じょこうえき》でとる

茶わんやコップに貼ってあるラベルは、マニキュアの除光液をつけてこすると簡単にとれます。タワシで力いっぱいこするのは事故のもとになります。また、小さなものはセロハンテープを使ってもよいでしょう。

鉄なべは柿の皮を入れて煮立てる

鉄のなべやフライパンは、鉄の中に含まれている不純物＝金気《かなけ》が強いので、使う前に金気を抜きます。一般には何度も煮立てますが、そのときに柿の皮や栗の皮を入れて煮立てると金気が抜けやすくなります。また、サビの防止にもなって一石二鳥です。

鉄なべは茶がらでサビを防ぐ

鉄なべは赤サビがつきやすいものです。赤サビを防ぐには、よく水気を切っておくことがいちばん。そして、ときどきは、ふきんに包んだ茶がらでふくようにします。お茶のタンニンが鉄と化合して膜を作るからです。

アルミニウム製品はまず米のとぎ汁で煮る

アルミニウム製品は、使っているうちに黒く変色します。これを防ぐには、はじめに米のとぎ汁で煮沸《しゃふつ》することです。しばらく煮ていると銀色の膜ができて、表面を保護するからです。また、酢を大さじ二杯ほど入れて煮沸しても変色防止になります。

黒ずんだアルミなべはリンゴの皮を煮る

アルミのなべは便利ですが、黒ずんでしまうのが玉に瑕《きず》。しかし、この黒ずみもリンゴの皮を煮立てるだけでとれてしまいます。リンゴジャムを作って、一石二鳥という手もあります。

アルミなべが白くなるのは水分がもと

アルミのなべは、使っていると白いカビのようなものが浮き出てくることがあります。とくに体に害があるわけではありませんが、放っておくと穴があく原因になります。これは、実は水分がもとですから、よく水気を切って保存するようにします。もし、穴があいてしまったら、リベット（鋲《びょう》）を打ちつけて簡単に修理できます。

土なべのヒビ割れは米のとぎ汁で直る

土なべのヒビ割れはなかなかわかりにくいものです。見た目はなんともなくても水がしみ出てくるようですと、ヒビが入っている証拠です。そんな場合は、なべに米のとぎ汁を入れて二晩くらいそのままにしておきます。それだけで自然に直ってしまいます。

ホウロウ製品のこげつきは重曹《じゅうそう》でとる

ホウロウ製品のなべなどは、たとえこげついても、タワシやスチールウールなどでゴシゴシこすらないようにしましょう。細かい傷がついてしまいます。こげついたときは、スポンジをぬらし、ひとつまみの重曹をつけてこするようにします。

なべは積み上げて収納する

なべ類は場所を多くとって収納にやっかいです。ふたを上下逆にしてセットし、安定させたら順に小ぶりのなべをのせていくようにして収納すると横幅はなべ一個分ですみま

なべ類はふたとセットして、取っ手を左右に向けて積み重ねて収納する。

す。このとき、片手なべの柄は互い違いになるようにすると使う際にも便利です。

流し台下の収納にスライド式ハンガーを

流し台の下の棚は、意外に収納しづらいもの。なべを重ねて入れたのでは、とり出すのに不便だし、かといって一つずつ並べたのでは、スペースがもったいない……。こんなとき便利なのがスライド式ハンガー。市販の長さ六〇センチくらいのスライド式ハンガーを、棚の中に適当な間隔で二本取りつけます。これにS字形フックをつけ、なべ類をぶら下げれば、かなりの量が収納できます。必要ななべをとり出すのも簡単。

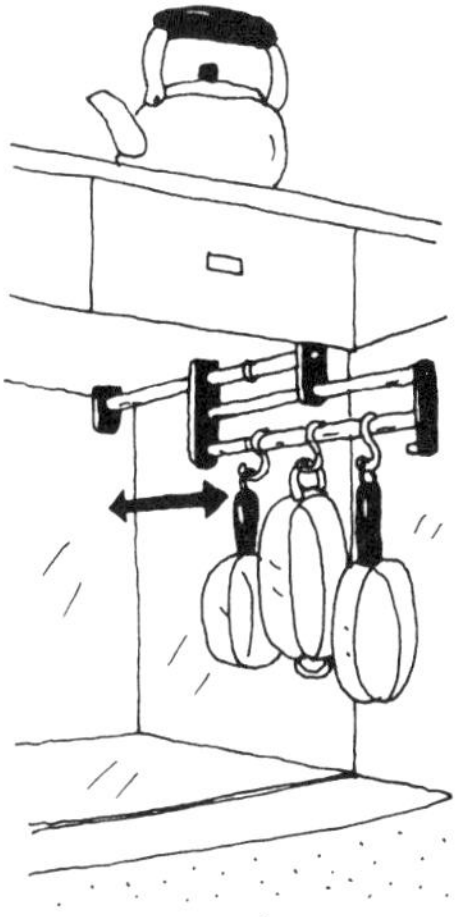

ガラス器は使う前によく煮る

新しいガラス器は、使う前に煮ておきます。ガラス器はおたがいが触れ合わないように、大きめのなべに入れ、水から一五分ほど煮るのです。こうすると、熱いお湯を入れても耐熱性ができており、ほとんど割れません。

ガラス器は麻のふきんでふく

ガラスのコップは中性洗剤をぬるま湯にとかして、スポンジで洗います。洗ったあとは、ふきんで水気をふきとるのでなく、乾いたふきんの上にふせて自然に乾かすようにします。さて、仕上げは麻のふきんでふき上げるのがピカピカにするコツ。不思議なことに、麻のふきんでふくとホコリがつかないのです。

カットグラスの汚れは白い皿を使って見る

カットグラスを洗うときは、白い皿を用意します。皿をバックにしてグラスをすかして見ると、模様にこびりついた黒ずみがよくわかり、きれいに洗うことができます。

重ねたコップはお湯と水で抜く

洗って重ねておいたコップが抜けなくなって困ることがあります。力まかせに抜こうとすると、割れてしまいかねません。こんなときは、外側のコップをぬるま湯につけ、それから内側のコップに冷たい水を入れると、簡単に抜くことができます。これはガラスの温度による膨張《ぼうちょう》を利用したものです。

ガラス製品はジャガイモを使って洗う

コップやフルーツ皿、花びんなどのガラス製品をピカピカに洗い上げる方法です。コップなどの中にジャガイモの皮をつめて、水を注ぎ、よく振って洗います。ひどい汚れの場合はそのまま丸一日おきます。見違えるほど透き通ってきれいになります。

黒ずんでしまったガラス器は塩で磨く

長い間しまいっぱなしにしておいたガラス器が黒ずんでしまっていたら、塩を使って磨きます。やわらかめのふきんに塩をつけて磨くだけで元の透明さ、輝きがよみがえってきます。

銀器はジャガイモのジュースで磨く

ジャガイモをおろし金でおろします。それをやわらかい布に少しずつつけて銀器を磨きます。ジャガイモジュースでふき終わったら、かすをきれいにふきとり、せっけん水で流し洗いをして、熱湯につけます。あとは、熱いうちにきれいにふいて水気をとるだけです。

徳利《とっくり》は卵の殻《から》と酢で洗う

徳利は口が細いのでコップ洗いのブラシではよく洗えません。すすぐだけですませている方がほとんどのようですが、卵の殻を使えば中のすみずみまできれいになります。卵の殻をくだいて入れ、酢を入れてよく振り洗いします。こうすると、中の汚れがきれいに落ちます。また、酢が殺菌の役目も果たしてくれます。

漆器《しっき》は米びつにうめておく

漆器には漆《うるし》特有のにおいがあります。新しい漆器は米びつか米ぬかの中に四、五日うめておきます。急ぐときは、お湯に酢をたらしてサッとくぐらせてもにおいがとれます。なお、使ったあとはぬるま湯の中でふきんで手早く洗い、よく水気をふきとることが大切です。

新しいすり鉢は野菜をすってゴミをとる

新しいすり鉢にはさまざまなゴミ、汚れがついているものです。とくに、目の部分のゴミは、洗っただけではとれません。よく水洗いしたあと、大量のくずの葉野菜をすります。野菜が目に作用してゴミをとってくれます。野菜をたっぷり使うのがコツです。

アルミ皿はパタパタ振るとバラバラになる

パーティなどで使うアルミの皿は、一枚一枚はがしているとじれったくなってしまいま

親指に力をいれて
上下にふります

す。皿の一部を強くにぎって、うちわのようにパタパタ振りますと、一枚ごとにバラバラになってとりやすくなります。

菜《さい》ばしは水にぬらしてから使う

菜ばしやしゃもじなどは、使う前にちょっと水にぬらします。衛生面だけの理由ではありません。こうしておくと汚れが中まで浸透せず、黒ずみが防げるからです。もし菜ばしが黒ずんでしまったら鉛筆を削る要領で表面を削り、ヤスリをかけておけばまた使えます。

食器洗いの最後は湯通しすると乾きが早い

食器を洗ったら、最後に熱湯にサッと通して乾いたふきんの上にふせておきます。きれいになるばかりでなく、乾きも早く、そのうえ衛生的です。ふきんでふいたあともさっぱりすることうけあいです。

手ぬぐいはふきんに最適

日本手ぬぐいは、食器ふきに向いています。せっけんで手洗いするのも楽で、乾くのも早いからです。

食器をふき終わったら熱湯で洗ってすぐ干しておきます。次に使うときにはもう乾いています。

エプロンに手ふきタオルをつける

台所仕事をしているとき、ついエプロンで手をふいてしまいがちです。こまめにエプロンを洗うこともできないので、不衛生きわまりないといえましょう。

　そこで、エプロンの端に、手ふきタオルを安全ピンでとめておきます。毎日とり替えるようにすれば非常に衛生的です。

ポットは角砂糖を入れて保存する

　コーヒーポットやティーポットをしまっておくときに、中に角砂糖を一つ入れておきます。しけったにおいを角砂糖が吸ってくれ、出したときに気持ちのよいものです。

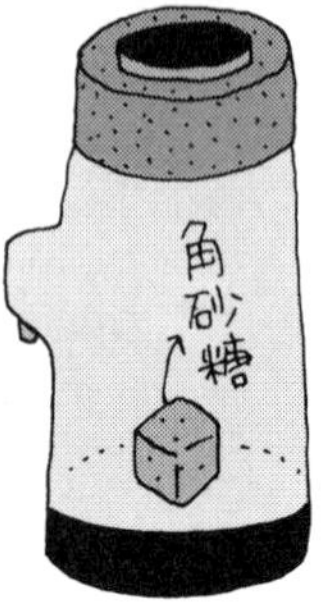

糸底《いとぞこ》はサンドペーパーで磨く

　新しい陶器の糸底はサンドペーパーでよく磨いてから使うようにします。買ったばかりの陶器の糸底はザラザラして、テーブルや塗《ぬ》り盆《ぼん》などを傷つけてしまうおそれがあります。糸底同士をこすり合わせてなめらかにする方法は、素人にはむずかしく、割ってしまいかねません。

油のつぼは中が見えるものがよい

　こした油を入れるつぼは、まず光を通さないこと、手を入れて洗えること、そして中が見えることが条件です。そして、一度使った油、二度使った油、というように区別しておくと便利です。

夏のサラダは氷の器に盛る

暑いときには、サラダや果物を氷の器に盛ると、見た目も涼しく、食べてもひんやりおいしいものです。氷の器の作り方は、大小二つのボールを用意して、それぞれのボールに水を半分ほど入れます。小さいほうを大きいボールの中に入れ、そのまま冷凍庫で凍らせます。二つのボールをはずすと、間にできた氷が器になります。

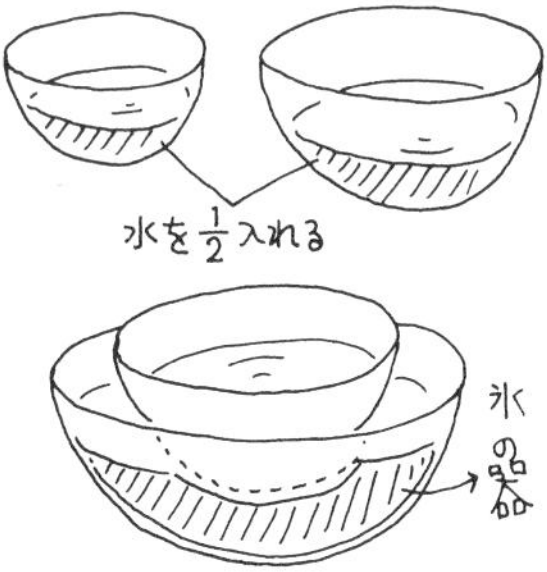

はし置きを食卓のアクセントにする

小さななにげないはし置きですが、さまざまな色、形があり、気分によって替えるのも食卓のおしゃれになって楽しいものです。たいして高いものでもないので、何種類かそろ

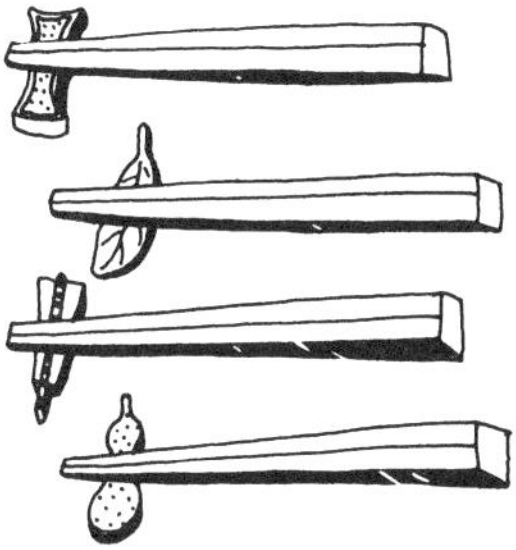

えることもできますし、きれいな小石、貝殻などもはし置きにぴったりです。

おいしい色は暖色系

一般的においしく感じる色は暖色系です。赤色、オレンジ色、明るい黄色はとくに食欲をそそります。反対に、食欲を減退させる色は寒色系のうちでも、紫色、くすんだ緑、くすんだうぐいす色です。食器のほか、テーブルクロスやランチョンマットなど、食卓の配色に気をつけましょう。

料理メモは透明なペーパーケースに

新聞や雑誌を切り抜いて料理の参考にするときは、市販の透明なペーパーケースに入れると、炊事中のぬれた手でもさわれるので便利です。両面が使えますし、たくさんたまったら、菓子缶などに立てておくと、オリジナルの料理情報箱になります。

ステンレスの流しの穴は接着剤でふさぐ

大きな穴は専門家に頼むしかありませんが、小さいものなら接着剤で直すことができます。まず穴の周囲の水気をよくふきます。

次にやかんに水を入れて熱し、沸騰したらやかんごと穴の上に置きます。しばらくしたらやかんをどけ、エポキシ系樹脂接着剤をマッチの軸などで穴にうめこみます。一昼夜そのままにして乾かせば、元どおりに使え、水のもれる心配もありません。

生ゴミ用ポリ容器の底にクレンザーを

防水ゴミ袋を使っても、生ゴミ用のポリ容器の底には、いつのまにか水がたまってしまうものです。そこで、ポリ容器の底にクレンザーをたっぷりめにかけておきます。流れ出た水分を吸収し、いやなにおいも立ちません。

台所はプラスチック製品の色を統一する

台所にはかなり多くのプラスチック製品があるものです。あまり気にしないで買ったために、それぞれ色がちがっていたり、無地や模様入りのものがあったりとバラバラになっていませんか。台所を整理してもなんとなく雑然とした感じがするのは、案外このへんに原因があります。台所をすっきりさせるため、こうした小物類の色を統一するよう心がけましょう。

電子レンジではホッチキスの針に要注意

電子レンジに金属は大敵です。パチパチと火花が散り、スパークが飛ぶこともあります。金属の模様が入った皿などはだめなのはもちろんですが、意外に忘れがちなのがホッチキスの針。食品の包装にはホッチキスが使われていることも多く、用心にこしたことは

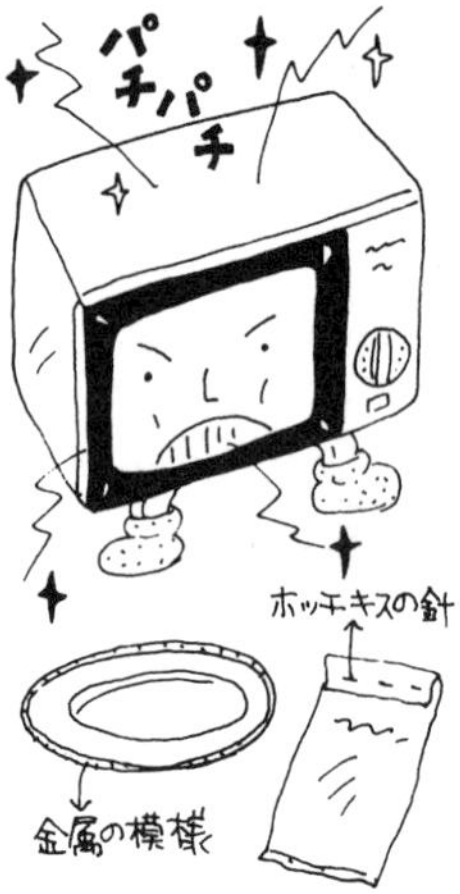

ありません。

蒸し器には小石を入れてご用心

蒸し器で蒸しているうちに水がなくなってしまい、なべの底をこがしては大変です。用心のために、きれいな小石を一つ入れておけば、水がなくなったら、石がカタカタ鳴って知らせてくれます。

やかんに貝殻を入れておく

沸騰するとピーと音を立てるやかんがありますが、手作りの音でお湯がわいたことがわかります。貝殻を一つやかんに沈めておくだけ。沸騰するとカタカタとかわいい音で知らせてくれます。

やかんの口は横向きにして火にかける

台所まわり、とくにガス台のまわりはとかく汚れがちですし、いちばん早くいたむところでもあります。少しでもいたわってやりましょう。やかんの蒸気を壁にあてないようにしてみるだけでもずいぶんといたみ方がちがうものです。火にかけるときにやかんの口を壁と反対の側に向けるよう心がけましょう。

台所のガス管にはアルミホイルを巻く

ゴム製のガス管は油に弱いものです。油の飛び散りやすいガスレンジのゴム管には、アルミホイルを巻いておきましょう。アルミホイルは油を吸わないのでガス管を保護し、汚れてもすぐとり替えられます。

●酒・嗜好品《しこうひん》編

ビールは一〇度がうまい

日本のビールは、一〇度でうまく泡が立つように作られています。つまり、この温度のときがいちばんうまいというわけです。コップに注いだときに、この一〇度前後にするた

めには、夏なら五度、冬なら八度くらいに冷やしておくことです。あまり冷えすぎても泡が立ちにくくなり、おいしく飲めません。

ビールは扇風機のほうが早く冷える

もちろん冷蔵庫のほうが平均によく冷えますが、急ぐ場合は扇風機。ぬらしたタオルをビールびんに巻きつけて扇風機にあてると、気化熱が奪われて早く冷えます。ときどきタオルをぬらし直すと効果が上がります。

ビールをつぐときはコップを傾けない

ビールをおいしく飲むうえで、泡は大切な役割を果たしています。ビール八割、泡二割くらいがもっともよいといわれ、きめの細かい泡がビールの表面をしっかりおおっているのが理想的です。適度な泡立ちは、ビールの香りが逃げるのを防ぎ、ホップの刺激をやわらげてくれるからです。

コップを傾けて泡立ちをおさえるのは悪い習慣。ビールを味わうためにはマイナスです。コップを垂直に立て、静かにつぐのがおいしいビールの飲み方です。

ビールには油が大敵

ビールの泡は、ビールのおいしさを保つのになくてはならないものです。しかし、この泡は非常に繊細で、わずかな量でも油にふれると消えてしまいます。コップに脂肪分が残っていると泡をこわしてしまい、うまさも逃がしてしまいます。

中華料理など油っこい料理をつまんでビールを飲むときは、口のまわりの油をぬぐってから飲むようにしましょう。

残ったビールをむだなく使う

ビールが残ってしまったら料理に生かしましょう。まず、新しいぬか床を作ったときにはビールを入れるようにします。早くなれますし、おいしくなります。また、肉のビール煮、ビール漬け、あるいはすき焼きのときには水のかわりにします。

さらに、髪の毛の質がかたくてごわごわしている人は、シャンプーのときにちょっと使うとやわらかくなります。ただし、多すぎると髪が変色しますからご用心。

日本酒の燗《かん》はすばやくすると香りがよい

日本酒には八〇種以上の香りのもとが含まれています。香り高い味を楽しむためには、香りをとばさぬことがいちばん。ですから、できるだけ早く目的の温度まで高めてしまうことです。

厚手の徳利《とっくり》は冷めにくくても、燗に時間がかかって香りをとばしてしまいます。

香り高い燗酒は割りばしを立てて

お酒を燗するときに、お銚子《ちょうし》に杉でできた割りばしを一本立てます。杉の香りが移って香り高いおいしいお酒になります。なお、燗ざましにすると元の味にもどります。

煎茶《せんちゃ》のビタミンCは一杯目に八割が出る

煎茶一杯には、ビタミンCが六ミリグラムも含まれています。これは、一日の必要量の一二分の一という多さです。ですが、最初の一杯に実に八〇パーセントものビタミンCが出てしまうので、葉を入れ替えないまま何杯飲んでも、ビタミン補給にはなりません。

また、同様にカフェインもコーヒーよりも多く含まれていますが、やはり、最初の一杯に八〇〜九〇パーセントも出てしまうといわれています。

番茶もあられ一つでちょっとぜいたくに

番茶のさっぱりした味は煎茶にはないもので、またおいしいものです。

湯飲み茶わんに小さなあられを一つ入れて、熱い番茶をかけるとほんのりとよい香りも出て、ちょっぴりぜいたくなもてなしになります。

麦茶に塩を入れるといい香りになる

夏場はとくに麦茶のさっぱりした味が好まれます。麦茶用の麦を、沸騰した湯に入れて、グラグラしない程度の火で煮出します。湯に麦を入れるときに、ほんの少し塩を加えると、香りがいっそうひきたちます。

インスタントコーヒーにマシュマロを

急な来客があったときに出すものが、インスタントコーヒーではちょっとさびしい気もします。そんなとき、マシュマロが一個あれば少しはぜいたくに見えます。クリームやミルクのかわりに入れると、コクのあるおいしさが出せます。

角砂糖は大小用意する

コーヒーや紅茶の甘みの好みはさまざまです。それも、ちょっと甘めというような微妙なこともあり、グラニュー糖でなく角砂糖では、なかなか好みの味になりません。同じ「一つ分」といっても、角砂糖の大きさもまちまちです。ですから、この大きさの種類の多さを利用して好みの味が出せるようにします。大小、あるいは大中小と、さまざまに角砂糖を用意しておけば、たいていの味が好みどおりに出せるというわけです。

コーヒー茶わんの取っ手は右側でもよい

喫茶店では、紅茶やコーヒーは取っ手が客から見て左側になるようにして出されること

が多いようです。飲むときはぐるりと一八〇度まわして取っ手を右手で持つわけです。ですが、アメリカやヨーロッパではこんなめんどうなことはしません。ちゃんと取っ手が右になって出てきます。実は、これは紅茶やコーヒーが日本に入ってきたときに、お茶の作法に合わせて作られた習慣なのです。まったく根拠のない習慣ですから、取っ手が客から見て右になるように出しても、作法からはずれているということはありません。

湯ざましを使うと透明な氷ができる

ふつう、家庭用の冷蔵庫で氷を作ると白い氷ができますが、いったん沸騰させた湯ざましを使うと透明な氷ができます。水割りやアイスコーヒーなどに入れると、見た目もよく、おいしさがひきたちます。

和菓子に葉を巻くときは表を内側にする

和菓子を来客に出すとき、葉で包むようにすると見た目にもきれいです。和菓子に葉を巻くときは、表を内側にして巻きます。これは、表のほうが裏より香りが強いためです。菓子に葉の香りがよく移ります。

コーヒー、紅茶の残りは凍らせておく

コーヒーや紅茶をポットで作り、残ってしまったときは、製氷皿に入れて冷凍庫で凍らせておきましょう。アイスティーやアイスコーヒーを飲むときにこの氷を入れると、水っぽくならずにおいしく飲めます。

バナナは割りばしを刺して冷凍する

バナナを冷凍して、おいしい冷菓を作ることはよく知られていますが、割りばしを使ってアイスキャンデー風にしてみましょう。バナナはよく熟したものを選びます。皮をむいたら半分に切り、割りばしをタテに刺します。そして、ラップに包んで冷凍庫へ。このときレモン汁をかけると黒ずんだりしません。

●「なるほど納得！」編

スイカを丸ごと冷やす

スイカのように水に浮く果物は、浮いて水面に出てしまうのでなかなか冷えません。そこで、表面をおおうようにしてぬれタオルをかぶせます。毛細管現象《もうさいかんげんしょう》によってつねに水気が保てますし、気化熱を奪って早く冷やすことができます。リンゴなどの小さなものも、

全体をタオルで包んで水につけると、冷蔵庫よりも早く冷やすことができます。

アイスペールを凍らせてから氷を入れる

パーティで、すぐ氷がとけて困ることがあります。そこで、アイスペールに三センチくらい水を入れて、あらかじめ冷凍庫で凍らせます。ここにくだいた氷を入れるとずいぶんと長持ちします。

オーブンのにおいとりにミカンの皮を焼く

オーブンや電子レンジを専用洗剤で掃除すると、独特のにおいが残ります。そこで、オーブンにミカンの皮を入れ、こげつかない程度に焼いてみましょう。いやなにおいはとれ、部屋じゅうにすてきな香りが広がります。

冷蔵庫の脱臭はドクダミで

ドクダミを、枯れないように水の入ったコップに入れ、冷蔵庫の上段に置きます。魚のにおいに抜群の脱臭効果を表します。なお、コップの水は数日でとり替えるようにしましょう。

冷蔵庫に香りのよい花を入れる

梔子《くちなし》や沈丁花《じんちょうげ》、金木犀《きんもくせい》など香りのよい花がにおう季節には、一枝折ってコップにさし、冷蔵庫に入れておきます。冷蔵庫特有のいやなにおいのかわりに、ほんのりよい香りがただようと、とてもいい気分になりますし、楽しいものです。

冷凍室には脱臭剤はいらない

よく冷蔵庫だけでなく冷凍室にも市販の脱臭剤を入れてあるのを見かけますが、冷凍室はにおいが移ることはなく、したがって脱臭剤も不要です。ただ、食品にはさまざまな雑菌がついているので、洗えるものはよく水洗いして水気を切ってラップで包むことは衛生上必要です。

手のくさみは番茶の煙で消す

手に、魚の生ぐさみや灯油などのにおいがついていると、他の食品や食器ににおいが移って料理をだいなしにしかねません。せっけんでゴシゴシ洗ってもせっけんのにおいが残ってしまいます。そんなときは、番茶を魚焼き網にのせて燃やし、出てきた煙の中で手をこすってにおいを消します。こうすると、なんのにおいも残りません。

室内のにおいは茶がらで消す

魚などを焼いてにおいが部屋にこもってしまったときには、乾燥させた茶がらを灰皿の上などで燃やします。いやなにおいがうそのように消えてしまいます。

食器棚のにおいはアルコールで消す

食器棚を使っているうちににおいがついたら、戸棚の中のものを全部出し、住居用の中性洗剤でふきます。さらにアルコールで全体をふいてから、しばらく風通しをしておきます。なお、アルコールを用いる際は、塗装によって色落ちするものもありますので、必ず目立たない部分で試しぶきを忘れないように。

カルキくさい水は ふたを閉めずにわかす

水道の水のカルキ臭《しゅう》は、やかんのふたをとってわかすと、かなり発散されてにおわなくなります。湯ざましを使うか、時間のないときにはレモンの輪切りを入れるのも効果的です。

ご飯のこげたにおいは炭で消す

おこげはいいにおいがしますが、全体ににおいがしみてしまうのは困りものです。こげつきができたら、折り詰めのふたなどをご飯の上にのせ、その上に木炭《もくたん》を置きます。釜《かま》のふたをしてしばらくするとにおいは消えています。また、お酒をパラパラとふりかけて消すこともできます。

焼き魚のにおいとりは しょうゆをこがす

魚を焼いたときのにおいは部屋にこもってなかなか消えないもの。こんなときは、フライパンを熱してしょうゆをたらします。しょうゆの香ばしいにおいが、いやな魚のにおいを打ち消してくれます。

刺身はしょうゆにワサビを とかさない

しょうゆの小皿にワサビをとかし、刺身をつけて食べるのがふつうですが、これは正しくありません。刺身のほうにワサビを少しつけ、これをしょうゆにつけて食べるのが本来の食べ方です。こうすると、刺身、ワサビ、しょうゆのそれぞれの味を独立して生かすことができるからです。

製氷皿に輪ゴムを敷いておくととりやすい

製氷皿がくっついてしまってなかなかとれないことがあります。そんなとき、ドライバーなどで無理にはがそうとすると、冷却板を傷つけ、冷凍能力を悪くすることがあります。製氷皿の下に輪ゴムを敷いておきましょう。くっつかないので簡単にとれます。

容器の移し替えは流しでする

調味料などをびんから小さな調味料入れに入れる作業では、いくら注意しても少しはまわりにこぼしてしまうのがふつうです。こうした仕事は、みんな流しの上でするようにしましょう。洗いおけにまな板を渡してその上に容器を置いてもよいでしょう。流しですと、こぼしても水で流すだけ。あと始末がぐんと楽になります。

冷蔵庫のパッキングはハガキで確かめる

冷蔵庫の冷却力が弱まってきたら、ドアのパッキングが切れたり、古くなっていないか確かめましょう。パッキングが古くなっていると、ドアを閉めた状態でハガキが落ちてしまいます。とり替えは自分でもできますが、費用はほとんどちがわないので電器店に頼むほうが楽です。

ジュースをこぼさず持ち運ぶ法

コップのジュースをお盆にのせて持ち運ぶとき、ジュースをいっぱいに注ぎすぎてこぼれそうだったらスプーンを一本入れてやります。すると、不思議なことにジュースがこぼれません。ジュースが揺れるとスプーンのまわりに渦ができて揺れが乱れるため、揺れが大きくならないからです。

スプーン一本でミルクがふきこぼれない

ミルクを温めるとき、こげつきやふきこぼれが心配です。そこで、ミルクパンの底にスプーンか小皿を沈めておきます。わいてくるとカタカタと音を立ててミルクがふきこぼれる前に知らせてくれます。なお、乾いたミルクパンにミルクを入れるとこげつきのもとです。一度、水を張ってミルクパンをしめらせてからミルクを入れるようにしましょう。こげつく心配がありません。

熱いなべは乾いたふきんでつかむ

熱いなべをつかむとき、ぬれたふきんと乾いたふきんとではどちらが熱くなりにくいか。これは、乾いたふきんです。なぜなら水よりも空気のほうが熱伝導率が低いためです。

流しの下の戸棚は扇風機で湿気を除く

流しの下の戸棚は、もっとも湿気のたまりやすいところです。ときどきあけ放して乾燥させなければいけません。とくに、雨が降り続いたときには、扇風機で風を送りこんで湿気を除くようにします。

油汚れは米のとぎ汁で洗う

米のとぎ汁の中に含まれているぬかには、油を分解するはたらきがあります。とぎ汁を捨てないで洗いおけの中にとっておき、食後、油汚れの食器をこの中で洗います。洗剤を使わなくても、きれいに油汚れが落ちます。洗剤を切らしたときや、手の荒れなどで洗剤を使いたくないときに役に立ちます。なお、お茶の出しがらの葉で洗うという方法もあります。お茶の葉は緑茶でも紅茶でもかまいません。

暮らしのことわざ

✻下手の長糸上手の手糸

裁縫の下手な者は糸を長くして使うので、糸がもつれてうまくいかない。上手な者は手の内で縫うようにするので、スムーズに仕事ができる。

✻下手の包丁百遍洗え

料理の上手な者はよく水を使って道具や材料を洗うが、下手な者は洗うことをおろそかにする。よく洗うことが料理のコツの一つだという教え。

✻瓜《うり》の皮は大名にむかせよ柿の皮は乞食にむかせよ

瓜の皮は厚く、柿の皮は薄くむくのがよいという意味。

✻餅《もち》は乞食に焼かせろ魚は大名に焼かせろ

もちはせかせかと焼くのがよく、魚はじっくりと焼くのがよい。

✻饂飩《うどん》の湯

そば湯は飲むことができるが、うどんをゆでた湯は食用にならない。役に立たないもののたとえ。

✻倹約とけちは水仙と一文《ひとも》字《じ》

「一文字」とはネギの女房詞《ことば》。ネギを「き」というところから出た。倹約とけちは似ているようで水仙とネギのようにまったくちがう。

✻七度《ななたび》較べて一度裁て

衣服を作るときは何度も体の寸法と比べたうえで裁断せよ。物事をはじめるときは計画をじっくり練ったうえでしなければならないという意味。

✻**味噌《みそ》買う家は倉が建たぬ**

昔はたいていの家ではみそを自分の家で作っていたので、金を出してできあいのみそを買うということがむだづかいのたとえになった。

✻**とろろと雪道は後ほどよい**

とろろ汁は人よりあとで食べたほうがうまく、雪道は人が通ったあとのほうが歩きよい。

「鱈汁《たらじる》と雪道は後ほどよい」ともいう。

✻**梨尻柿頭**

梨は尻のほうが甘く、柿は頭のほうが甘い。

✻**旨《うま》い物は宵《よい》に食え**

うまいものを食べるのを惜しんでとっておき、まずくして食べるのはつまらない。いいことは早くやるのが得ということ。

✻**すりこぎで重箱を洗う**

すみずみまで行き届かないことのたとえ。

✻**一升のし餅に五升の取《と》り粉《こ》**

もちを一升つくのに、もちにまぶす米の粉を五升も使う。主となるものより、それに付随するもののほうが多くいることのたとえ。

✻**秋茄子《なすび》嫁に食わすな**

秋口のナスはとくにおいしいので、しゅうとめが嫁を憎んで食べさせない。また、反対にナスは体が冷えて毒なので、嫁の体を案じてこういったのだ、あるいは秋ナスは種が少ないので子種がなくなるのを心配してこういうとの説もある。

✻朝起《おき》千両夜起百両

朝早く起きて仕事をするのは仕事がはかどるので、夜遅くまで起きて仕事をするよりもずっと得である。「朝起きは三文の徳」と同種のことわざ。

✻内の米の飯よりも隣の麦飯

自分の家の米の飯より隣の麦の飯のほうがおいしそうに見える。他人のものはなんでもよく見えるということ。

✻女房と味噌は古いほどよい

長年連れそった妻はすっかり生活にとけこんでいて古ければ古いほどよい。「女房と鍋釜は古いほどよい」ともいう。「女房と畳は新しいほどよい」の反対。

✻匂《にお》い松茸《まつたけ》味しめじ

キノコの中では香りはマツタケが、味はシメジがいちばんである。

✻借り着より洗い着

人に借りたぜいたくな衣装よりも、洗いざらしでも自分のものがよい。人にたよってぜいたくをするより、貧しくても自立しているほうがよい。

✻借りる八合済《な》す一升

人から米を八合借りたら、一升にして返すのが当たり前である。

✻芥子《からし》は気短者に掻《か》かせろ

のろのろと掻いたからしは、香りが抜けてピリッとしない。

✻剃刀《かみそり》の研《と》ぎ置きと分別のし置きは間に合わぬ

カミソリは使うときに研ぐ。知恵も必要なそのときに出さねば間に合わない。

✻食後の一睡万病円《いっすいまんびょうえん》

「万病円」は江戸時代にあった万病に効くという薬。食後にひと眠りすると、健康に非常によい。

ホウ酸入りのジャガイモでゴキブリ退治

ジャガイモをふかしてつぶし、ホウ酸をまぜて練り団子を作ります。この団子を広口びんの中に入れて、ゴキブリの出そうなところに置いておきます。ジャガイモにつられて入りこんだゴキブリはホウ酸をなめて苦しみ出し、逃げ出そうとしますが、足がすべって出ることもできず、死んでしまいます。

食器棚にからし粉をまいてゴキブリ追放

ゴキブリが食器棚の中をはいずりまわっているのはなんともいやなものです。そこで、中に棚紙を敷いたら、その下にからし粉を少しずつまいておきます。こうすると不思議にゴキブリが寄りつかず、清潔さが保てます。

第5章　これで万全！　料理・食材の知恵袋

●料理編

サラダ油でピカピカご飯

ご飯を炊く前に、ひとつまみの塩とサラダ油を加えます。するとふっくらとしたピカピカのご飯が炊き上がります。古米《こまい》などでもおいしくなります。また、昆布のダシを少量加えると〝うまみ〟が出て、いっそうおいしいご飯になります。

芯《しん》のあるご飯には酒をふりかける

失敗して芯のあるご飯になってしまったら、お酒をふりかけて芯をとります。方法は、日本酒を茶さじで三、四杯パラパラとふりかけて、そのまましばらく蒸らすだけという簡単そのもの。不思議なことに芯がなくなります。

もち米を入れておいしいご飯

ご飯にちょっとひと工夫。うるち米に一割程度のもち米を入れてみましょう。かたくならず味のよいご飯に炊き上がります。すし飯用にも適しています。

ただし、もち米は吸水率が低いので、入れたもち米分だけ水加減をひかえめにすること

を忘れないようにします。

冷やご飯は酒でほぐすとサラリとする

チャーハンなどを作るとき、冷やご飯のかたまりを無理にほぐすと粘りが出てしまいます。

日本酒を少しふりかけてご飯をほぐし、炒めるとパラリと仕上がります。

ご飯はお湯で炊けば経済的

ご飯を炊くとき、水のかわりにお湯を入れて炊きます。つまり、お湯から炊くわけです。水から炊くよりふっくらとした炊き上がりとなって、おいしいご飯ができます。当然水から炊くより早く炊けるので電気代も節約でき、とても経済的です。

お米と水が一対一〇が五分がゆ

おかゆといっても、三分がゆから全がゆまでいろいろあります。

お米と水の割合が一対二〇が三分がゆ。一対一〇が五分がゆ、一対七は七分がゆで、一対五が全がゆです。おかゆを作るときの目安にしてください。

ご飯と重湯《おもゆ》を同時に作る

赤ちゃんや病人などに重湯を作ろうにも、それだけ単独ではなかなかめんどうなものです。ご飯と一緒に作ってしまえば簡単。スイッチを入れる前に、きれいな茶わんをお米が入らないように沈めるだけで、ご飯と重湯が同時にできます。ご飯が炊き上がると、ちょうど茶わんに重湯ができているというわけです。

低い温度だとパンが何回でも温められる

予定が狂って、ロールパンを何度も温め直さなければならないときがあります。高温のオーブンですと、時間は短くてすみますが、すぐパサパサになってしまいます。ぬるいオーブンで二〇〜三〇分かけて温めましょう。何度やってもおいしく温かいロールパンになります。

ゆでめんを冷水で洗うとこしが強くなる

ゆでめんを冷水で洗うと、こしが強くなります。なんとなくやっていることかもしれませんが、これには立派な科学的根拠があります。めん、米、イモなどに含まれるでんぷん質は熱を加えるとのり状になります。これをα《アルファ》でんぷんといいますが、でんぷんのα化が進むとめんの芯まで水分を吸収し、こしが弱くなります。そこで、ゆでたら直ちに冷水をかけ、α化をおさえるのです。なお、そうめんを水でもみ洗いするのは、そうめんの切れを防ぐために使われている油気をとるためです。

大根おろしの辛みは酢でとる

辛い大根おろしには少量の酢をたらしてみましょう。不思議なことに辛みが抜けます。

また、汁を絞る際、手で絞るよりは、ふきんなどで自然にこすほうが辛みが少ないようです。

大根に唐辛子を刺して もみじおろしを作る

もみじおろしのピリッとした辛さは料理をひきたてます。簡単なもみじおろしの作り方は、まず大根の真ん中にはしで穴をあけ、中に唐辛子を刺して一緒におろし金でおろすだけです。なお、中に入れる唐辛子はヘタと種をとっておきます。

ジャガイモは クギを刺すと早く煮上がる

ジャガイモ、ニンジン、サツマイモなどのかたい野菜を丸ごと煮るのは時間がかかります。そこで、ひと工夫。クギを刺してそのまま煮ることです。クギを通して熱が内部に早く伝わって、時間も燃料費もむだが省けます。煮る前に金串で穴をあけておくのも効果的です。急ぐときには試してみましょう。

タマネギの串刺しは串を刺してから切る

バーベキューなどで、タマネギの串刺しを作るとき、切ってからではバラバラになってしまい扱いにくいものです。そこで、丸のままのタマネギにあらかじめ等間隔に串を刺しておきます。そのあとで切れば、手間もかからず簡単に串刺しができます。

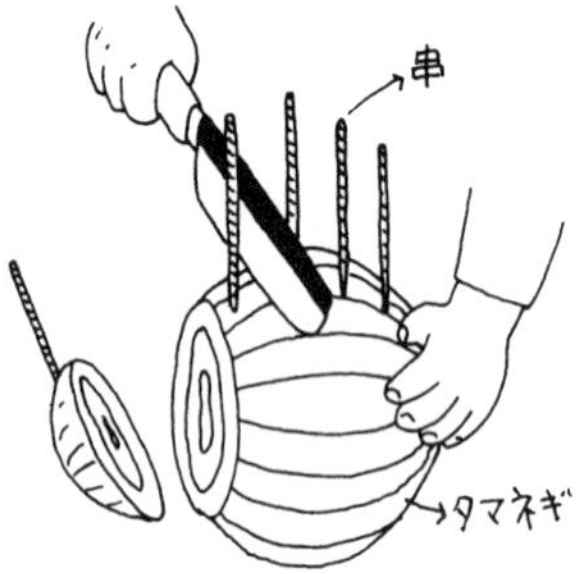

キャベツは芯に熱湯を注ぐとはがしやすい

ロールキャベツを作るとき、キャベツを破らずにはがすコツです。キャベツの芯を大きくくりぬき、中に熱湯を注ぎ、ラップでおおって数分おきます。すると、葉が全体にやわらかくなって、簡単にきれいにはがすことができます。

ブロッコリーはゆでる前に塩水につける

ブロッコリーやカリフラワーは切らずに、かたまりのままゆでます。切ってからゆでると水っぽくなってしまうためです。ゆでる前に、芯を下にして塩水につけて、三〇分ほどおきます。こうすると内部についているゴミが自然にとれてしまいます。

キュウリは熱湯で漬けると色鮮やかに

キュウリを漬けるとどうしても色が変わってしまいがちです。そこで押し漬けの場合には塩を振って漬けるのではなく、塩をとかした熱湯で漬けるようにします。こうすると色も鮮やかで味もよく漬けることができます。熱湯ですから殺菌にもなります。

トマトの皮は熱湯をかけて急冷してむく

トマトの皮を薄くきれいにむくには、トマトをボールに入れて熱湯をかけます。次に、すぐ冷水につけて冷やします。こうすれば手軽で簡単にむけます。

サラダ用野菜は材料別にポリ袋へ

サラダを作るたびに、レタスにキュウリに……というのでは手間がかかってしまいます。そこで、サラダ用野菜は、買ってきた新鮮なうちによく水洗いをし、水気を切ったらポリ袋に材料別に入れます。このとき、空気をいっぱいに入れて、口を輪ゴムで閉じて冷蔵庫に保存します。パリッとした野菜が簡単にとり出せます。

枝豆は急速に冷やすと色がさえる

枝豆をゆでるときに塩を加えるのは常識。問題はそのあとです。ゆで上がったら、サッとざるに広げ、すばやく水気を切ったら、塩をパッパッとふりかけます。そうして、パタパタあおぐか、氷をのせるなどして急速に冷やします。こうすると必ずさえた緑色になり、歯応えも十分となります。

ラッキョウは洗濯機で洗う

ラッキョウは簡単に水洗いしたあと、茎と根を除きます。それを大きめのポリ袋に入れ、ラッキョウの二倍くらいの水を入れてかたく口をしめます。これを、洗濯機の中で一〇分間ほど回します。このとき、洗濯機には水をたっぷり張るようにします。

ショウガはビールの王冠で皮をむく

ショウガは小さくて凸凹があるために皮をむきにくいものです。ビールの王冠のギザギザの部分を使うと薄くきれいにむけます。また、割りばしに針金を巻いたものを使ってもうまくむくことができます。

サトイモは食用油を手にぬって皮をむく

サトイモやナガイモの皮をむくと、手がかゆくなって困ります。食用油を少量手に落とし、手全体にぬってから皮むきをします。油が手の皮膚を保護するので、かゆくなりません。また、塩や酢を手につけても、かゆみ予防になります。

とろろイモはすり鉢でおろす

ナガイモ、ヤマトイモ、イチョウイモ、ツクネイモ、いずれもとろろイモと呼びます。とろろイモは、おろし金よりも、すり鉢のまわりに軽くあて、回しながらおろします。さらにすりこぎで仕上げるようにすると、きめの細かい、なめらかでおいしいとろろになります。

とろろイモは二本のはしを別々に持って

とろろイモは、一度にドッと器に入ってしまったりして、均等に盛りつけるのに苦労します。そこで、水あめをとり分けるときのように、二本のはしを別々に持ってクルクルと巻きとるようにします。こうすれば好みの量がとれますし、すり鉢からもきれいにとることができます。

タケノコは、はしを刺して形よく煮る

小さなタケノコやハチク（クレタケ）などは、お湯が沸騰してくると割れてしまうこと

があります。丸のまま煮るときには、ゆでる前に長めのはしを下側から刺しこんであらかじめ節に穴をあけておきます。こうすると、はじけることなく、形よく煮上がります。

せん切り野菜は切ったら水にひたす

キャベツなどの野菜をせん切りにして生食する場合は、切ったあと必ず水につけるようにします。切ったままにしておくと、非常に多くなった切り口から水分が蒸発してしまい、風味を損なうと同時に、歯応えもなくなってしまいます。それを水につけることで防ぐわけです。

ただし、あまりつけすぎるとビタミンCなどの栄養素がとけ出してしまいますのでご用心。

土の中でできる野菜は水からゆでる

一般に野菜の下ごしらえは、地上にできる野菜（白菜、キャベツ、豆、ホウレンソウなど）は沸騰した湯に入れます。反対に、地下にできる野菜（イモ類、大根、ニンジン、レンコンなど）は水の状態から入れて火にかけます。

煮物の野菜は面とりをしておく

大根、ニンジンなどの野菜を煮物にするときは、面とりをしておきます。面とりとは、切り口の角を切って丸みをもたせることですが、これは、表面積を少しでも広くして味がしみやすくするためです。また、煮立ったときに動いて形くずれが起きるのを防ぐことにもなります。

白菜漬けの酸味は卵の殻《から》でとる

白菜漬けがすっぱくなったら、洗った卵の殻をガーゼで包んで白菜の間にはさんで、ふつうに重しを置きます。二〇日ほどするとすっぱさが自然にとれてきます。これは、卵の殻の炭酸カルシウムが中和作用をし、酸味をやわらげてくれるからです。

梅干しに雪をかけるとまろやかになる

夏に漬け上がった梅干しを、冬に仕上げをします。寒中、コチコチに凍った雪を梅干しの上一面に薄くのせておきます。酸味、塩辛さもまろやかになって食べやすくなります。

ビタミンCを逃がさない調理を

ガンにもコレステロール降下にも、と人気のビタミンCですが、水にとけやすく、熱に弱い性質があります。かといって、生野菜からだけでは多くはとれません。調理のときには、野菜は丸ごと洗う、炒《いた》めたり揚げたりして調理の時間を短くする、煮る場合は煮汁も飲めるようにするなどに気をつけたいものです。

タマネギのわくで上手に目玉焼きを作る

大きめのタマネギを一センチの厚さに輪切りにします。いちばん外側を目玉焼きのわくとして使うと、形のよい目玉焼きが作れます。もちろん、タマネギも食べられます。盛りつけも一緒にすると楽しくなります。

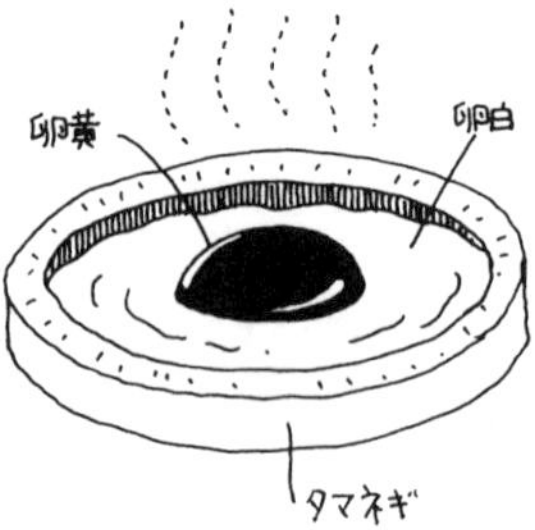

タコは大根でたたくとやわらかくなる

タコは塩ゆでをして下ごしらえします。ゆでる前に、大根で全体を気長にたたいておきます。こうすると、ゆで上がりがやわらかくなり、また、足の一本一本まで塩でよくしごいてぬめりをとっておくと、表面がよくしまってコリコリします。また、大根の煮汁でゆ

でても、やわらかく色よくゆで上がります。

カキは大根おろしで洗う

カキの黒いぬめりはとりにくいものです。カキの分量の四分の一くらいの大根おろしをまぶし、ざるにあげ流水で流します。そうすると大根おろしがきれいにぬめりをとってくれます。

タコはコルク栓と一緒に煮る

タコを煮るときに、煮汁の中にワインなどのコルク栓を一つ入れておきます。入れない場合よりずっとやわらかく煮えるから不思議です。イカを煮る場合もどうぞ。

洗濯の小物干しでみりん干しを作る

サンマ、イワシ、アジ、ウマヅラハギなど小ぶりの魚が大量に手に入ったら、自家製のみりん干しを作ります。まず、魚の腹を開いて、しょうゆ、砂糖、ハチミツ（水あめ）をまぜて煮立てた調味液につけて乾燥させるだけ。干すときは、洗濯物用の小物干しが猫から魚を守ってくれます。また、尾を上にして干すと生ぐさみがなくなります。

新しいイワシは手開きにする

イワシは、魚偏《うおへん》に弱いと書くように、いたみが早い魚です。冷蔵庫に入れる前に下ごしらえをしておきます。新鮮なものなら手開きできます。頭を指でつまんでもぐとハラワタも一緒についてきます。あとは、流水でよく洗います。うまくいかなかったら、少し古くなっている証拠。包丁で処理しましょう。なお、ウロコは気にしないでそのまま。

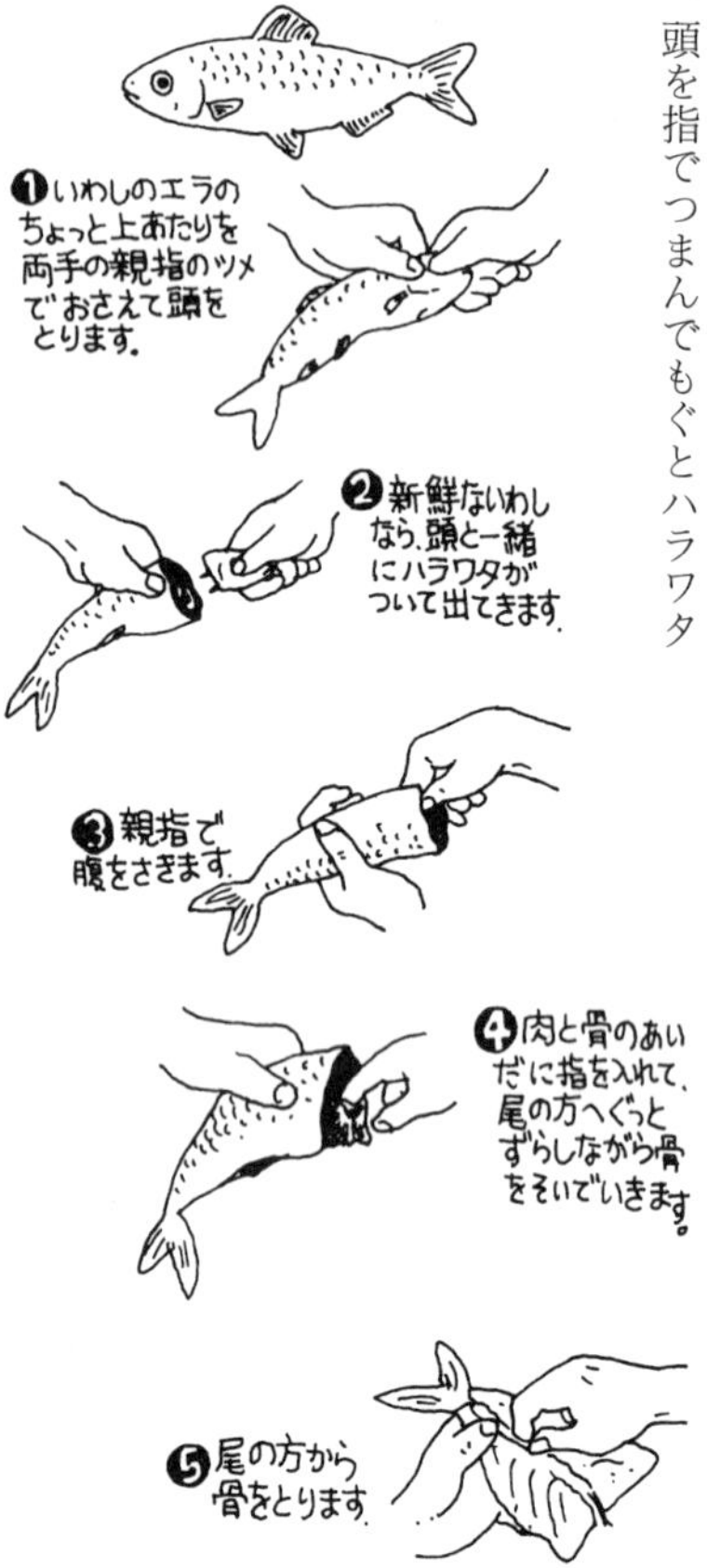
❶いわしのエラのちょっと上あたりを両手の親指のツメでおさえて頭をとります。
❷新鮮ないわしなら、頭と一緒にハラワタがついて出てきます。
❸親指で腹をさきます。
❹肉と骨のあいだに指を入れて、尾の方へぐっとずらしながら骨をそいでいきます。
❺尾の方から骨をとります。

魚のウロコは大根のしっぽでとる

魚のウロコを包丁でとろうとすると、あちこちに飛び散って始末が悪いものです。これが大根のしっぽでとると驚くほどきれいにとれます。魚の尾を押さえて、大根のしっぽでていねいにこするようにします。

塩魚の塩出しは塩水につける

塩魚は保存のために多量の塩が使われていて、そのままでは辛すぎますし、体にもよくないので水にひたして塩出しをします。このときの水は、ふつうには真水が考えられますが、実際には一〜一・五パーセントの塩水で塩出しします。これを「呼び塩」とか「迎え塩」といいます。では、なぜ塩水につけるとよいのでしょうか。それは、水に接した塩だけが先に抜け、魚のうまみ成分がとけ出してしまうのを防ぎ、内部の塩をゆっくり引き出すのに役立つからです。

エビは尾の水を出してから揚げる

エビは背ワタをとってから尾を残して殻をむきます。このままでは、尾にたまっている水のために油がはねてしまいます。尾の先を少し切って、菜《さい》ばしでしごくようにして、中の水を出してから揚げるようにします。

やわらかくておいしい貝のみそ汁

シジミやアサリなどの貝のみそ汁は、ふつうは水から貝を入れて作ります。でも、これではダシが出て汁はおいしくなっても、貝の身がかたくなりうまみが逃げてしまいます。貝は、口をあけたころがいちばんやわらかくておいしいものだからです。

そこで、水から貝を入れるのは同じですが、口をあけたら、別の容器に移してしまいましょう。そうしてダシ汁のほうに味つけをします。これで汁とともに、貝の身もやわらかく、おいしくいただけます。食事時間にバラつきがあっても、貝が煮つまってしまうことがありません。

貝柱は米粒を入れて煮るととりやすい

ハマグリのように貝柱の大きなものは、柱も残さずに食べたいものです。煮るときに生の米粒を数粒加えてみましょう。きれいに貝柱がはずれます。

タイは骨まで味わう

せっかくのタイ、あたまも捨てないでカブト煮にします。カマ、ホオ、ヒタイ……よくしまった身がずいぶんついています。目玉はもちろん大変なごちそう。骨になっても捨ててはいけません。椀《わん》に入れ、熱湯をかけ、ユズのかけらを落として「骨湯」としていただきます。

キャベツを敷いて魚を煮つける

魚を煮つけ、いざなべから出して盛りつけようというときに、皮が底についてはがれてしまうことがあります。あらかじめ、なべの底にキャベツの葉やタケノコの皮を敷いておくと、くっつくことがありません。

小魚はお茶で煮ると骨まで食べられる

小魚はお茶で煮るとやわらかくなり、骨まで食べられます。お茶は、魚がひたひたにかぶる程度に入れ、弱火で四～五時間コトコト煮ます。やわらかくなったところで、しょうゆ、砂糖などで味つけします。

焼き魚は少し冷ましてからひっくり返す

焼き魚をひっくり返すとき、皮が網にくっついてはがれてしまうことがあります。火から下ろして、少し冷めてからひっくり返すと、割合うまくいきます。また、あらかじめ網にサラダ油をぬっておくと、身や皮がくっつきにくくなって助かります。

サンマやウナギは横からあおいで焼く

ウナギ屋の店先でウナギを横からあおいでいるのは、なにもにおいを吹きつけて客をつるためでも、煙が店内にたちこめるのを防ぐためでもありません。サンマやウナギなどの脂《あぶら》の多い魚は、焼いているうちに、身から脂がしみ出して、炭火の上に落ちて燃え上がってしまいます。これでは、炎とすすのために魚が真っ黒になるばかりで、味も香りもだいなしになってしまいます。そこで、横からうちわであおいで、この煙が魚にかからないようにに逃がしてやるのです。めんどうでも、休まずあおぐのがおいしい焼き魚のコツです。

アンチョビーは牛乳につけて塩を抜く

独特の風味のあるアンチョビーですが、少し塩気が強すぎるという人も多いようです。アンチョビーの塩抜きは簡単で、牛乳に一日つけておくだけです。

スルメはお酒で洗ってやわらかく焼く

パリパリのかたいスルメは味気ないものです。焼く前に、お酒を加えた水でサッと洗っておきます。こうして焼けば、やわらかくておいしいスルメになります。

みそ汁は煮立てると香りがとんでしまう

「みそ汁はひと煮立ち」といわれるように、グラグラと煮立ててしまったり、温め直したりするとおいしくありません。それは、みそ汁に含まれている何種類もの香りの成分が熱

でとんでしまうからです。

冷たいと塩味が強くなる

　塩味は、温度が下がると、強く感じるようになります。冷めたみそ汁がしょっぱく感じられるのもこのためです。ですから、夏などに冷たいスープを出す場合の味つけにはちょっとひと工夫が必要です。

　作っているときは温かいので、少しもの足りないくらいの塩かげんにおさえておくことです。

冷めたかば焼きには日本酒をふりかける

　おいしいかば焼きも冷めてしまっては値打ちがありません。冷めたら、日本酒を少量ふりかけて、皮のほうを下にして中火であぶります。または、水滴が落ちないようにふきんをかけるか、ふたを少しずらして蒸します。これがおいしく再生するコツです。なお、タレが少ないときは、みりん六、しょうゆ五の割合でまぜてインスタントのタレを作りましょう。

味つけは〝サシスセソ〟

　味つけは〝サシスセソ〟の順でするとよいといわれています。サ＝砂糖、シ＝塩、ス＝酢、セ＝しょうゆ、ソ＝みその順ということ

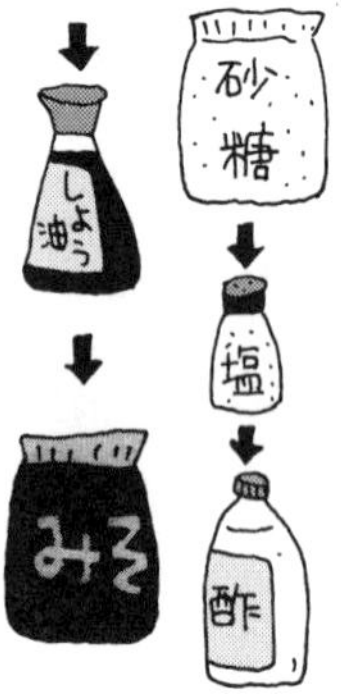

です。先に塩を入れてしまうとあとから砂糖を入れてもなじまないとか、酢を早めに入れると酸味が消しとんでしまう、しょうゆ、みそを最後に入れるのは風味、香りが熱で失われるのを防ぐためなどといわれています。

すき焼きの肉としらたきは接しないように

すき焼きのとき、肉としらたきは接しないように焼きます。これは、肉がしらたきと接するとかたくなってしまうからです。しらたき＝コンニャクには、石灰のカルシウムが含まれています。肉のたんぱく質は熱によってかたくなりますが、カルシウムと出合うと、さらにこれが早まってしまうからです。

割れたハンバーグにはチーズをのせる

ハンバーグは、こね方が悪いと焼いているうちに割れてしまうことがあります。簡単な応急処置は、チーズをひと切れ上にのせるだけ。チーズがとけてハンバーグをおおい、割れ目をとじてくれますし、見た目も不自然でなく、そのうえ、ちょっとぜいたくな感じになります。

ソーセージの皮を破らない方法

ソーセージを調理するときに、皮が破裂してしまうことがよくあります。見た目も悪く、おいしく感じられません。切り込みを入れて模様をつけるか、丸ごとで出したい場合は、あらかじめフォークで穴をあけておくことです。また、調理前に熱湯にちょっとつけて湯通ししても皮が破れません。

卵に穴をあけておくとゆでても割れない

卵をゆでる前に、卵の丸いほうの先に針などでいくつか穴をあけておきます。そうすると割れるという失敗はしません。また、水に塩と酢を少量加えてからゆでても割れにくいものです。もし割れてしまったら、酢をサッと加えてはみ出した白身をかたまらせてしまうことです。

ゆで卵はすぐヒビを入れてしまう

冷蔵庫などでゆで卵と生卵の区別がつかなくなってしまったらどうしますか。割ってみて判断しますか、グルグル回してみますか？　そんなめんどうなことをしなくてもいいように、ゆで卵を作ったら、頭のところにチョンとヒビ割れを作ってしまいましょう。あとで困ることがありません。

ナッツは包丁を二本使って切る

ナッツ類やゴマなどを刻むとき、まな板からとび出してしまってむだが多く出ます。そ

こで、二本の包丁を合わせるようにして刻むと、とび出さず簡単に手早くできます。

いなりずしの油揚げは ポンポンとたたく

いなりずしの油揚げは、きれいに開かなければなりません。二つに切ったら、てのひらにはさんでポンポンとたたきます。すると、空気が抜けてくっついていた揚げが破れることなく開きます。

炒《い》りゴマは 三粒はねたらちょうどよい

ゴマは炒りすぎると、独特の香味がなくなり苦みが出てしまいます。炒りゴマのコツは、フライパンにひと並べにして〝三粒はねたらよい〟と覚えます。なお、ゴマは、白、黒、茶の三種類ありますが、いずれも脂肪やたんぱく質、カルシウムの含有量が多い食品です。

冷ややっこも一度加熱すれば安心

夏は冷ややっこがいちばん。ふつうは、そのまま「奴《やっこ》」に切りますが、一度加熱し、急冷させてから使うのもよいでしょう。豆腐の豆くささも抜け、殺菌もでき、夏場でも安心です。

おいしいダシは昆布とカツオ節で

昆布は、ぬれぶきんで砂や汚れをとります。何ヵ所かに切り込みを入れて水から煮ます。昆布は沸騰直前にとり出し、煮立ったところへカツオ節を入れます。二分ほどおいてこせば、透明なおいしいダシ汁のできあがりです。

ダシ昆布で酢昆布を作る

ダシをとったあとの昆布は捨ててしまわないで再利用します。昆布を一センチ幅に切って三杯酢か好みによっては二杯酢に漬けます。これを天日《てんぴ》で乾燥させるとおいしい酢昆布ができあがります。

ダシをとったカツオ節をふりかけに

ダシをとったカツオ節は、捨てないでふりかけの材料にしましょう。カツオ節は、包丁で細かく刻んで、みりんとしょうゆで味つけをして炒ります。水分がなくなったら、炒りゴマ、青のりをまぜて、おいしいふりかけのできあがりです。食が進むことうけあいです。

新茶の出がらしを食べる

新茶の出がらしを煮つけてみましょう。新茶の出がらしは、そのつど、よく水気を切ってポリ袋に入れて冷蔵庫に保存します。少しまとまったら、しょうゆ、みりん、酒で好みの味つけをした煮汁に出がらしを入れます。

中火にかけ、煮立ったら火を弱め、五〜六分煮立ててできあがり。新茶の色と香りが決め手、薄味、薄色がおいしさの秘訣《ひけつ》です。なお、出がらしはお湯にはとけ出さないカロテンやビタミンEを含んでいます。

温泉卵を作ろう

「温泉卵」とは、よく温泉で売っている、白身はやわらかいのに黄身だけかたまっている不思議なゆで卵です。この秘密は白身と黄身のかたまる温度のちがいにあります。

卵の黄身は六〇度ぐらいでかたまりますが、白身は七〇度ぐらいにならないとかたまりません。お湯の温度が六五度以上にならないようにしながらゆっくりゆでると、黄身だけかたまったアベコベゆで卵ができます。

みそにセリをつけこんで即席みそ汁

自家製のインスタントみそ汁です。みその中に、炒って粉にした煮干しと二センチほどに切ったセリを漬けこみます。あとはこれをお椀にとり、熱湯をかけるだけで、香り高くおいしいみそ汁のできあがりというわけです。

手秤《てばかり》で分量を知る

計量スプーン、カップも便利ですが、いちいち計っていたのではわずらわしいもの。おおよその目安を知っておけば楽です。

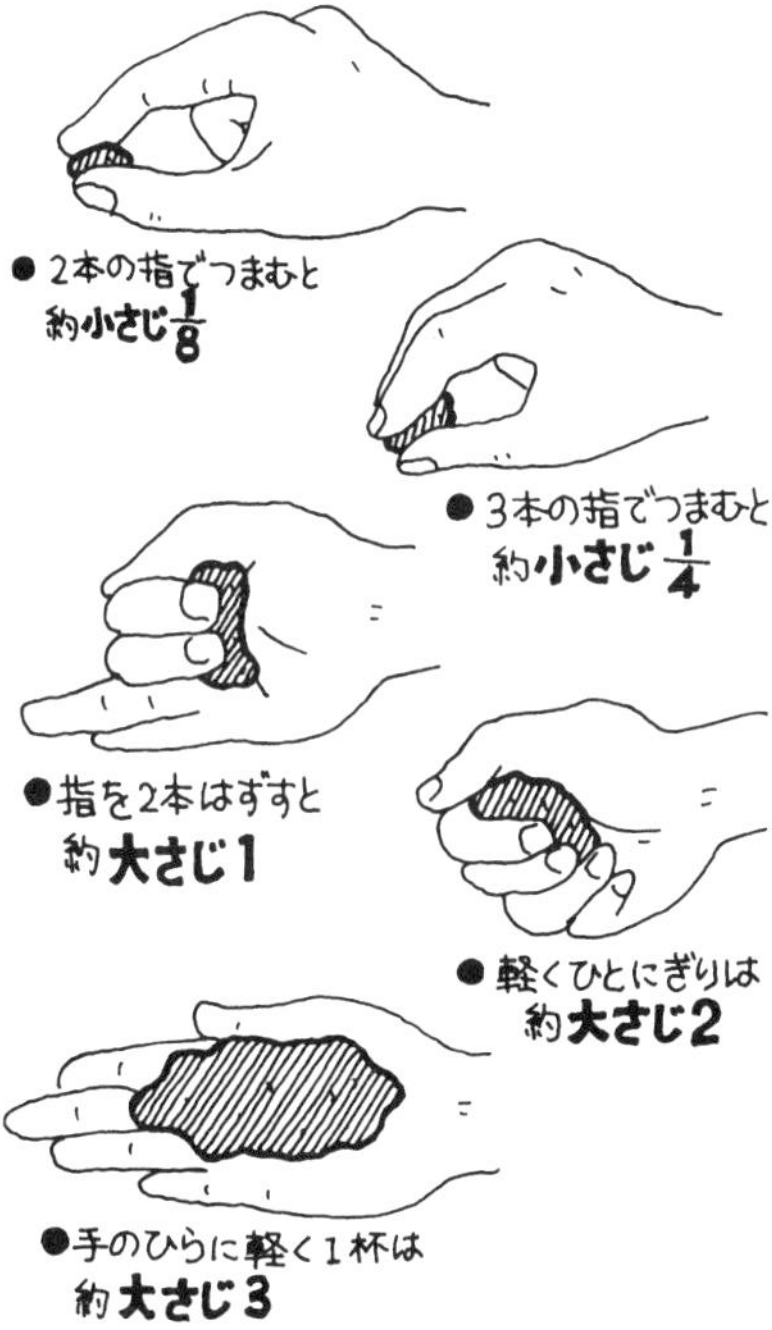
●2本の指でつまむと
約小さじ1/8
●3本の指でつまむと
約小さじ1/4
●指を2本はずすと
約大さじ1
●軽くひとにぎりは
約大さじ2
●手のひらに軽く1杯は
約大さじ3

油の温度を知るにはころもを落とす

油の温度を知ることが、揚げ物をするときの基本です。

油温150℃の時
ころもは底に沈む

油温180℃の時
ころもは途中まで沈む

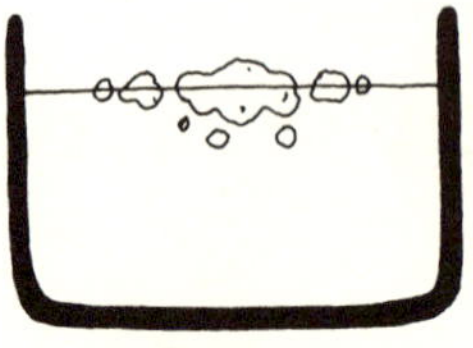
油温200℃の時
ころもは表面で踊る

コロッケは揚げる前に冷やすとくずれない

コロッケを作るときは、まず皮をむいたジャガイモを蒸してつぶします。次に、牛か豚のひき肉をいためて加え、適当な大きさに丸めます。肝心なところは次です。

揚げる前に冷蔵庫に入れて、いったん冷やしてください。そのあとでころもをつけ、揚げるようにします。中が温かいと破裂してしまうからです。また、高温でサッと揚げることも大切。

ジャガイモ
ひき肉を入れる
揚げる前に冷やす.

から揚げ粉はポリ袋の中でつける

　から揚げは、粉が全体にまんべんなくついていることが決め手になります。そこで、から揚げに使用する粉をあらかじめポリ袋に入れておきます。

　そして、から揚げのタネを中に入れて、袋の口をしっかりと握ってよく振ります。これで均一に粉がつきます。

ゆでこぼれはバターで防ぐ

　スパゲティなどパスタをゆでるとき、水にバターかサラダ油を少量入れておきます。ゆでこぼれを防いでくれるとともに、めんがくっつくのも防いでくれます。また、スパゲティをゆでるときは、湯は沸騰させつづけ、さし水をしないことが歯ざわりよくゆで上げるコツです。

天ぷら油に泡が立ったらネギを入れる

　天ぷらを揚げている途中で、天ぷらが見えなくなるくらい泡が立つことがあります。近くに青ネギかパセリがあれば油に入れます。不思議なことに泡が消えます。

ジャガイモで油のにおい消し

魚などを天ぷらにすると、次の揚げ物ににおいが移ってしまうことがあります。ところが、生ぐさいものを揚げたあとにジャガイモを揚げると、油のにおいを消すことができます。

そのほか、ネギ、タマネギなどでも不思議ににおいが消えます。

●食材編

茎にすがあるものは根にもある

大根のすは茎を折ってみるとわかります。茎にすが入っているものは根にもすがありま す。すが入った大根は味もビタミンCも低下しています。

大根とニンジンは一緒におろしにしない

大根とニンジンを一緒におろすと、大根に含まれているビタミンCが破壊されてしまいます。これは、ニンジンに含まれているアスコルビン酸酸化酵素《こうそ》のせいです。

ただ、大根とニンジンの「源平なます」では、時間がたって酸化したり、酢につけられていたりして、アスコルビン酸酸化酵素のはたらきが弱まりますから栄養価は損なわれません。

野菜の重さを知っていると便利

よく使う野菜の重さは、知っているとなにかと便利です。

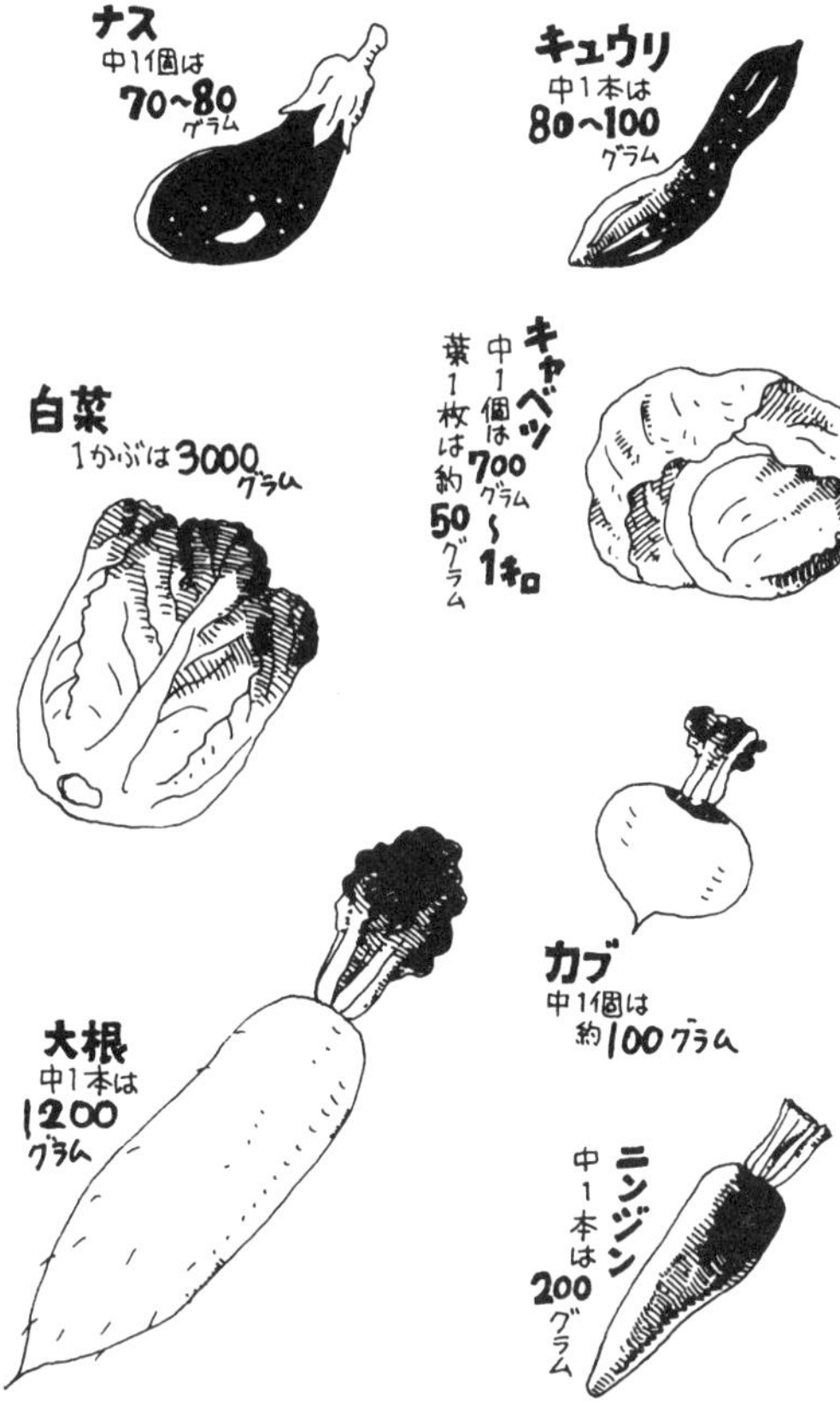
ナス
中1個は
70〜80
グラム
キュウリ
中1本は
80〜100
グラム
白菜
1かぶは3000グラム
キャベツ
中1個は700グラム〜1キロ
葉1枚は約50グラム
カブ
中1個は
約100グラム
大根
中1本は
1200
グラム
ニンジン
中1本は
200
グラム

ジャガイモのビタミンCは熱に強い

一般にビタミンCは熱に弱いとされ、調理時間が長いとせっかくのビタミンCが破壊されてしまうといわれます。実際ビタミンCの豊富なホウレンソウもゆでておひたしになったころには、ビタミンCも半減しています。一方、ジャガイモは数十分ゆでても半分以上破壊されずに残っています。

大根はゆっくりおろすと辛くない

大根おろしは、気短な人がおろすと辛いといわれています。これは、大根の辛み成分が蒸発しなくて残るからです。ゆっくりおろして、辛み成分をより多く蒸発させれば辛くなくなります。また、葉のほうよりもしっぽのほうに辛み成分が多く含まれています。

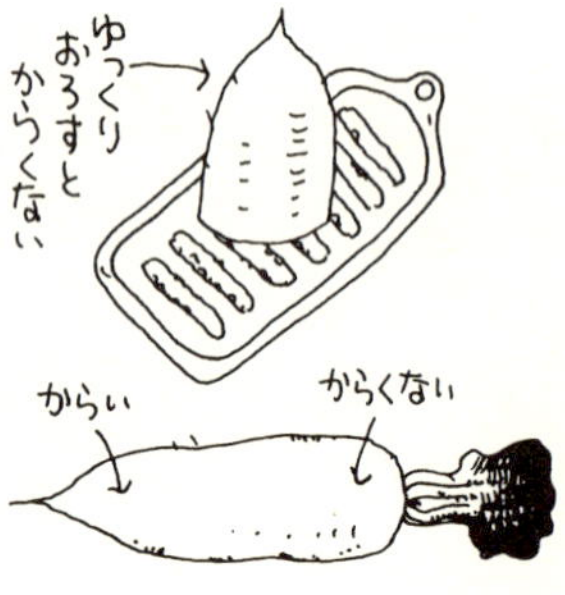
ゆっくりおろすとからくない
からい
からくない

タマネギはぬらしてから切る

タマネギを刻むと涙が出ますが、これはタマネギの成分には硫《い》黄《おう》を含んだ物質が含まれていて、切った際に蒸発して目を刺激するからです。その物質は水にとけやすい性質があるので、水かぬるま湯の中で皮をむき、ぬら

してから切ると涙が出ません。仮に涙が出ても水で目を洗うか、冷蔵庫に顔を入れるかするとすぐに痛みもおさまります。また、タマネギを切ったあとの包丁のにおいが気になるときは、ニンジンを切ると消えてしまいます。

芽が出たタマネギは土にうめておく

芽が出てしまったタマネギは空き地、なければ植木鉢に植えます。そのうちに芽は二本、三本と分かれてきます。みそ汁の実に、すき焼きにと何度も利用できて便利です。また、冬を越して五月ごろともなると、一つのタマネギから数個のミニタマネギが収穫できます。

レタスは芯の部分をくりぬいて洗う

レタスを洗うとき、芯の部分を包丁で丸くくりぬき、その穴に水を流しこむようにすると、全部の葉が一度に洗え、また葉をいためることもありません。

しおれたレタスはジャガイモ水につける

レタスやセロリがしおれてしまったら、深

めのボールに、ジャガイモを少量切って入れ、水をいっぱいに張ります。ジャガイモのアクが刺激になって、シャキッとしてきます。

レンコンは酢を入れてゆでると白くなる

レンコンは、切り口がすぐに黒ずんでしまって、見た目が悪くなり、食欲も減退します。これは、レンコンの中にある鉄分とタンニンが酸化するためです。白くきれいに仕上げるには、ゆでるときに酢を少量落とすとよいでしょう。

ヤマイモのかゆみは酢で洗う

ヤマイモはおいしいのですが、料理するときに手がかゆくなってたまらないという人も多いはず。かゆくならないコツは、乾いた手で扱うことと、ヤマイモ、包丁にも水気をつけないことです。それでもかゆくなってしまったら、酢か塩をつけて洗うとかゆみがとれます。

ヘチマの実は食用にもなる

風呂で使うヘチマは、ヘチマの実の繊維で作りますが、台湾、東南アジアでは、その実を煮込みやスープに入れて食用にしています。ヘチマの実は、若い果実のうちに採ると、やわらかく、あのかたい繊維もないのです。みそ汁の実に適し、しぎ焼き、天ぷらにも向いています。

根三つ葉の根は鉢に植える

春になると、一年じゅうある三つ葉とはちがい、香りの強い根三つ葉が出ます。茎と葉を使ったら、根元は土に植えておきます。庭がなければ鉢でもかまいません。新芽が出てきたらお吸い物にどうぞ。

タケノコはぬか汁でゆでる

タケノコにはホモゲンチジン酸とかシュウ酸といった独特のアクがあります。このアクは、米ぬかでゆでると抜くことができます。そのうえ、色が白く、やわらかくゆで上がります。

木の芽はポンとたたいて香りを出す

サンショウなどの木の芽は香りを楽しむもの。包丁でたたくように切ると香りが立ちます。形も大切にしたいときには、てのひらでポンとたたくようにすると「木の芽」の姿のままで香りも立ちます。

マツタケは八分開きがもっとも香り高い

マツタケは香りがいのち。

香りの成分は、マツタケオールというアルコールの一種と桂皮酸《けいひさん》メチルの合成によるものだそうです。その香りは、かさが開くに従い強くなり、八分通り開いたころがいちばん強くなります。

一方、味のほうは、かさが開くにつれて落ちてきます。味を楽しむなら、かさが開かないうちに、香りを楽しむのなら、開きかけてから完全に開いてしまうまでのものを選ぶようにします。

ブドウは房の根元の一粒が味を決める

ブドウは、根元から遠いほうから実ってきます。先のほうが甘いからといって全体が甘いとはかぎりません。逆に、房の根元の一粒が甘ければ全体が甘いというわけです。

メロンの食べごろはお尻で決める

メロンには「○×日ごろ召し上がり下さい」という札が下がっていることが多いものです。それでも保存状態によっては、食べごろも変化します。たいていは、札より二～三日後がおいしく、花落ち（お尻）を指で押してやわらかければ冷やして食べます。まだかたかったら日陰で保存して、熟するのを待ちましょう。

パイナップルは皮と身で別々の包丁を使う

生のパイナップルは、皮をむくときと、身を切るときとで、別々の包丁を使うか、一度洗ってから使います。それは、皮には、唇や皮膚を荒らす成分が含まれているからです。

ドライアイスで柿のしぶ抜きをする

しぶのある柿も見捨てないで、しぶを抜け

ばおいしく食べられます。アイスボックスにドライアイスを用意します。しぶ柿をドライアイスに直接触れないように入れ、ふたをして密閉してしまいます。ドライアイスの炭酸ガスの効果でしぶも抜けてしまいます。

しぶ柿は紙に包んで甘くする

しぶ柿は、厚い紙にしっかりと包み、柿が呼吸できないようにして数日おきます。しぶみがとれて甘い柿になっています。これは、柿が呼吸できないために、中のしぶみがかたまるからです。一度かたまったしぶみは、唾《だ》液《えき》にとけない性質をもっているため、しぶく感じなくなります。

しぶ柿に白ワインを注ぐと甘くなる

しぶ柿はヘタの部分をくりぬきます。そこへ、白ワインをほんの少し（小さじ二分の一くらい）注いでしばらくおきます。ワインがしみわたったころに食べれば、しぶ柿と思えないほどおいしくなります。

古い卵は塩水に入れると浮く

古くなった卵は、中の水分が蒸発したり、

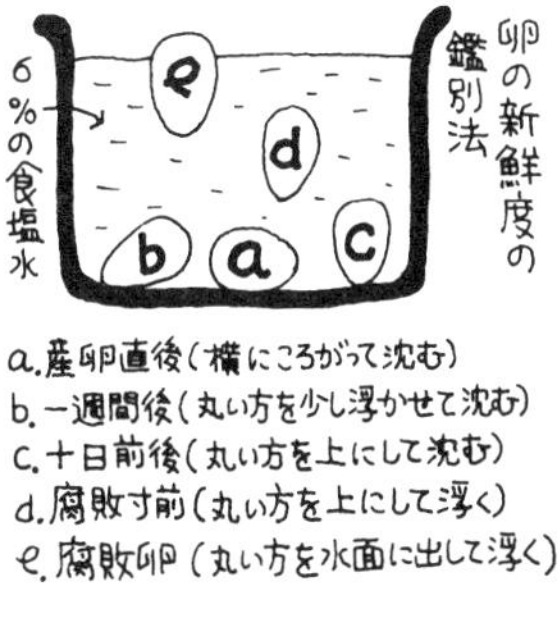
卵の新鮮度の鑑別法
6%の食塩水
e
d
b
a
c
a.産卵直後（横にころがって沈む）
b.一週間後（丸い方を少し浮かせて沈む）
c.十日前後（丸い方を上にして沈む）
d.腐敗寸前（丸い方を上にして浮く）
e.腐敗卵（丸い方を水面に出して浮く）

呼吸により生じた炭酸ガスが、丸いほうの端の気室にたまります。その結果、卵の比重が小さくなって、塩水に入れると浮くようになります。bcのように端が浮き上がっていても、沈んでいれば食べられます。dは要注意。eはもう食べられません。

卵小二個で一〇〇グラムと覚えておこう

重さを手秤するときなど、基準になるものを知っておくと便利です。ものさしとして具合がよいのが卵の重さ。卵は小一個で五〇グラム。二個で一〇〇グラムですから、これで一〇〇グラムの重さの感じをつかんでおくと便利です。

ウズラの卵は割るよりハサミで切る

ウズラの卵は小さく、殻もやわらかいので、うまく割れずにグシャッとつぶれてしまうことがあります。無理して割ろうとせず、ハサミで上部を切って使います。

貝はざるに入れて砂出しをする

貝の砂をはかせるときは、貝をざるに入れて貝の表面がつかる程度に水を入れます。はき出された砂はボールにたまり、ざるごと上げればきれいです。なお、つけておく水は、真水ではなく、海水より少し薄めの塩水がいいようです。

ハマグリは立てて表裏を見分ける

ハマグリを殻のまま焼くときに上下逆に焼いてしまうと、ひっくり返っておいしい汁が出てしまいます。ですから、焼くときは、身のついているほう（裏側）を下にしておくことが必要です。

では、表裏はどうやって見分けるのでしょうか。まず、蝶番《ちょうつがい》のほうを下にして垂直に立てます。そして、手を離して倒れたほうが、中身の入っている側、すなわち裏というわけです。

魚の鮮度はにおいで見分ける

まず魚体がピンと張っていて身がしまっているかを調べます。そして、においをかいでみて、においの少ないものほど新鮮。そのほか、目が赤くて落ちこんでいるものはだめ。もっとも腐りやすいエラを見てもわかります。灰色を帯びて形のくずれかかったものは古く、新鮮な魚のエラは鮮紅色をしています。

切り身では、透き通っているものほどよく、乾いて割れ目が見えるようであれば相当古いと考えてよいでしょう。

ナマズは唐辛子で泥をはく

ナマズやウナギ、ドジョウなどの川魚は泥くさいものです。きれいに泥をはかせるには、唐辛子を少し加えた水の中につけておきます。

コイは酢水に泳がせてから調理する

コイやフナの泥くささをとるには、調理する二日くらい前から井戸水（清水）に移しておくか、数時間前に酢を入れた水の中で泳がせておいて泥をはかせます。

肉は腐る直前がおいしい

一般に「肉は腐る直前がうまい」といわれます。新鮮な動物の肉は死後硬直を起こして、筋肉がかたくなって、つっぱってしまっています。それではおいしいはずがありません。

ところが、しばらくするとやわらかくなり、腐る直前には最も熟成が進み、うまみが増しています。これが食べごろです。

さて、その食べごろの目安は、いずれも冷蔵した場合ですが、牛、馬肉は一週間から二週間目、豚肉は三〜五日目、鶏肉は一〜二日目です。同じ肉といっても、魚の肉は新鮮であればあるほどおいしいところが、獣肉とはちがいます。

冷凍してひき肉を作る

ひき肉は、家庭でも簡単に作ることができます。まず肉を冷凍庫に入れて凍らせます。ひき肉にする二時間ほど前に冷凍庫からとり出して、包丁が楽に通るくらいに解凍したら、あとは包丁でみじん切りにするだけです。

松阪牛《まつざかぎゅう》は松阪生まれ？

松阪牛、近江《おうみ》牛、神戸《こうべ》牛などとよく耳にしますが、これは産地ではなく飼育地を表しています。ビールを飲ませたり、カルシウムを食べさせたり、ブラッシングをしたりして、理想的に飼育した高級牛のことを指しています。松阪牛の場合は、とくにきびしい基準が定められています。兵庫県但馬《たじま》地方産の黒毛和種の雌牛で、三重県の雲出《くもず》川と宮川の間の指定地域で生後七～八ヵ月から約三年間育てられた処女牛を指す、ということです。

マトンのにおいのもとは脂肪にある

強いにおいのために、マトンはあまり使われていないようです。が、調理しだいでおい

しく食べられます。においのもとは脂肪部分ですから、ここを切りとって調理し、ニンニク、コショウなどのスパイスをたっぷり使えばにおいも気にならなくなります。

　また、子羊肉のラムなら、羊の肉とはいえにおいは少ないので抵抗なく食べられます。

バター焼きのバターは上《うわ》ずみを使う

　バターは本来、牛乳の脂肪を集めたものですが、水分、食塩も含まれています。そして、食塩などの不純物は、加熱されると脂肪の分解を早め、こげつきの原因になります。ですから、おいしいバター焼きを食べたいと思ったら、バターをとかして、上ずみだけをとって使うようにするとよいのです。

バターはサラダ油を熱してからとかす

　バターは、塩分やたんぱく質を含んでいますから、いきなり加熱するとこげつきを作ってしまいます。

　これを防ぐには、最初にサラダ油を入れて、全体に油がなじんできたところへバターを入れ、とかすようにします。こうすれば、油が、バターがこげるのを防ぐため、料理がきれいに仕上がります。

バターは切り分けて使う

　バターは一度とけると風味が落ちてしまいます。そのつど使う分だけ小出しできるように一センチ幅に切り分けておくと便利です。切るときは、ラップを上にのせて、包丁で押

すようにします。包丁にバターがつくこともなく、切りやすくなります。

牛乳はにおいを消すが吸いとりもする

牛乳は、いろいろなにおいを消す作用をもっています。また同時に、においを吸う作用もあります。ですから、飲み残しのパックの牛乳を冷蔵庫に保存するとき、口はクリップなどでキチッと閉じておきましょう。こうすると、いやなにおいを吸収して牛乳がくさくなることはありません。

ニンニクのにおいは牛乳で消える

ニンニクのにおいが大の苦手という方もあるでしょう。来客などがある場合には牛乳を飲んでにおいを消します。ニンニクのにおいのもとであるアリシンの中の-SH基（スルフヒドリル）という活性部分が牛乳のたんぱく質と結合して不活性化するからです。牛乳のほかミルクコーヒー、チーズでも効果があります。

チーズにはアルカリ性と酸性がある

チーズは、牛乳に乳酸菌《にゅうさんきん》と凝乳《ぎょうにゅう》酵素《こうそ》レン

ネットを加えて作ります。こうしたチーズがナチュラルチーズで本来のチーズです。一方、プロセスチーズは、日本人の口に合うように、何種類かのナチュラルチーズをとかして作ります。このときにクエン酸やリン酸塩を加えているために、プロセスチーズは酸性食品になってしまいます。もちろん、ナチュラルチーズはアルカリ性食品です。

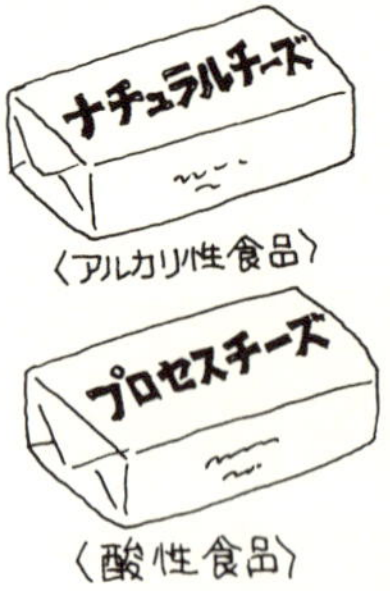

かたくなったチーズには ウイスキーを

かたくなってしまったチーズの切り口に、ウイスキーを数滴たらします。これを器に入れてふたをしておけば、やわらかくなり、味もよくなります。

かたまった砂糖には霧を吹きかける

カチカチにかたまった砂糖は、霧吹きで霧をかけるとやわらかくなります。ふつう、湿気を与えるとかたまるように思いがちですが、実は逆で、砂糖は水分を与えてしっとりさせてあり、乾くとかたまってしまうものなのです。

かたまった砂糖はおろし金でおろす

砂糖がかたまってしまったときの、もう一つの方法です。大きなかたまりでしたら、おろし金でおろしてしまいます。簡単に細かくなります。小さなかたまりなら、ポリ袋にでも入れて金づちでたたいてください。

からしはぬるま湯でとくと辛くなる

からしは、冷水でなく、ぬるま湯でといてよくかき回すと早く辛みが出ます。辛みは、からしのシニグリン（白カラシ）、シナルビン（黒カラシ）などの辛み成分が、ミロシナーゼという酵素のはたらきで作用して生じるものですが、この酵素がもっとも活発になるのが四〇度前後だからです。

生ワサビは砂糖で辛くする

生ワサビを辛くしたいときは、おろし金に砂糖を少しのせた上からおろすようにします。これは、砂糖が糖体の分解の進行を助けるので、辛みが増した状態になるからです。

のりは半分に折るか二枚重ねて焼く

のりは、香りがいのちです。品質を損なわず香りよく焼くには、両面を焼かないことが大切です。両面を焼くとたんぱく質が収縮し、くずれやすくなります。ですから、二枚重ねるか、一枚だけの場合でも半分に折って焼けば、水分や香りが反対側につき、くずれず香りもよくなります。

のり巻きののりは焼かない

のりは火にあぶると香りがよくなり、風味豊かになります。しかし、どんなときでも焼けばよいというものではありません。のり巻きのように、すぐに食べないときは、焼かずにそのまま使います。焼いてから時間がたつと、しけたようになって風味も味も落ちてしまいます。

しけたのりは油と塩でパリッとなる

しけたのりの片面に、サッと油を薄くぬります。次に、塩を一面にふりかけます。そして、ふつうは遠火の強火で焼きますが、この場合は、中火で時間をかけて焼くようにします。これで、しけたのりもパリッとします。なお、どうしようもないくらいにしけてしまったら、適当にちぎって、しょうゆとみりんで味つけをして、つくだ煮にしましょう。

昆布の品質は色、香り、厚みで見分ける

良質の昆布を選ぶポイントは、色では緑《りょく》褐色《かっしょく》を含んだツヤのあるもの、プンといい香りのするもの、よく乾燥して肉厚のものので

す。色の黒すぎるものは旬《しゅん》はずれで味が落ちます。また、黄色がかったツヤのないものも品質はよくありません。ちなみに、昆布のうまみのもとは、あの「うまみ調味料」でおなじみのグルタミン酸ナトリウムです。

昆布はまとめて ハサミで切っておく

ダシ昆布は買ったらすぐに一〇センチくらいの長さに切ってしまいましょう。忙しいときに使うことが多いものですから、そのつど切るのはめんどうです。なお、切るにはハサミが便利です。

煮干しは 腹の側に曲がったものがよい

煮干しは、腹の側に曲がったものを選ぶようにします。背側に曲がったものは、内臓が腐ってガスが発生してふくらんだ証拠だからです。内臓はビタミンDを含んでいるところですから、腐っていないほうがよいのはいうまでもありません。

凍り豆腐はぬるま湯でもどす

凍り豆腐は、高野《こうや》豆腐とも凍《し》み豆腐ともいいますが、豆腐を凍らせて乾燥させた食品です。もどすときは激しく水を吸収しますが、乾燥しているだけに当然プカプカ浮いてしまって均一に吸収してくれません。そこで、水でなくぬるま湯で、落としぶたをしてもどします。また、熱いお湯をたっぷり使うとか、耳かき一杯分の重曹を入れてもどす、ともいわれます。凍り豆腐は、五〇・二パーセントのたんぱく質と三三・四パーセントの脂肪を含んでいて、とても栄養価の高い食材です。

干しシイタケは砂糖を加えてもどす

干しシイタケは、ぬるま湯に砂糖を少し加えてもどします。真水でもどすと、もどるのに時間がかかり、うまみが落ちてしまいます。熱いお湯では吸水は早いのですが、うまみ成分も早くとけ出してしまいます。ぬるま湯に砂糖を加えると、糖液が内部のうまみ成分のとけ出すのを遅らせてくれ、うまみを保ったままもどすことができます。

かたいもちはくだいて蒸す

カチカチになってしまったもちは、一昼夜水につけておきます。翌日、それをくだいてぬれぶきんに包んで蒸すと、やわらかくなります。

コンビーフは熱湯をかけてから開封する

コンビーフの缶詰は、ふたの部分のほうが深くて、きれいにとれないことがあります。缶をあける前にサッと熱湯をかけておきましょう。表面の脂肪分がとけて、ふたがとりやすくなります。

第6章　覚えておいて損はない「暮らしのハウツー」

●アイディア編

びんのふたあけにスポンジを

びんのふたがかたくてあかないときは、台所用のスポンジをかぶせてねじります。手がすべらないので、簡単にあけることができます。

細かい探し物は掃除機に靴下をかぶせて

コンタクトレンズのように落とすとなかなか見つからない細かい探し物には、掃除機を利用します。ホースの先にナイロン靴下をかぶせ、輪ゴムでとめます。スイッチを入れると、靴下はホースの中に少し吸いこまれて袋状になります。これで床をさぐれば、落とし物は袋の中に吸いこまれるというわけです。

部屋の香りは電球に香水をつけて

部屋によい香りが漂っているのはすてきなものです。部屋専用の芳香剤もいろいろ出回っていますが、自分の好みの香水を使って香りを楽しんでみましょう。香水を含ませた綿で部屋の電球をふいておくのです。電灯をつけたとき、香水が熱で温まり、部屋中に香りがひろがります。

からまったネックレスはパウダーでほどく

ネックレスやブレスレットの鎖《くさり》がからまってしまったら、両手にはさんでもんでみます。そのとき、からまった場所にベビーパウダーをふりかけると、すべりがよくなり、いっそう楽にほどけます。

電気器具のプラグには名前を書いておく

二つ口、三つ口のコンセントに差しこまれた電気器具のコードは、ときとしてどれがどのコードだかわからなくなります。

プラグに電気釜、トースターなど、それぞれの器具の名前を書いた紙をセロハンテープで貼りつけておけば、間違えることはありません。

雑音が入るときはプラグを反対に差しこむ

テレビやステレオの雑音はいやなものです。スイッチを入れたとき、ブーンという雑音がしたら、プラグの差しこみ位置を左右逆にして電源に差し替えてみましょう。案外、雑音がなくなったり、小さくなることがあります。

印鑑はチューインガムで掃除する

印鑑に朱肉《しゅにく》がつまって文字がはっきりしなくなってしまうと、よく針の先やつまようじなどでつついて掃除しますが、うっかりすると印画部分まで傷つけてしまいます。こうなっては修理のしようがありません。チューインガムをかんで貼りつけ、はがすことをくり返し、つまった朱肉やゴミをとるようにすれば安全です。

マニキュア液で防水マッチを作る

マッチの頭にマニキュア液をぬると、防水マッチができます。野外でマッチを使うとき、湿らせて火がつかなくなる心配がありませんし、火力も強くなります。

汚くなった消しゴムは消しゴムできれいに

黒く汚れてしまった消しゴムは、きれいに消せないどころか、かえって紙を汚してしまうことになりかねません。そこで、汚れた消しゴムの表面を他の消しゴムでこすってやります。こうすると、またもとどおりのきれいな消しゴムにもどります。

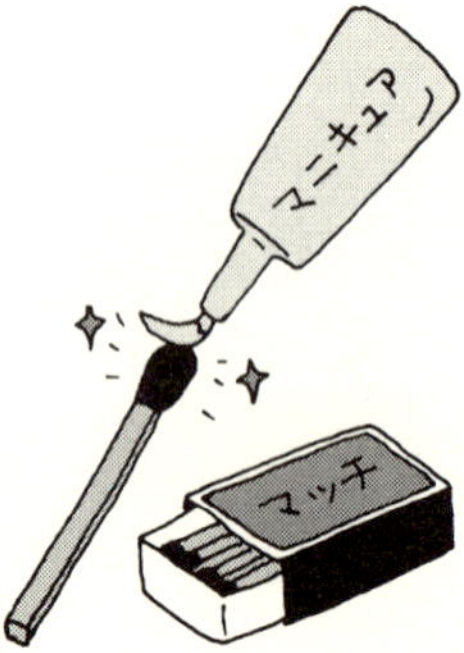

ものさしの溝を使えばインクがにじまない

万年筆や水性ペンをものさしにじかにあてて線を引くと、インクがものさしと紙との間ににじんでしまいます。竹のものさしの溝は、もともとこういうときのためについているものなのです。プロの製図家はペンとスライダーとよばれるガラスの棒を一緒に握って、スライダーをこの溝にあててすべらせます。こうすると、ペンはものさしに触れずにまっすぐ動き、にじみのないきれいな直線がひけます。スライダーはキャップをしたボールペンで代用できます。

雪かき用のスコップにはロウをぬる

雪かきにとりかかる前に、スコップにロウソクのロウをぬりつけておきましょう。こうすると、雪がスコップにつかないので、能率がぐんと上がります。

鏡のくもり止めにはせっけんをぬる

浴室の鏡がくもってイライラすることがあります。そこで、せっけんを表面にぬり、乾いた布でふきとっておくことをおすすめします。せっけんの薄い膜が、鏡のくもりを防いでくれます。化粧水やシャンプーでも同じような効果があります。

熱すぎる風呂は仕切りをして水でうめる

風呂に入るとき、最初は湯が熱く感じられてなかなか入れないことがあります。こんなときは、折りたたみ式の風呂ぶたを風呂の中

央に仕切りのように立てます。こうしておいて半分だけ水をうめ、最初はそこに入り、しばらくしてから仕切りをはずせば、体も慣れて水でうめすぎたという失敗もありません。

風呂場のタイルは丸いほうがすべりにくい

風呂場の床はすべりやすく、思わぬ事故を招くことがあります。ところで、同じタイルでも、丸いほうが四角いタイルよりもすべりにくいものです。これは、目地《めじ》の方向が一定でないためです。

手紙は生ゴミにまぜて捨てる

手紙など私信を捨てるときは、人に見られる気がしていやなもの。切れはしでも他人の目に触れられたくない手紙は細かく破いて生ゴミの中にまぜて捨てると安心です。

テーブルや机の上には霧吹きを置いておく

食卓や勉強机の上には、ティッシュペーパーだけでなく、小さな霧吹きも一緒に備えておくとなにかと重宝《ちょうほう》します。ベトついたものをこぼしたり、たばこの灰で汚したとき、霧を吹きかけてティッシュでふけば、いちいちぬれぶきんをとりにいく手間が省けます。

また、お菓子や果物をつまんでベトついた手も、霧を吹いてティッシュでふけばさっぱりとします。

灰皿に水入りの王冠を入れて火を消す

たばこの火を確実に消すには、水につけてしまうのがいちばん。灰皿に水を張っておけばいいのでしょうが、ただ置いただけで消えてしまったり、また、見た目もきれいではありません。そこで、灰皿の中に水を入れた王冠（ビールなどの小さなふた）を置きます。こうすると、たばこの先だけジュッとぬらして火を確実に消してくれます。

落書き防止にはぬり絵用壁紙を張る

何度しかっても、小さな子どもは壁に落書

きをしてしまいます。それならば、いっそ落書きコーナーを作ってやりましょう。

壁に白い紙を張るだけでもよいのですが、最近では、ぬり絵の下書きだけを模様にした白地の壁紙も売られています。これを部屋のコーナーに部分張りしてクレヨンを与えておけば、他の壁への落書き防止になりますし、案外部屋を楽しくもさせます。

赤色で注意をひくのは子どもには危険

よく注意をひいたり目立たせたりするために、危険なものに赤色を使うことがあります。目立つこと、注意をひくことはそのまま〝興味〟をひくことにもなります。子どもにさわらせたくないようなものには、かえって危険にもなりかねません。くれぐれもご用心。

子どもに出す招待状は風船で

子どもの誕生パーティなどで近所の子どもたちを招待するとき、ちょっと楽しい招待状を送ります。

風船をふくらまして、これに何月何日の何時からどこそこでパーティをしますといったメッセージを書くのです。それをもとのように空気を抜いて封筒に入れ送ります。受けとった子は風船をふくらませてメッセージを読むというものですが、型どおりのものより喜

ばれます。

青竹製の器は油で素揚げする

青竹製の器や食器は、使っているうちにだんだん青みが落ちてしまいます。新しいうちに、一度、油で素揚げをしておくと、いつまでも変色せず青々としています。

本の帯ははずしてしおりにする

本の「帯」は購入時には読んでみようという気をそそる役目がありますが、購入後は本棚からの出し入れや持ち運びのたびに破れたり、ヨレヨレになったりして、とてもわずらわしく感じます。といっても、はずして捨ててしまうのはちょっと考えもの。帯があるとないとでは、古本屋で売るときの値段にぐんと差がつく場合があるからです。とくに小説の初版本などは、帯を捨ててしまったのではせっかくの蔵書の価値が半減します。

これは、いったんはずしてページとページの間にはさみこんでしまえばよいのです。破れたり汚れたりすることもありませんし、読むときはしおりとして使えるという、一石二鳥のアイディアです。

写真はトリミングしてアルバムに貼る

ふつう、写真はできあがったプリントをそのままアルバムに貼ってしまいます。もう一度見直して、空や足元の余分な空間をカットしてみましょう。ちょっとまわりをカットするだけで、びっくりするほど写真がよくなることがあるものです。

やぐらごたつの中にミカンの皮を入れる

やぐらごたつは暖かいし、団らんによいものですが、どうしてもいやなにおいがこもってしまいます。そこで、こたつの内側にネットに入れたミカンの皮をつるしておきます。不思議なことににおいが消えてしまいます。

コーヒーかすを灰皿に敷いて香りのもとに

コーヒーかすをよく乾かして灰皿に敷きます。たばこを消すたびにコーヒーかすが香ばしいよい香りを立ててくれます。また、防火にも一役買ってくれます。

トイレのにおい消しにはマッチを燃やす

トイレを使用したあとのにおいは誰でも気になるもの。あとに入る人のためにも早く消してしまいたい。そんなとき、簡単に消す方法があります。使用後に、マッチをするのです。リンの成分がガスを燃やして、いやなにおいをとり除いてしまいます。

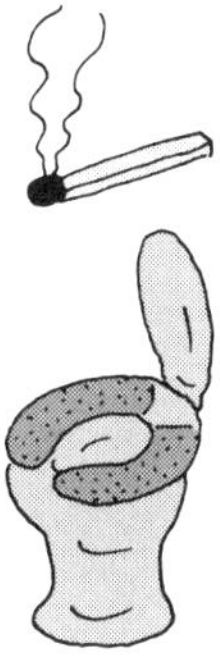

食器棚で番茶をいぶすとにおいが消える

食器棚には食品のにおいや漆器《しっき》のにおいなどがまざって独特のにおいがこもります。そこで、深めの皿に番茶を入れ、燃やしていぶすと、いやなにおいをとってくれます。

後ろあきブラウスのボタンをとめるには

後ろあきのブラウスは着るのにひと苦労。後ろに手をまわして一つ一つボタンをとめていたのでは大変です。五つ以上のボタンがある場合、真ん中の三つのボタンをあらかじめとめておいて、頭からかぶります。あとはいちばん上と下のボタンをとめるだけ。真ん中のボタンをとめるのがいちばんむずかしいものなのですから。

毛玉とりには粘着テープを使う

ウール混紡《こんぼう》やアクリルのセーターで困るの

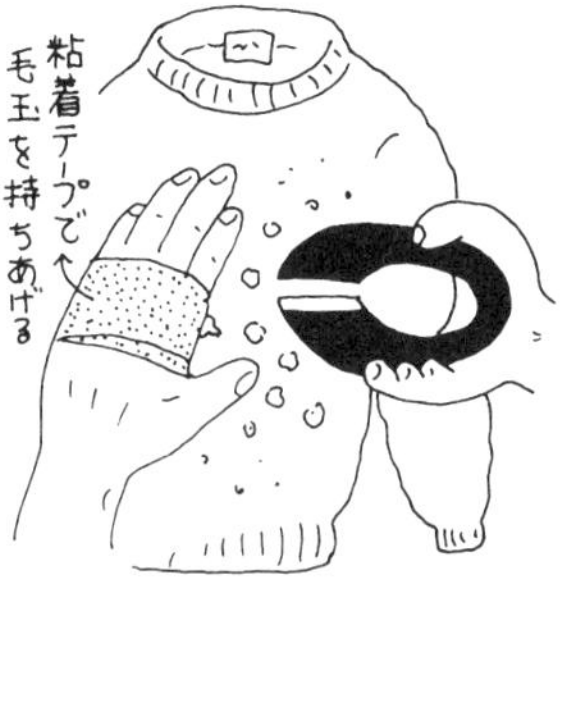

は毛玉ができることです。毛玉はむしりとらないで、和バサミでチョキチョキと切ってとるようにします。荷造り用の粘着テープを手に巻いて、毛玉をつけて持ち上げたところを、下から切ります。こうすると切った毛玉が散らばることもありませんし、もれなくとれます。

セーターの毛玉はスポンジでとる

セーターの全面にわたってできてしまった毛玉は一つ一つむしりとっていてもキリがありません。

かためのスポンジか軽石で、全体をこすってみましょう。簡単にとれるはずです。切れなくなったカミソリでそぐようにしたり、歯の粗《あら》いクシでとかすようにしてとるのもいいでしょう。

すそ上げは一〇センチごとに玉結びを作る

スカートやコートのすそがほつれてたれ下がっているのは、とてもみっともないものです。

すそをまつるときに、一〇センチごとに玉結びを作りながらまつっておきましょう。こうしておけば、一部分がほつれても、すそ上げ分の布がたれ下がってしまうことはありません。

ボタンホールにはマニキュアをぬっておく

ボタンホールを作るときは、布地に透明なマニキュアをぬってから穴をあけるようにします。切り口のほつれがなくなるのでかがりやすく、仕上がりも丈夫になります。

羽毛ぶとんに針穴をあけてはいけない

軽くて暖かい羽毛ぶとんですが、衿《えり》カバーなどをつけて針穴をあけてしまうと、そこから羽毛がとび出して手におえなくなってしまいます。必ず丸ごと入れられるカバーを使うようにしましょう。しまうときにはふわっとした状態を保ち、上に重いふとんなどをのせないようにします。

羽毛ぶとんはいちばん下にかける

羽毛の掛けぶとんは、いちばん肌に近いところにかけるようにします。羽毛の中にたくさん空気が含まれているのが暖かさの秘密なのですから、肌に近づけて、体温を逃がさないようにするのが上手な使い方です。また、羽毛の特長として、体から発散される水蒸気を吸収して外にはき出すはたらきがありますが、この面からも、肌にじかにかけるのが羽毛ぶとんの長所を生かすことになります。

電気毛布はふとん乾燥機の代用になる

共働きの夫婦の悩みのタネがふとん干し。たまの休日が雨だったりするとがっかりしてしまいます。こんな家庭でこそ有効なのが電気毛布。暖かく眠れるだけでなく、ふとん乾燥機の代用にもなります。夕方から夜寝るまでの間スイッチを入れておくだけでもずいぶんちがうものです。

シーツとまくら＆ふとんカバーを一つに

シーツを二枚重ねて袋のように縫います。

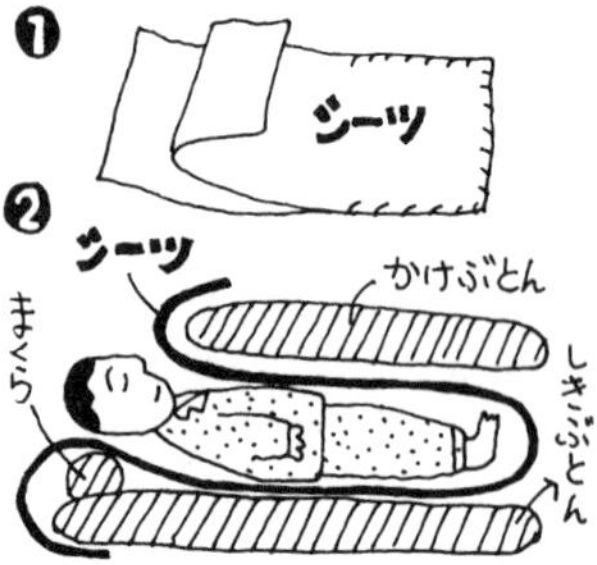

両サイドは下から三分の一までを縫います。敷きぶとんにまくらを置き、その上にこの袋になったシーツを敷いて、下のシーツの上部を敷きぶとんに折りこみます。これでまくらカバーはできあがり。次に上からふとんを掛け、上のシーツを折って衿カバーに。寝るときはシーツとシーツの間にもぐりこむかっこうになります。汚れたらこのまま丸洗いすればよいので、とても簡単です。

ふとんずれをサスペンダーで防ぐ

掛けぶとんがずれてしまって寝冷えを起こすことも、とくに子どもには多いようです。ベッドの場合ですと下に落ちてしまってどうしようもありません。

そこで、サスペンダーを使ってふとんをとめてしまえばずれる心配がありません。サスペンダーはマットの下に置き、四つの金具を外に出します。そして、掛けぶとんの両側を金具でとめます。サスペンダーは使い古しの少しのびているもののほうがきつくなく具合のよいものです。

カーテンを作るときはつってからすそ上げ

カーテンは、そのものの重みでつっているうちに丈《たけ》が少しのびてきます。自分でカーテンを仕立てるときは、すその仕上げをしないで一週間ほどつり、のびたところで寸法を決めて仕上げるときれいにできあがります。

ブラインドのひもは同時にひっぱる

最近はカーテンのかわりに窓にブラインドをかける家庭が増えています。二本のひもで開け閉めする型のブラインドの場合、ひもを同時に引くのが長持ちさせる秘訣《ひけつ》です。

また、バネを水平にせず、斜めにしたままで開け閉めすると、ひもが摩耗《まもう》してずっと早くこわれてしまいます。

すだれを二重にすると外から見えない

窓にすだれをかけていても、夜電灯をつけたときは外からまる見えになってしまいます。すだれを二重にかければ、外からの視線がさえぎられ、のぞかれる心配がありません。それも、二つのすだれを重ねてかけず、五センチから一〇センチ離すようにすると、さらに効果が上がります。

狭い部屋ほど大きなテーブルを

食事用テーブルは、狭い部屋ほど大きなものを入れるようにします。狭い部屋だからといって小さめのテーブルを入れても、それなりの場所をとってしまいます。それよりも、思いきって大きなテーブルを入れ、そこを多目的に使って、一家団らんの中心にしたほうが便利です。宿題をする子どもの横でお父さんは新聞を読み、お母さんは裁縫……といった使い方も大きなテーブルならではです。

居間にかける絵は低めの位置にセットする

壁に絵をかけたり、ポスターを貼ったりするときは、その部屋にいるときの目の高さに合わせて位置を決めるようにします。居間の場合、ソファに腰かけた状態の目の高さが基準になりますから、ちょっと低すぎるかな、と感じるくらいで実際にはちょうどよい高さになります。

ポスターは四すみを折り押しピンでとめる

お気に入りのポスターを壁に貼って楽しんでいたら、いつのまにか角が破れてしまった……なんてことがありますね。こうならないためには、四すみを裏側に少し折り、その上から押しピンでとめるようにします。破っていためる心配もなく、押しピンもしっかり固定されて落ちることがありません。

独り暮らしの女性の洗濯物は男物と一緒に

〝下着ドロ〟という不愉快な人々はあとを絶ちません。そこで、洗濯物を干すときに、いつも男物（買うなり、人にもらってください）と一緒に干すようにします。こうすれば、女性の独り暮らしと思われず、下着ドロや闖入《ちんにゅう》の割合も少なくなります。

ペットのノミ除《よ》けは松葉で

犬や猫を飼うとき、なんといっても気になるのはノミ対策です。新しい松葉を何本かペットの小屋の中や寝床の下に入れておくと不思議にノミがつかなくなります。

犬の毛をあっという間に乾かす法

犬を洗ったあと、古いまくらカバーに首だけ出してすっぽりと入れます。そして、ヘアドライヤーをぬるめにして、温風をまくらカバーの中に吹きこみます。まくらカバーは風船のようにふくらみ、犬のぬれた毛はすぐに乾いてしまいます。犬も、気持ちよさそうにしているものです。

米のとぎ汁で犬の糞《ふん》を防ぐ

犬は、いつも同じところで糞をする習慣があります。これは自分の排泄物《はいせつぶつ》のにおいを覚えているからで、自分の通る道すじを記憶することにもなります。自分の家の前がよその犬の糞をする場所になったらたまりません。こんなときは、お米のとぎ汁をかけておきます。とぎ汁に含まれている米ぬかには汚れを除去してにおいを消すはたらきがあるからです。油かす、豆腐の汁にも同じようににおいを消す作用があります。

ジョギングシューズのひもは二重に結ぶ

ジョギングの途中で靴ひもがほどけるのは

わずらわしいもの。とくに新しいシューズはひものなじみが悪く、しっかり結んだつもりでもいつのまにかほどけてしまうことがよくあります。

こんなときは蝶結《ちょうむす》びの輪の部分をもう一度かた結びにします。これで絶対にほどけません。自分でほどくときは結び目が大きいので意外に楽にほどけますから、かたく結んでも大丈夫です。

縮んだブーツはお湯入りビールびんに差す

乾燥して縮んでしまったブーツやスケート靴などをのばす方法です。ビールびんにお湯を入れて、靴を逆さにしてタテに差しこみます。こうして一時間くらいおくだけで、革がのびてきます。靴が縮んだ場合だけでなく、足自身が太った場合にもどうぞ。

ナメクジはビールで退治する

ナメクジは気持ち悪いだけではなく、草木を食い荒らす害虫です。ビールを使っておびき寄せ、退治しましょう。容器に深さ一センチ以上ビールを入れておきます。暗くなってから設置すれば、翌朝にはたくさんのナメクジが集まっていますから、熱湯をかけて殺し

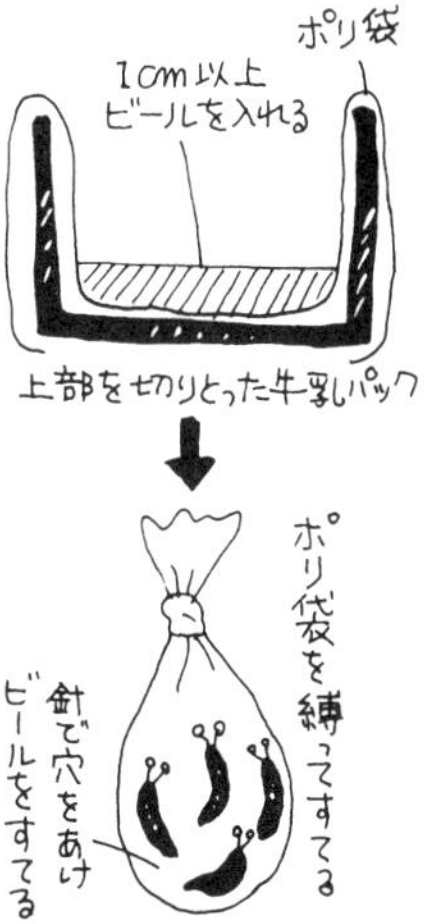
ポリ袋
1cm以上
ビールを入れる
上部を切りとった牛乳パック
ポリ袋を縛ってすてる
針で穴をあけ
ビールをすてる

ます。容器はナメクジが逃げ出さないように、少し深めのものがよいでしょう。容器の内側にポリ袋を入れておけば、そのまま始末できます。

クモやハチは空のマッチ箱でつかまえる

家の中に入ってきたクモやハチは、ハエたたきでたたくと壁を汚してしまいます。空のマッチ箱を使えば、手でさわらずに簡単に始末できます。

大きめのマッチ箱を空にして、中箱を半分だけ出し、外箱を持ちます。壁にとまっているクモやハチに真後ろからそっと近づき、中箱をパッとかぶせるのです。壁にマッチ箱を押しつけたまま、外箱を静かに動かして、クモやハチをマッチ箱の中にとじこめてしまいます。ちょっと度胸がいりますが、意外にうまくいくものです。あと始末は、マッチ箱ごと燃やすか捨てるかします。

ハチ退治は日が暮れてからする

軒下《のきした》にハチが巣を作ったら、まずハチの種類を確認します。もしスズメバチの巣でしたら、専門の業者に処理を依頼すべきです。スズメバチは大人をショック死させるほどの猛毒を持っていますので、素人が手を出すのは大変危険です。

ミツバチの巣でしたら自分たちで退治しても大丈夫でしょう。ハチ退治のコツは夜に行うこと。昼間は成虫は外を飛び回っているので効果がありません。ハチが巣に帰っている夜に、スプレー式の殺虫剤をできるだけ遠くから巣をめがけて噴霧《ふんむ》します。これで簡単に全滅させることができます。まわりに成虫がいないことを確認したうえで、捕虫網で巣をおおいとり、火で焼いてしまえば安心です。

車のガラスのくもりふきに黒板消しが便利

車の中に小さな黒板消しを用意しておきます。雨の日のガラスのくもりをふくには、これがいちばん楽です。黒板消しはたいていの文房具店で安く手に入ります。

フロントガラスの凍結防止に不凍液《ふとうえき》を

寒い地方では、屋外にとめておいた車のフロントガラスに霜がびっしりと凍りついてしまいます。凍りつきを防ぐには、ラジエーター用の不凍液を利用します。不凍液を少量ウォッシャー液の中にまぜ、車をとめたらウォッシャー液をかけながらワイパーを動かします。こうしておけば、三、四時間車をとめて

おく程度でしたら、霜が凍りつくことはありません。

フロントガラスにラップを張って凍結防止

冬の寒い朝、車のフロントガラスが凍りついてあわてることがあります。こうならないためには、前夜のうちにガラス面の水気をふきとり、食品用のラップを一面に張っておきます。翌朝、出かける前にラップをはがすだけでOKです。

車の灰皿には水を含ませた脱脂綿を

車の運転中、たばこをうまく消せなくてイライラすることがあります。灰皿の中でたばこがくすぶっているのはいやなものです。灰皿の中に厚さ一センチぐらいの脱脂綿を入れ、水を含ませておくと、たばこを軽く押しつけるだけで火は簡単に消えます。

電車内の忘れ物は階段までの距離を告げる

駅や電車内で忘れ物をしたときは、あきらめないで最寄りの駅へ連絡しておきましょう。その際、降りた駅での階段までのおおよその距離を覚えていると、だいたい何両目だ

ったかがわかります。

また、売店など特徴のあるものを見かけたかどうかも思い出しておくと、ちょっとした手がかりになって役立ちます。

●収納編

セーターは丸めて収納する

タンスに下着やセーターをしまうとき、ふつう積み重ねて入れますが、このしまい方では、下のものもとり出しにくく、セーターの厚みですぐいっぱいになってしまいます。

セーターや下着など、しわになりにくいものなら、むしろくるくる巻いて立ててしまうほうがよいのです。これならとり出すのも楽で、収納量もぐんとアップします。

タンスの上段には上等の着物を入れる

タンスに衣類を入れるとき、ふだんよく使う日常着を上段に入れたほうが具合がよさそうですが、そうではありません。上段には訪問着やドレスなどの高級な服を、下段にはふだん着をしまうほうが理にかなっているのです。タンスは上段のほうが下段よりも湿気が少ないものです。しかも、下段をひんぱんに開け閉めすると、上段まで風が通りますが、上段を開け閉めしても、下段には関わりありません。そこで、虫やカビを防ぐため、ウールや絹でできた上等の服は上段に入れたほうがよいのです。

ウールの小物は空き缶にしまう

お菓子などが入っていたきれいな空き缶は、冬物の小物の収納に利用しましょう。ウールのマフラーや手袋、ソックスなど虫のつきやすいものをつめて防虫剤を入れ、きっちりふたをしておけば、次のシーズンまで安心です。

スーツケースは虫のつきやすい衣服を収納

旅行のときにしか使わないトランクやスーツケースが、空のままで場所をとっているのは考えものです。虫がつきやすいウールや絹の衣服の収納に利用しましょう。年に一、二回旅行をするなら、そのたびに衣服の虫干しをすれば、一石二鳥です。

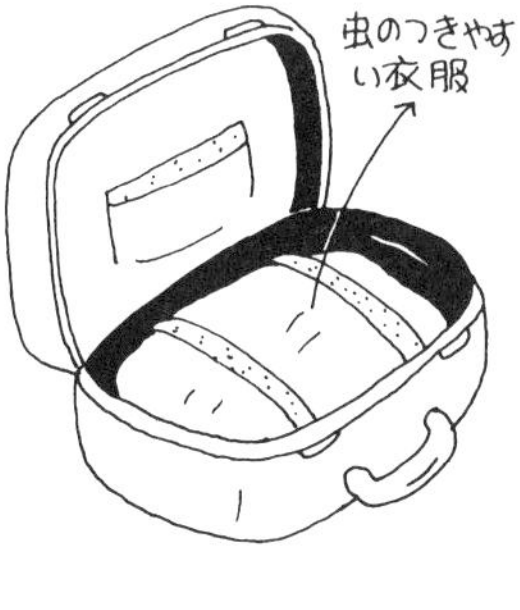

背広は袖《そで》を袖の中に通してたたむ

スーツケースの中に、たたみじわをつけず

に、背広をコンパクトに収める方法です。まず、片方の袖の部分を裏返しにします。そして、それをそのままもう一方の袖の中に入れるのです。

これで背広は半分の大きさになりますから、余分なたたみじわをつけずに、小さくたためます。

スカーフは巻いて収納する

スカーフをたたんでしまっておくと、外出前、アイロンをかける時間がないときなど、たたみじわの始末にイライラしてしまいます。

アルミホイルやラップの芯《しん》などを利用して、くるくる巻いて収納しておけばしわができず、いつでもすぐに使えます。

桐《きり》のタンスは火事でも中身は大丈夫

桐は非常に耐火性が強く、火事で外側が黒こげになっても、中身が無事であることが多いといわれています。これは、通気性にすぐれていて、空洞が多いために熱伝導が悪く、焼けにくいというわけです。そのうえ、消防の水がかかると、水分を吸収して膨張《ぼうちょう》し、引き出しなどのすきまを密封してしまって、中身を保護してくれるのです。

ズボンハンガーにスポンジテープを貼る

ズボンやスカートをはさんでとめる形のハンガーは便利ですが、ハサミの部分がゆるくなってズボンなどが落ちてしまうことがあります。ハサミの内側に、すきま風防止用に売られているスポンジテープを貼ってみましょう。厚いものでも薄いものでもきちんととまって、ずり落ちません。

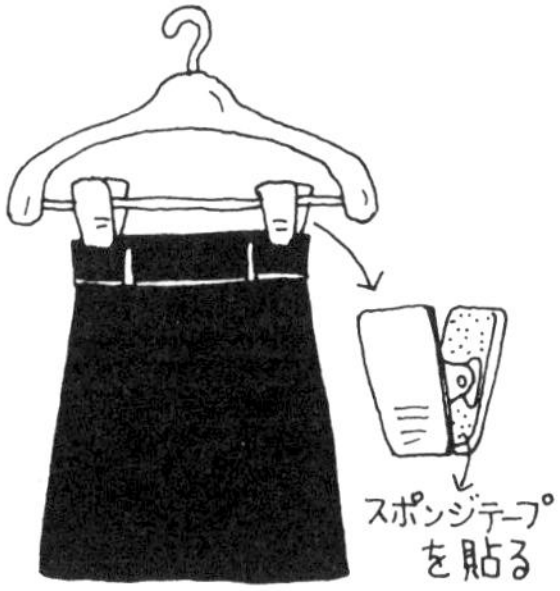
スポンジテープ
を貼る

ハンガーはかけ金の向きをそろえる

狭い収納スペースに衣服をたくさんかけるには、同じ形のハンガーをそろえることです。そして、かけ金の向きもそろえて使うように心がけます。一般にはハンガーのかけ金は左袖に向くものといわれます。そろったハ

かけ金は
左袖に
向くように

ンガーをそろえて使うことで、むだなくたくさん収納できますし、整理もしやすくなります。

防虫剤はちがう種類を併用しない

防虫剤には大きく分けて三つの種類があります。樟脳《しょうのう》、ナフタリン、ベンゾール系の三つです。使うときには、ちがう種類のものを

一緒に入れてはいけません。混合して使うと、化学変化を起こして通常より早くとけてしまうばかりか、衣類にシミをつけてしまうことにもなりかねません。

防虫剤は衣類の上に置く

防虫剤は、空気に触れてガス化して防虫効果を表します。ところで、このガスの比重は空気よりも重いため、下のほうに沈んでいきます。衣類を入れてから、その上に防虫剤を置くようにしないと効果が半減してしまいます。

また、衣類をぎゅうぎゅう詰めにすると、ガスが循環しないため、下のほうまで効果が及ばないこともあります。八分目くらいにするとよいでしょう。

防虫剤の袋はいろいろな切り方にする

タンスに入れる防虫剤は、袋の切り方をわざといろいろにしておきます。一ヵ所だけ切ったものから四すみを全部切ったものまでまぜて入れておくと、それぞれの揮発《きはつ》の仕方がちがってくるので、効き目が長持ちするのです。

梅雨どきにはふとんはすぐにたたまない

毎日降ったりやんだりで、湿気の多い梅雨どき。ふとんは外に干すこともできませんから、朝起きたらすぐにたたまないで、ぬくもりがとれるまで広げたままにしておき、部屋の中で少しでも湿気を逃がすようにします。そして、晴れた日には必ず外に出して干すように心がけましょう。

押し入れの湿気防止に発泡スチロール

家具や電気製品の包装のつめものになっている発泡スチロールは、捨てないでとっておくと意外なところで役立つもの。たとえば、押し入れ用のスノコになります。大きめの発泡スチロールをいくつか集めてカッターでサイズをそろえ、ガムテープでつなぎ合わせばできあがり。発泡スチロールには湿気を防ぐ性質があり、押し入れのふとんや衣類を守ります。

クリーニング店の保管サービスを利用する

クリーニング店の中には衣料品の管理保存をしてくれるところがあります。季節外のコートやスーツ、毛皮など、それにじゅうたんやふとんをクリーニングしてそのまま次のシーズンまで預かってもらえます。保管料はかかりますが、家の収納スペースで頭を痛めずにすみます。

コートは玄関に収納する

洋服ダンスの中のコートは意外に場所をとるものです。そこで、収納場所についてちょっと考えてみましょう。本来コートは玄関で脱ぎ着するもの。それならばいっそ玄関に収納すればいいのです。スペースがあれば専用のボックスを置きますが、狭いときはフックをとりつけてつるすだけでもかまいません。ものの収納場所は公式にとらわれず、使い方を中心に考えると思いがけずに収納場所が広がるものです。

本棚は食器棚に使える

ガラス戸のついた本棚は、食器棚に転用すると、とても具合がいいものです。食器棚は市販のものは奥行きが深すぎ、奥の食器の出し入れがめんどうです。また、棚板の間隔が広すぎるものも、皿を何種類も積み重ねるようになって、下のものは使わずじまいになり

がちです。その点、本棚は奥行き三〇センチ前後と浅く、細かく棚で仕切られていて、食器棚として理想的です。

高いところの棚は浅く低いところは深く

高いところに奥行きのある棚を作ると、物の出し入れがとても不便です。目の高さの棚が奥行き三〇センチなら、その上の棚は二五センチと、高いところほど奥行きを浅くするのが棚作りのコツです。

小物整理には事務用小引き出しがいちばん

どんな家庭にも、爪切りやホッチキスの針、毎日たまるレシートなど、整理の場所に迷うような雑多な小物があるはずです。こうした小物の整理には、文房具店で売っている高さ三〇センチくらいの事務用小引き出しが大変便利です。引き出しごとにメモが差しこめるプレートがついていますので、入っているものを書いておけば一目瞭然《いちもくりょうぜん》。カラフルなものも出回っています。

季節外の毛布はクッションにする

冬には重宝した毛布も、夏にはまったく不

要のものになります。だからといって押し入れの奥につっこんでおいたのでは収納スペースをとってしまうだけ。

キルティングなどの布で大きめの袋を作りファスナーをとりつけます。この中に毛布を入れれば夏場にもジャンボクッションとして楽しめます。

ハンドバッグの収納に手製バッグホルダー

ハンドバッグはいくつかを服装によって持ち分けるので、いちいち箱に収納していたのでは不便でたまりません。といって洋服ダンスに放りこんでおくのもだらしないもの。

そこで余り布を使って手製のバッグホルダーを作ってはいかがでしょう。ハンガーに図のように布を縫いつけ、ポケットをつけるだけです。

歯ブラシにふたつき容器は不衛生

歯ブラシをふたつきの容器に入れるのは、一見衛生的なようですが、実はそうではありません。湿った毛先が食べ物のかすで腐敗したり、バイ菌の温床になるからです。

歯ブラシは早く乾くように容器に密閉せず、たまには日光消毒をしたりして、衛生的に使いましょう。

長さのちがうクギはガラスのびんに入れる

一般の家庭では、クギを長さ別に分けてしまうほどは持っていません。といって、ひとまとめにしておくと、適当な長さのクギをより分けて選びだすのがやっかいです。広口のガラスびんに立てて入れておけば、必要な長さのクギがすぐにとり出せます。

古雑誌は目次だけ切り抜いて保存する

古雑誌を捨てるときは、目次だけを切り抜いてファイルしておきます。あとで調べたいことが出てきたときにとても便利です。何年の何月号ということさえわかれば、出版社や図書館で必要な記事を簡単に調べることができるからです。

雑誌は必要なところだけ残して製本し直す

たとえば「芥川賞」発表の雑誌を買ったとします。残しておきたいのがそこだけであれば、表紙と裏表紙を背の部分を残してはぎとり、製本し直します。厚みがぐんと減って本棚の場所をとりません。

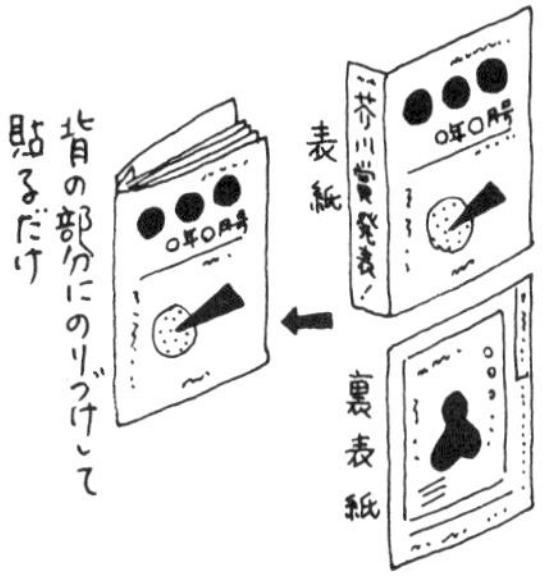

非常持ち出し品一覧

地震、風水害など大きな災害はいつ起きるかわかりません。いざというときに自分と家族の命を守るためには日ごろの備えが大切。非常持ち出し品は過不足のないようあらかじめ準備しましょう。

▼トランジスタラジオ

災害用には、カセット兼用の大型ラジオはかさばって重いだけです。超小型のものが便利です。

▼照明器具

懐中電灯は防水のものが最適。予備電池、予備電球と合わせて一セットにしておきます。ロウソクは百目《ひゃくめ》ロウソクといわれる大きなロウソクが驚くほど明るく、長時間持ちます。

▼マッチ

ポリ袋に入れて防水しておきます。百円ライターも一個あると便利。

▼防災ずきん

頭を守るためのかぶりものは必要。軽量のヘルメットがあれば完璧です。

▼手袋

軍手がいちばん。最近は軍手でも化繊《かせん》のまじったものがありますが、これでは熱いものにさわれません。必ず木綿《もめん》一〇〇パーセントのものにすること。

▼救急用品

三角巾《さんかくきん》、ガーゼ、伸縮包帯、救急バンソウコウ、消毒薬、はさみ、生理用品などを一セットにしておきます。薬品は胃腸薬、鎮痛薬、解熱剤ぐらいでよいでしょう。定期的に点検して古いものはとり替えること。救急手当て法のパンフレットも一緒に入れておくと役に立ちます。

▼リュックサック

非常持ち出し品はいつでもとり出せるようひとまとめにしてリュックサックに入れておきます。災害用品としてアルミを布に蒸着《じょうちゃく》した難燃性のものも市販されています。

▼ナイフ

刃渡り五センチぐらいの折りたたみ式小型ナイフで十分です。

▼衣類

夏でも体を保護するため長袖のものが必要。着がえの下着を一組に、タオル、靴下、雨具。靴は運動靴よりも革底の靴のほうが安全です。とがったものを踏み抜かないためと、火災で高温になったものを踏むこともあるからです。

▼食糧

分量は家族全員の一〇食分。乾パン、アルファ米、缶詰、レトルト食品など。缶詰は缶切りと一緒にしておくことを忘れないように。大切なのは、水と火がなくても食べられる食糧を一定量用意することです。紙皿などの食器やラップも役に立ちます。

▼飲料水

保存用飲料水としてのミネラルウォーターを一人一日三リットル程度。水くみ用の容器としては、一〇リットルほどの容量を持つ折りたたみ式のプラスチック容器が市販されています。

▼ちり紙

トイレットペーパーが一巻きあれば本来の用途以外にも幅広く使えます。

▼ポリ袋

大・中・小のそれぞれのサイズを適量用意します。

▼貴重品

有価証券、預貯金通帳、健

康保険証、印鑑、現金など。
ふだん手元になくてもよい貴重品は銀行の貸し金庫に入れておくほうが安全です。

▼炊事用品

ゆとりがあれば最小限度の炊事用品を持ちます。燃料は固形アルコールの携帯燃料。また、避難するほどの被害がなくても、近くに大きな地震があったときなどは広い範囲でガスが止まるものです。そんなときにはカートリッジ式のガスコンロがあるととても便利です。

▼避難用具

二階以上のアパート、マンションに住む人は非常ばしごを用意します。非常ばしごは必ず一度かけてみて、下りる途中に窓などの開口部のない、よい場所を決めておきます。火災には活性炭素繊維フィルターを使った簡易防煙マスクが威力を発揮します。

▼その他

赤ちゃんがいる場合には、おむつ、おぶいひも、粉ミルク、ベビーフードを用意します。小さな子どもには迷子札をつけます。警察、消防署、病院、子どもの学校、夫の勤務先などの電話番号はわかりやすくメモして壁に貼りつけておきます。

ただし、非常時には電話はほとんど通じないことを承知しておいてください。連絡メモ用の筆記用具としてはフェルトペンが最適。補修用具は布製のガムテープが広範囲に使えます。

氷まくらは ストッキングをつめて保管

病気のときに使う氷まくらは、ゴム製のため、長くしまっておくと内側のゴム同士がくっついてしまうことがあります。しまうときには古くなったストッキングを中につめこみましょう。

●修理・DIY編

接着剤つきのフックは酢ではがす

接着剤のついたフックは、いざはがそうとするとき、密着してとれないことがあります。そんなときには、酢にひたした綿を使って、接着したすきまに酢をしみこませます。しばらくおいてからドライバーではがせば楽にとることができます。あとが残ってしまったら、シンナーかマニキュアの除光液《じょこうえき》でふけばきれいに落ちます。

スムーズでない ファスナーにはロウをぬる

上げ下げがスムーズにいかなかったり、途中でひっかかってしまうファスナーには、全部閉じた上からロウをぬります。ビックリするほど動きがよくなります。

腕時計のガラスのくもりは こすればとれる

防水の腕時計でも、使い方によってはガラスの内側に水滴がつくことがあります。でも、少しくもっているぐらいなら、布でガラスの表面をこすればよいのです。しばらくこすり続けると、摩擦熱でガラスのくもりはとれてしまいます。なかなかくもりがとれないときには時計屋さんへ持っていきましょう。

夜光塗料のはげてきた時計の再生法

目覚まし時計の文字盤の夜光塗料がはげて見えにくくなったときの応急処置です。六〇ワットくらいの電球に文字盤を数秒間近づけておくと、かなりはっきり見えるようになります。

水銀柱《すいぎんちゅう》の切れた体温計はお湯につけて直す

体温計の水銀柱がポツポツと途中が切れてしまったら、切れたところの温度より少し高めのお湯につけます。熱で水銀が膨張し、切れ目がつながります。つながったらすぐにお湯からとり出すようにしてください。

家具の傷は絵の具とマニキュアで直す

家具は気がつかないうちに小さな傷ができてしまうものです。軽い傷なら、同色の絵の具をぬって目立たなくし、乾いてから透明なマニキュアか床用ニスをぬっておきます。傷が深いときには、エポキシ系接着剤に絵の具をまぜ合わせ、傷の部分にうめたあとマニキュアをぬります。

ホウロウ浴槽の傷はマニキュアで直す

ホウロウ浴槽についた傷は、早めに手入れをしないとサビついてきます。傷がついたときには、クレンザーで汚れを落とし、乾かしてから、傷の表面に透明のマニキュアをぬります。こうしておくと、サビてくる心配がありません。

金ぬりの木製品は卵白で手入れする

金ぬりの木製品は慎重に手入れをしたいものです。卵白二個分をやわらかく泡立て、やわらかい筆につけて、それを金ぬりの部分につけます。あとはやわらかい布で、そっとふきとっておきましょう。

すべりの悪い敷居《しきい》はスプーンの背でこする

敷居のすべりが悪いとイライラします。すべりをよくするためにはロウをぬればよいのですが、手元にロウがないときはスプーンの背で敷居をこすって応急処置をします。とりあえずはこの方法で大丈夫です。

すべりの悪い雨戸は卵の殻《から》でふく

雨戸のすべりが悪くなると、よく油をぬったりロウをぬったりしますが、これらの方法ではだんだん黒ずんだ汚れになってくることがあります。黒い汚れを作らないためには卵の殻を細かくくだき、水気を与えて布の袋に入れてふくようにします。こうすればすべりもよく、いつまでもきれいです。

すべりのよすぎる戸にはベビーパウダーを

すべりがよい戸はよいのですが、あまりよすぎるのもちょっと考えものです。

そんなときは、敷居にベビーパウダーを少しふりかけておきます。ベビーパウダーの粉末が適度に湿気を含んで、戸と敷居の間に摩擦が起こるため、すべりすぎをおさえてくれます。

水もれする蛇口には糸を結んで応急処置を

夜中に水もれの音がすると、気になってなかなか眠れないものです。蛇口に糸を結んで流しにはわせておけば、水は糸を伝って流れ、ポタポタという音がしなくなります。

ゆるくなった吸盤はお湯で元どおりに

タオルかけなど、吸盤を利用して壁にとりつける製品が多くなっていますが、この吸盤は、だんだん吸着力が落ちてきます。落ちてきたら、煮立ったお湯に吸盤を一〜二分つけておきます。これでまた元どおり、壁にピッタリとつくようになります。

古い籐椅子《とういす》は熱湯をかけてリフレッシュ

籐椅子が古くなると、しだいにこしがなくなってきます。次の方法で簡単にリフレッシュすることができます。籐椅子を逆さにし、裏側からたっぷりの熱湯を全体にかけます。あとは、強い日光にあてるか、ラジエーターなどで手早く乾かせば、もとの張りがもどります。

レザーのかけはぎはビー玉でならす

応接セットやカバンなどのレザー製品にかぎ裂きができてしまったら、自分で縫ってみましょう。かぎ裂きの両端を持ち上げるようにして合わせて、細かく縫います。そのままでは縫い目がとびだす形になりますので、ビー玉を縫い目の上でころがして、よくならしておくことです。

テーブルを保護するにはリンネル油をぬる

テーブルの傷や汚れを防ぐには、ビニールカバーをかければよいのですが、これではせっかくの木目や肌ざわりが損なわれてしまいます。テレピン油の入ったリンネル油をぬっ

ておくと、不自然なツヤを出さずに保護することができます。

桐ダンスのへこみにはアイロンをあてる

桐ダンスはやわらかいものなので、うっかりものをぶつけるとへこんでしまいます。少少のへこみのときには、その部分にぬれタオルをあて、上から一〇〇度くらいのアイロンをゆっくりあてましょう。これを五、六回くり返すと、へこみがふくらんで元にもどります。

桐ダンスはスチールウールで磨く

桐ダンスを元どおりの美しさにする方法です。まず、台所用のスチールウールを多めに用意し、これで端からていねいに磨いていきます。スチールウールが表面ですべるようになったら新しいものととり替えながらすすめていきます。全体を磨き終わったら、トノコをといてまんべんなくぬり、乾かしてから、トノコを残さないよう十分にからぶきをして仕上げます。

カーテンは簡易フックで簡単に作れる

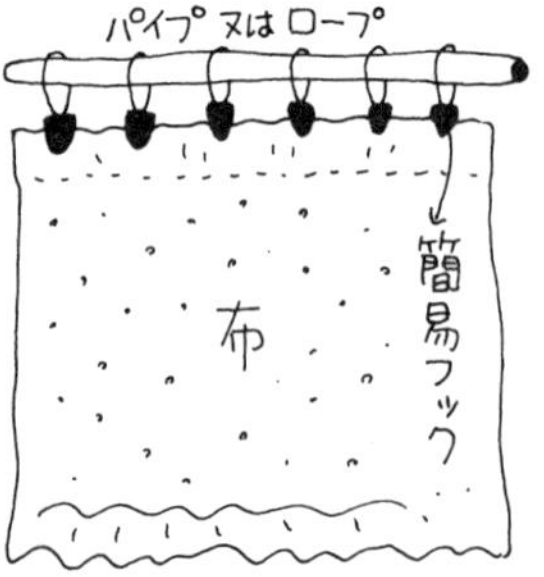

カーテンを自分で作りたいけれどフックをとりつけるのがめんどうという人に、ぜひおすすめしたいのがこの簡易フック。洗濯バサミのように、布地をはさんでつり下げるものなので、パイプやロープに通すだけ。あとは好みの布をはさめばカーテンができあがります。

壁紙を替えるときにはまずトイレから

壁紙を張り替えるときは、まずトイレの壁に張ってテストしてみることです。壁紙のサンプルを見ただけでは、実際に壁に張ったときの感じはなかなかつかめないものです。実際に張ってみる実験台としては、トイレの壁がいちばん。トイレは長居をする場所ではないので、かりに失敗したとしても、なんとか我慢できます。また、壁の面積が小さいので、費用もたいした負担になりません。

壁紙はアイロンではがす

壁紙をはがすのは意外に苦労するものです。裏面に接着剤がついているものは、熱したアイロンを壁紙の上からあてながら少しずつはがしていきます。熱で接着剤がゆるみ、きれいにはがすことができます。

壁紙のかわりに雑誌を貼って靴ずみで磨く

市販の壁紙では物足りないという人は、包装紙や外国雑誌のグラビアページをパッチワーク風に壁に貼ってみては。それも、ただ貼るだけでなく、その上から茶色の靴ずみをごく薄くぬり、ボロ布で磨くとなんともいえない味わい深い色とツヤが出るのです。あとは汚れ防止に防水スプレーをかけておきます。

はがれにくい障子《しょうじ》には大根おろしをぬる

障子の張り替えで紙がなかなかはがれないときは、大根おろしを作って、筆やスポンジで桟《さん》にぬります。三〇分くらいたってから、湯で軽く絞った雑巾《ぞうきん》でもう一度ぬらせば、簡単にはがれます。そのあとは、のりのつきをよくするため、ていねいにふきとっておきます。

障子を張るときは逆さにしてから

障子を張るときは、必ず下の段から張るようにします。というのは、上から張っていくと障子紙の合わせ目が上を向いてしまい、そこにホコリがたまりやすくなるからです。下から張るのがむずかしければ、障子をはずしたら、まず逆さまにし、そのうえでふつうに上から張りおろせば簡単にできます。

障子張りの仕上げは寒天《かんてん》で

張ったばかりの障子は思いのほか簡単に破れてしまいます。障子紙を張ってしばらく乾かしたら、薄くといた寒天を紙全体にハケでぬりつけましょう。こうして仕上げると、ふつうに張ったよりもいちだんと丈夫になるのです。

畳の焼けこげは接着剤でかためる

畳にうっかり作ってしまった焼けこげ。薄いこげなら、オキシフルを含ませた布でたたいて脱色すれば目立たなくなります。ひどいものは、台所用のスチールウールでこすって炭化した部分をとり除き、ほつれないよう穴のまわりに接着剤をつけてかためます。

畳に焼けこげを作ったら畳を入れ替える

補修しきれない畳の焼けこげはみっともないものです。小さな焼けこげなら、畳表を張り替えるのももったいないし……。そこで思い切って、畳の場所を入れ替えてしまいます。つまり、焼けこげの部分がタンスなどの下にくるように入れ替えるのです。

カーペットの焼けこげは毛糸で直す

カーペットにうっかりたばこを落としてできた焼けこげも、あきらめずに補修してみましょう。まず、カーペットと同色の毛糸を用意し、細かく切りそろえます。次に、焼けこげの穴に接着剤を多めにぬり、ここに毛糸をうめこみます。十分乾いてから、毛糸をハサミで切りそろえれば、焼けこげはきれいになくなってしまいます。

カーペットの家具あとはスチームで消す

部屋の模様替えをしたとき、カーペットに

家具のあとが残っているのはいやなものです。純毛のカーペットなら、毛足をよくもみほぐし、スチームアイロンの蒸気を吹きつけます。毛がやわらかくなったら少しかためのブラシを逆立てるようにかけると、へこみは目立たなくなります。合繊《ごうせん》や混紡《こんぼう》のものは、洗濯用の柔軟仕上げ剤を水で薄め、これをつけてから蒸気を吹きつけるとよいでしょう。

カーペットの裁断は接着剤をしみこませる

カーペットを買ってきて、いざ敷いてみるとサイズが合わなくてということがよくあります。大きすぎるものは、上手に裁断することが大切。まず、裏側に鉛筆で切りたい部分を線引きします。次にこの線にそって接着剤をしみこませ、十分にかたまってからカッターで切り落とします。こうすると、案外簡単に切ることができ、あとでほつれる心配もありません。

浮いてきたビニールタイルにはアイロンを

ビニールタイルやリノリウムの床材は、キッチンによく使われていますが、湿気を含むと接着剤がはがれ、浮いてきてしまいます。直す方法は、まず浮いた部分にアイロンをあて、熱で接着剤をやわらかくします。このとき必ず床の上にアルミホイルを敷き、その上からあてること。あとは、電話帳などの重しをのせてくっつかせます。

大谷石《おおやいし》の塀《へい》のはがれは防水スプレーで防ぐ

大谷石の塀は表面が風化してボロボロはがれてくることがあります。こんなときは防水

スプレーを使って風化をくいとめることができます。防水スプレーは成分がアクリル樹脂のもの。これを大谷石に吹きつけます。大谷石は吸水性があるので、表面から少ししみこんでかたまり、ボロボロになるのを防いでくれます。

ベニヤ板はガムテープを貼って切る

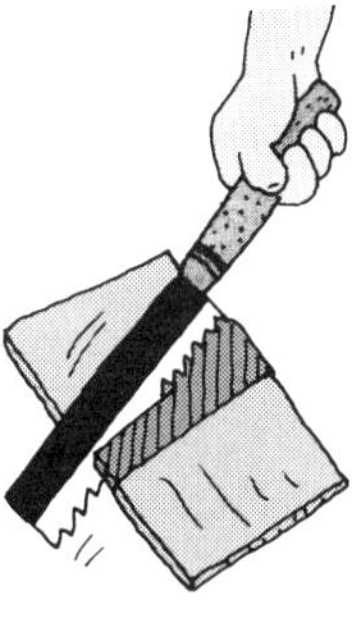

ベニヤ板を切るのは意外にむずかしく、切り口がギザギザになったり、途中で割れてしまったりします。そこで、切る位置にガムテープを貼り、その上からノコギリをひくと板をいためずきれいに切れます。

かたい板にクギを打つには先端にロウを

板がかたくてなかなかクギが入らないときは、クギのとがった先端にロウをぬってみましょう。こうするとすべりやすくなり、スムーズに打つことができます。

短いクギは割りばしを使って打つ

短いクギを打つのはなかなかむずかしいもの。思わず指を打ってしまうなんていうことにもなりかねません。指で持つかわりに、割りばしにはさんで打つと事故を防げます。

割りばしは二つに割ってしまわずに、先のほうだけを開いてそこにはさみこむのです。こうすれば、指を打つこともなく、また、手の届きにくいところにも簡単に打つことができます。

柱に残ったクギ穴にはつまようじをつめる

柱に残ったクギ穴は案外気になるものです。つまようじをクギ穴に差しこみ、柱の平面に合わせてカッターで切りとります。その

あとで柱全体に雑巾をかけておけば、目立たなくなってしまいます。

木の表面のデコボコを見つけるには

日曜大工などで木の表面にサンドペーパーをかけたとき、デコボコがなくなったかを簡単に確かめる方法があります。はき古したナイロンストッキングを手にかぶせて木の表面

を軽くこすります。少しでもデコボコが残っているとストッキングにひっかかるのですぐに見つけられます。

ペンキの缶には、しごき用のゴム輪を

ペンキぬりをするとき、缶の縁で余分なペンキをしごくと、あとでふたをしたときにペンキがくっついて、ふたがとれなくなってしまいます。

そこで、ペンキの缶にタテに太いゴム輪をかけておき、これでハケをしごくようにします。ペンキが縁にたれず、ふたがくっついてしまう心配がありません。

ペンキをぬるときは手袋を折り返す

ペンキぬりのときにはめるビニール手袋は、すそを少し折り返しておきます。こうすると、ハケから手袋を伝って手にたれてくるペンキが、手袋の折り返しにたまって止まります。ペンキがたれてくるのを気にしないですむので、ペンキぬりがとてもはかどります。

ペンキをぬるときは窓ガラスにせっけんを

窓わくにペンキをぬるとき、ペンキがガラスにつかないよう新聞紙などでおおいます

が、もっと簡単な方法があります。水に少しつけてやわらかくなったせっけんをガラスの表面にぬりつけておきます。ペンキをぬり終わってからスポンジでサッとふくと、飛び散ったペンキも簡単にとれ、同時に汚れも落ちてしまいます。

ペンキぬりにはスポンジを使う

ハケを使ってペンキをムラなくぬるのはむずかしいものです。古くなった台所用のスポンジを使えば、ずっと簡単にペンキぬりができます。ゴム手袋をはめたうえで、スポンジにペンキを十分しみこませてぬればいいのです。

肌にペンキがついたらバターで落とす

ペンキぬりをすると、注意したつもりでも顔や手にペンキがついてしまいます。このとき、ベンジンなどで落とすのは禁物。刺激が強く、肌のトラブルを起こしかねません。

　まず、ペンキのついている部分にバターをぬり、よくこすってからタオルでふきとります。その後、せっけんでよく水洗いすれば、肌をいためず、きれいにペンキを落とすことができます。

ペンキのにおいはタマネギで消す

部屋の天井や壁などにペンキをぬったときは、塗料独特のにおいが部屋の中にこもってしまいます。こんなときはタマネギを八つ切りにして部屋の中へ置いておくと、においは不思議に消えてしまいます。

発泡スチロールはノコギリで切る

発泡スチロールは軽くていろいろな利用法がありますが、いざ切ろうとすると案外むずかしいものです。大きくカットするには、ノコギリがいちばん。ベニヤ板用の目の細かなノコギリを直角にあてて切ります。細かい作業には、カッターが便利です。

二《ふた》またはしごで棚を作る

ちょっとしたものや本を置く棚が、クギも使わず簡単にできます。木製かスチール製の二またのはしご二つを左右の支えにし、そこに板を渡すだけ。これなら段も自由に増やせますし、すぐたためて移動にも便利です。好みの色にペイントするとさらに楽しくなります。

子どもの学習机はユニット家具で

子ども用の学習机は、子どもが少し大きくなったら、使えなくなるのが目に見えています。かわりにユニット家具に天板をのせれば、立派な机のできあがり。子どもが大きくなって大人用の机を使えるようになったら、

ユニット家具は他の目的に使えばいいのです。

●マナー編

電話で話すときは上を向いて

電話に出るとき、うつむきかげんに話すことはありませんか？　うつむいて話すと、どうしても声がくぐもってしまい、機嫌が悪い

か健康がすぐれないのか、と相手にいらぬ心配をかけてしまいます。少し上向きに、ハキハキと話すのもエチケットです。

「殿」は目上の人には使わない

手紙のマナーの中で、意外と守られていないことの一つです。手紙の表書きでは、「殿」は業務上の通信以外は目下の人にしか使いません。年長者への手紙に「〇〇殿」と書くのはルール違反。どちらにしたらよいか迷う場合はすべて「様」とするのが無難です。

時間に遅れるときの連絡のコツ

思いがけない用事ができて、待ち合わせの時間に遅れてしまう――こんなときに電話を入れると「あと三〇分でそちらへ着くと思います」と、最も早く着ける時間をいう人が多いようです。ところが、車の渋滞や電車の乗り継ぎでさらに時間がかかり、三〇分のはずが

四〇分、一時間になることがよくあります。これでは待たされる人はますますイライラがつのってしまいます。こんなときは、三〇分で着くと思ったら四五分後というように、ゆとりを持たせた時間を連絡したほうがよいでしょう。待たされている人も、予期していたよりも早く相手が現れたら、イライラしないですみます。

ステレオは壁から少し離して置く

マンションなどの場合、ピアノやステレオの音は騒音公害になりかねません。これらを部屋に備えるときは、壁にピッタリつけずに少し離して置くようにしましょう。壁から伝わる音が緩和《かんわ》され、階下や隣に響かなくなります。下に音を吸収する厚めのマットを敷くことも効果があります。窓を開けっぱなしでステレオを鳴らしたりしないのは当然のエチケットです。

目上の人へは現金ではなく商品券を

目上の人には現金を贈らないのがマナーです。とはいえ、場合によっては品物よりもお金のほうが……ということもあります。そういうときには商品券を贈れば、失礼にあたりません。

並んで座るときは向かって右側が位が高い

上座《かみざ》と下座《しもざ》の区別はなかなかむずかしいもの。日本間の場合、床の間の前が上座で、反対側が下座。床の間のない部屋では、入り口から遠い奥の部分が上座になります。さて、二人が並んで座る場合の上下関係ですが、これは向かって右側が上、左側が下となります。これは日本古来の習慣で、左を高貴としていることからきています。この左とは、高貴な人のほうから見て左ということですから、こちら側から見ると右側になります。た

とえば、右大臣と左大臣では左大臣のほうが位が高く、向かって右側に座ることになっていたのです。この習慣から、床の間の側の向かって右側が第一位、左側が第二位ということになります。

自宅への招待にはほんの少し遅れていく

いつでも約束の時間よりも早めに着けばよいというものではありません。ホームパーティに招待されたときなど、早めの時間に訪問するのはかえって失礼にあたります。訪問先の家のほうは、台所でてんてこまいしている最中かもしれないからです。

こんなときは、約束の時間よりも二〜三分遅れていくほうがかえって礼儀にかなっています。

玄関先ではコートを着たままでよい

人の家を訪問したとき、ベルを押す前にマフラー、手袋、帽子をとるのがマナーです。このとき、コートも脱いでしまう人もいますが、これはかえってマナー違反。相手が出てきて、上がるようにいわれてから脱ぐようにします。先に脱いでしまっては、相手の意向を確かめる前に上がりこむ意思表示をしたことになってしまうからです。

座布団は縫い目のないほうを前にする

座布団にも前と後ろがありますから、覚えておきましょう。座布団は布を袋状に縫って綿をつめたものですから、四つの辺のうち一辺だけが縫い目がありません。この縫い目のないほうを前に座るのが正しい作法です。

はし置きがないときは　はし袋で代用する

食事中にはしを休ませるとき、食器の上にはしを置くのはエチケット違反。ところが、よそのお宅で食事をごちそうになるときなど、はし置きがなくて困ることがよくあります。そんなときは、はし袋を千代結びにして、これをはし置きがわりに使うのがマナーにのっとったやり方です。食べ終わったら、はし先を結び目の中に入れておきます。

知人の車では助手席が上座《かみざ》

知人の車に何人かで同乗させてもらうときに、遠慮したつもりで助手席に乗りこむのは間違い。運転手つきの車では後部座席の運転手の後ろが上座ですが、知人が運転するマイカーでは助手席がいちばんよい席です。

「平服で」のパーティにふだん着で行かない

結婚披露宴などの招待状に「平服で」という指定のあることがありますが、これはモーニングやタキシード、振り袖やローブデコルテでなくて結構という意味なのです。「平服」といってもふだん着のことではありませんので注意しましょう。男性ならダークスーツ、女性なら訪問着や付け下げ、普通丈《たけ》のドレスなどが適当です。

結婚式では花嫁より豪華な服装をしない

結婚式や披露宴に招かれた女性は、花嫁より豪華な服装はつつしむべきです。中振り袖までが許される範囲で、大振り袖に金銀の縫いとりのあるものなどは花嫁とまちがえられてしまいますのでタブーです。また、洋装の場合は、白は花嫁の色ですので、必ず白以外の色の服で出席します。

礼装には爬虫類《はちゅうるい》の草履《ぞうり》・バッグはタブー

和服で礼装した場合、爬虫類の草履やバッグは使えません。バッグは布製、草履は金銀の織物か白エナメルを用います。また、色無地に縫い紋の着物は略礼装で、抜き紋のほうが正式です。

急な不幸には黒ネクタイ、黒靴下で

急な不幸があったとき、とくに男性は職場

から告別式に駆けつけることも多いものです。その場合はふだんの服装でもネクタイと靴下だけを黒にすることで、十分に弔意《ちょうい》を表すことができます。腕に巻く喪章《もしょう》は、本来故人の血縁者だけがつけるものですから、それ以外の人は避けるべきです。

足のしびれない正座のしかた

正座をして足がしびれたとき、目立たないようにしびれをとる座り方があります。「跪座《きざ》」という座り方で、かかとを立てて足の親指で腰を支えるのです。葬儀などで長時間正座するときは、ときどきこのひざまずく姿勢をとって足のしびれをとるとよいでしょう。

通夜《つや》には何を着て行くか

お通夜というのはたいてい亡くなったその日か翌日です。その席に完全な喪服で行くのは、いかにも待ちうけていたようでかえって失礼という考え方もありますが、今では喪服を着る人も多くなりました。ただし、訃報《ふほう》に驚き、悲しんで駆けつける席ですから、女性なら黒か紺などのスーツやワンピース、男性

はふつうのダークスーツでもかまわないでしょう。

自分の草履に目じるしをつけておく

お通夜や告別式、法事などに和服で行くときには、誰も同じような黒の草履をはいてきますので、自分のものがどれだかわからなくなってしまうことがあります。家を出るときにあらかじめ、鼻緒《はなお》の根元に、自分だけわかるように糸などを結んで目じるしをつけておくと迷うことがありません。

白いエプロンは一枚は持っておく

明るい色や花柄のエプロンは楽しくていいものですが、真っ白いエプロンも一枚はタンスの中に用意しておくといざというときに役立ちます。たとえば、ご近所に不幸があって急に手伝いに行くときなどに、あわてずにすみます。

色留《いろと》め袖《そで》があれば黒留め袖はいらない

留め袖はミセスの第一礼装ですが、必ずしも黒留め袖でなくてもよいのです。黒留めと色留めはまったく同格なのです。黒留めは家族や親類の結婚式、子どもの宮参《みやまい》りだけにしか着られませんが、色留めですと他人の結婚

式や各種の祝典、パーティなどに着られますので利用度が高くなります。また、着席式のパーティなどでは黒留めよりずっと華やかさも増します。黒留めは仲人《なこうど》夫人をつとめたり、わが子が結婚したりする年ごろになってから、その年配にふさわしい柄で新調するのが賢明ではないでしょうか。

他人に着つけをしてもらうときは

和服の着つけをしてもらうときのエチケットは、着せてくれている人に息をかけないことです。三〇センチ以内の距離で着せてくれているのですから、息をはくときは横を向いて直接息がかからないようにするのが礼儀です。

第7章　元気になれる！　健康雑学あれこれ

風邪のひきはじめにはタマネギみそを飲む

風邪のひきはじめは暖かくして寝るのがいちばん。タマネギ四分の一個をおろしておき、みそ大さじ一杯を丸めて焼きます。おろしタマネギとみそとをまぜ合わせながら熱湯を注いで、熱いところを飲みます。床に入る前に飲むと、体がぽかぽか暖まり、大変効果があります。

のどの痛みに大根あめを

のどの痛みには大根あめがよく効きます。皮つきの大根をさいの目に切り、ハチミツ、または水あめを大根二〇〇グラムにつきカップ一杯の割合で加えます。一～二時間ほどそのままにしておいてから、大根をとり出してできあがりです。

大根の成分がのどの炎症をしずめてくれます。甘くて飲みやすく、副作用もないので、とくに子どもにはむいています。

せき止めには シソに番茶をそそいで飲む

風邪でせきが出るときは、シソが効き目があります。梅干し用につけたシソの葉二、三枚に番茶を注いで寝る前に飲みます。シソにはせき止めのほかに発汗、解熱などの作用があり、ずいぶんと楽になります。

下痢しやすい人はシソの葉を食べる

胃腸が弱く、しょっちゅう下痢をする人はシソの葉を常用するとよいでしょう。刻んでサラダにまぜたり、天ぷらにしたりして、一日四、五枚食べます。シソの葉に含まれているペリルアルデヒドには強い防腐作用があり、下痢を防ぎます。

下痢には生卵にお茶をかけて飲む

下痢をしたら、生卵にお茶をかけて飲んでみましょう。お茶のタンニンには胃腸を収縮させる作用がありますから、濃いめのお茶を飲むだけでも下痢には効き目があります。生卵にお茶をかけると、白いかすができます。このかすはタンニンと卵のたんぱく質が結び

ついたもので、下痢止めの効果があります。

下痢止めに梅肉エキスを

梅肉エキスは下痢止めの特効薬になります。梅肉エキスは漢方薬店で売っていますが、自分で作る場合は青梅を使います。青梅をすりおろすか、ミキサーにかけるかして、その汁をよく絞り、とろ火で煮つめます。粘りが出て色が黒っぽくなったらできあがり。さましてびんに入れ、保存します。

下痢にはあずき粒ぐらいの量をそのまま食べるか、お湯にといて飲みます。ハチミツを加えると飲みやすくなります。また、梅肉エキスは食中毒にも効果があるといわれています。

ゲンノショウコは下痢にも便秘にも効く

ゲンノショウコは飲み方によって下痢にも便秘にも効き、すぐ効き目が現れるところから現の証拠と名づけられたといいます。下痢の場合は一日分として乾燥品約二〇グラムをよく煎《せん》じて熱くして、三回に分けて飲みます。この煎じ汁をよく冷やして飲めば、逆に便秘に効きます。どちらの場合も数日は続けて飲むことです。

便秘しやすい人はサツマイモを食べる

サツマイモに含まれている繊維の量はジャガイモの約二倍もあり、これが便のかさを増やし、腸を刺激して排便を促します。サツマイモを傷つけると、白いネバネバした液が出てきますが、これはヤラピンという樹脂成分で、便秘を防ぐはたらきがあります。これに繊維のはたらきが加わり、便通をよくするのです。また、サツマイモにはビタミンCが一〇〇グラムあたり二九ミリグラムも含まれ、ビタミンCの供給源としても貴重です。女性におすすめの野菜です。

世界の風邪の治し方

❖アメリカ

熱い風呂に入り、出たあと、熱い紅茶にウイスキー、ハチミツをまぜて飲む。アルコールのだめな人は、レモン汁をたらす。

❖フランス

赤ワインをお燗《かん》して飲む。ワインの本場だけに、砂糖などをまぜないでワインだけを飲むところがお国柄。

❖ドイツ

熱い紅茶にラム酒、砂糖をまぜたものを飲む。塩漬けニシンを一匹、丸飲みにするというユニークな療法もあるという。

❖フィンランド

この国はサウナの本場。サウナに入ったあと、ウォッカを飲んで暖かくして寝る。また、野生の木イチゴから作ったリキュールも特効薬とされている。

❖ノルウェー

ブラックカラントというスグリの一種から作ったジュースを熱くして飲む。

❖オランダ

熱くしたブランデーに卵の黄身を入れてかきまぜ、卵酒風にして飲む。飲んだあとは毛布を何枚もかけ、十分に汗をかくようにして寝る。

❖旧ユーゴスラビア

大さじ五、六杯の砂糖を小なべに入れ、水を少し加えて火にかける。カラメル状になったところでラム酒を加え、かきまぜて熱いうちに飲む。

❖チェコ

レッセという薬用酒があ

り、風邪に効果があるとされている。また、赤ワインを煮立てて砂糖を入れて飲み、すぐに暖かくして寝る。

❖スイス

大きめのカップに熱い紅茶とウイスキーを一対一の割合で入れてかきまぜたものを風呂あがりに飲んで、ベッドに入る。

❖イタリア

赤ワインを煮立てて、シナモンの粉を入れて飲む。また、熱いミルクにブランデーをたっぷりたらして飲む。

❖ギリシア

強い香りをもつ特産の紅茶にレモン汁を加え、うんと熱くして飲む。ブランデーを入れる場合もある。

❖モロッコ

チザンヌという葉を煎じたお茶が薬用として使われている。これを一日数回飲む。

❖クウェート

レモン汁を熱くして一気に飲み、すぐに寝る。砂漠の国だけに、この国では風邪をひいたら絶対に水を飲むな、といわれている。

❖タンザニア

ライムジュースにハチミツを加え、熱くして飲む。また、卵の黄身にハチミツを入れてかきまぜ、これを飲む。

❖ブラジル

イッペイという特産の薬木の葉を煎じて飲む。クローブ（丁字《ちょうじ》）という香辛料と卵の黄身をまぜて飲んだり、サボテンの汁を飲んだりする。

❖アルゼンチン

熱い紅茶にレモン汁とハチミツを多めに入れて飲む。また、ミルクにブランデーを加えて飲むこともある。ヨーロッパからの移民が多い国だけに、風邪の治療法もヨーロッパ的。

❖メキシコ

ゴルドロボという薬草が風

邪の特効薬とされている。お茶を入れるのと同じようにして飲む。とくにせき止めに著効があるとされている。

❖オーストラリア

熱いミルクにラム酒をたらして飲む。また、熱いミルクに卵の黄身を入れてかきまぜたものを飲む。

❖インド

ショウガをすりおろしたものを熱い紅茶に入れて飲む。

❖中国

水と酢を一対一ぐらいの割合でまぜたものをなべに入れて火にかける。なべから立ちのぼる湯気で部屋を暖める一種の吸入法。酢を含んだ蒸気が風邪に効く。

❖日本

※ショウガ

ショウガの煎じ薬はひねショウガの輪切り三個を約〇・五リットルの水で煎じたもの。これを毎食三〇分前に飲む。

※梅干し

風邪には黒焼きが使われる。アミで黒くこげるまで焼き、茶わんに入れて熱い番茶を注いで飲む。

※ニンニク

ニンニクの成分アリシンの強力な殺菌作用を利用する。生で食べても、焼いたり蒸したりしてもよい。

※ネギ

長ネギとショウガを刻んで、みそにまぜ、熱いお茶を注いで飲む。また、刻んだネギをガーゼにくるみ、首に巻きつけると、のどの湿布薬になる。

※風呂

体を十分に温めるためには、塩を入れて塩湯にするとよい。また、足だけを湯につける〝足湯〟、腰までつかる〝腰湯〟は風呂よりもかえって全身がポカポカして効果的。

便秘になったらキャベツを食べる

キャベツには多くのビタミン類が含まれています。ビタミンA、B_1、B_2、C、K、U、カロテン、カリウムなどが豊富。この中で、ビタミンUは脂肪、たんぱく質、糖質の消化を助けるはたらきをします。このため便秘に効果があるといわれています。ただ、Uは熱に弱いため生でバリバリ食べるのがよいようです。

タンポポは胃腸を丈夫にする

タンポポには胃腸を丈夫にする成分が含まれています。葉はおひたし、ごまあえ、天ぷらなどにしておいしく食べられます。胃のもたれには、根二〇グラムを水六〇〇ccで半量に煎じたものを一日三回に分けて飲みます。簡単な服用の仕方としては、根を刻んで天日《てんぴ》で乾燥させるとタンポポ茶ができますので、これを常用してもよいでしょう。紅茶と同じ

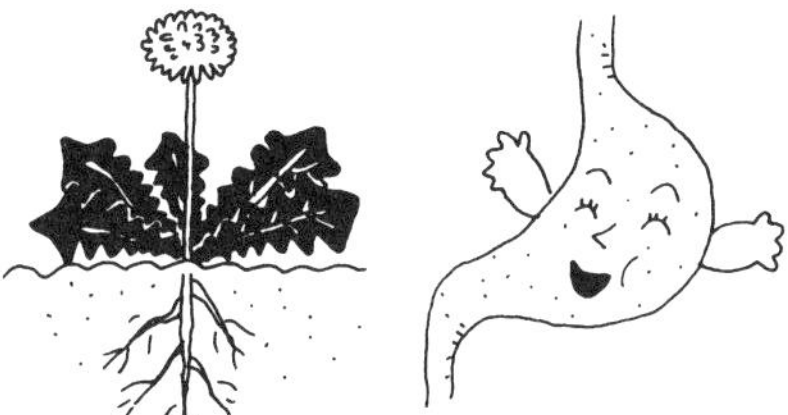

ように茶こしに入れて、熱湯を注いで飲みます。

生理痛、冷え性には紅花酒《べにばなしゅ》が効く

紅花酒は昔から婦人病に効力があるといわれています。乾燥した紅花五〇グラムをさらし袋に入れ、焼酎《しょうちゅう》一・八リットルを注いで砂糖かハチミツを適量加えます。そして果実酒をつくるのと同じように、二〜三ヵ月おいて、紅花をとり除けばできあがり。一日にさかずき二、三杯を朝晩飲みます。漢方では血を浄《きよ》めるはたらきがあるといわれ、生理痛、冷え性によく効きます。

肩こりには炒《い》った塩をあてる

肩こりに悩む人のためのアイディアです。

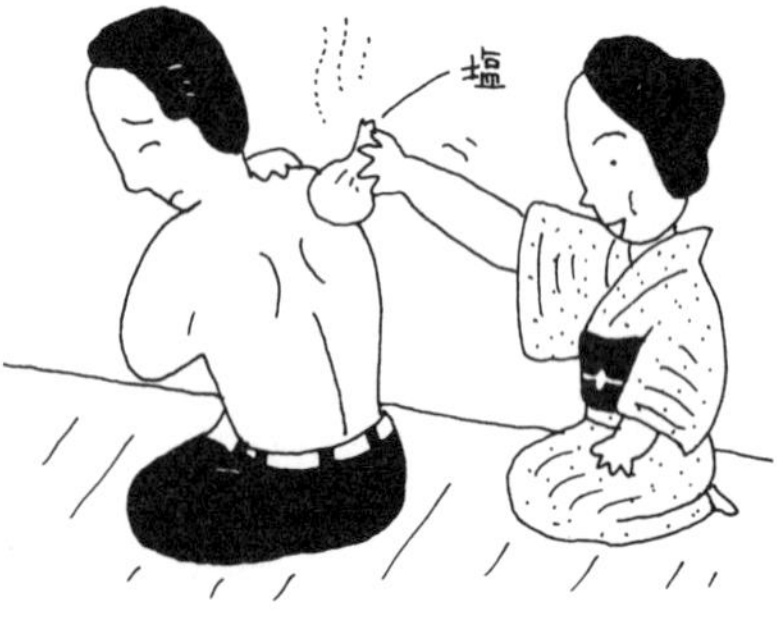

塩をフライパンでよく炒って、木綿《もめん》の布でくるんで熱いうちにこっているところにあてます。中の塩が冷えるまであてていると、かなり楽になりますので一度ためしてみるといいでしょう。使った塩は、また炒り直して何度

でも使えます。

肩こりにはアイロンをあてるとよい

肩がこったときには、アイロンをマッサージに利用します。アイロンは少し熱めの温度にして、セーターなどの厚手の服を着た上から押しあてます。温まって血行がよくなり、

肩が軽くなります。

あせもはキュウリの汁でよくなる

キュウリはパックなどによく使われますが、あせもにも効果があります。キュウリのおろし汁を患部につければよいのです。

なお、キュウリ水をつくるには、つるを地上約三〇センチのところで切り、切り口を一升びんの中に入れて一日か二日そのままにしておき、汁をとります。そして、その汁一・八リットルにアルコール五〇ccを加えて保存します。キュウリ水はヘチマ水よりも美容効果が高いといわれています。

ニキビには大根おろし汁をつける

ニキビには大根おろしの汁を脱脂綿にしみ

こませ、これでニキビの箇所をたたくようにします。大根に含まれている酵素《こうそ》がニキビに効くといわれています。

おできにはドクダミの絞り汁をつける

ドクダミには独特のいやなにおいがありますが、このにおいの成分はデカノイルアセトアルデヒドと呼ばれ、制菌作用があり、おできの薬になります。

葉を数枚つんで、すりおろした汁を患部にぬります。

また、ドクダミを煎じたものを飲むと通じがよくなります。ニキビや吹き出物のできやすい人は、煎じ汁の内服を併用すると、いっそう効果があがります。

がんこないぼもハト麦でよくなる

ハト麦はイボトリ草という別名があるくらいで、いぼに特効があります。ハト麦一五グラムを煎じて、これを一日分としてお茶がわりに飲みます。気長に飲んでいれば、がんこないぼも必ずとれます。なお、漢方ではハト麦の殻《から》をとったものをヨクイニンといい、健胃、神経痛、リウマチ、糖尿病などに広く薬効があるとされています。

疲労回復には土踏まずにニンニクの貼り薬

土踏まずは疲労回復のツボとされています。疲れたときはここを人に押してもらうだけでもずいぶんと気持ちがよいものです。ここにニンニクのすりおろしたものを貼ると、

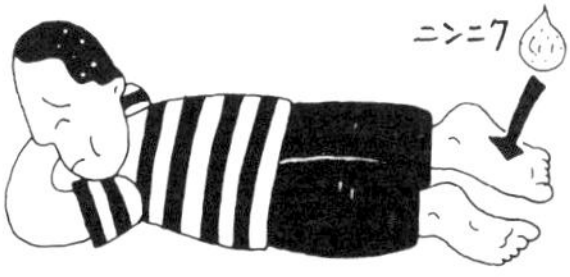

疲労回復に大変効き目があります。ニンニクの成分がツボを刺激し、血行をよくするからです。

打ち身、ねんざにサトイモ湿布を

サトイモは皮をむいてすりおろし、同量の小麦粉、ひとかけらのおろしショウガをまぜて貼り薬にします。かぶれやすい人はゴマ油をぬってから貼ります。サトイモもショウガも炎症をしずめる効果があるので、打ち身、ねんざのよい湿布薬になるのです。貼った薬は五〜六時間でとり替えます。

ヘビイチゴ酒は自家製の傷薬になる

山道などでよく赤い実をつけたヘビイチゴを見かけます。この実をつんできて、ヘビイチゴ酒をつくっておけば家庭用の傷薬になります。ヘビイチゴ五〇粒に三五度の焼酎一・八リットルを注ぎ、半年ほどつけておきます。使用するときは患部にぬるか、ガーゼをひたして湿布します。アルコールとヘビイチゴの成分との相乗作用で、打ち身、ねんざ、虫さされ、やけどなどに幅広い効き目を表します。

気軽にできるストレッチ体操①

ストレッチ体操とは、「無理をしないで徐々に筋をのばし、のばしたら数秒間じっとしている」体操です。この体操は日ごろ運動をしていない主婦や中高年の方の健康体操にぴったりです。

誰でも自分にできる範囲で無理なくはじめられ、特別な器具や場所を必要とせず、一人でできるからです。それでいて健康増進の効果は抜群。とくにギックリ腰の予防には最適です。

●ストレッチ体操のコツは

①自分のできる範囲で筋をのばすこと。けっして無理をしない。

②リラックスした姿勢でゆっくりとやる。

③体を曲げるときに、はずみや反動をつけない。

④自然な呼吸でやる。おしゃべりしながらできるぐらいがよい。

といったことです。要はけっして無理をせず、笑顔でやることです。

●朝起きて、ふとんの上でする体操

1.〈のばす筋〉体全体

①まくらをはずし、大きく一〇秒間のびをする。

②まくらを腰の下に置き、もう一度大きく一〇秒間のびをする。

2.〈のばす筋〉股《こ》関節《かんせつ》、膝《しっ》関節《かんせつ》、大腿部《だいたいぶ》裏側の筋、殿《でん》筋《きん》

①片脚のひざを曲げ、両手でかかえてゆっくりと胸に引きつける。そのまま一〇秒間静止する。

②同じように反対側の脚も行う。

3．〈のばす筋〉背筋《はいきん》

①背すじをのばして一〇秒間あぐらをかく。このとき、両ひざを手で押さえるとよい。

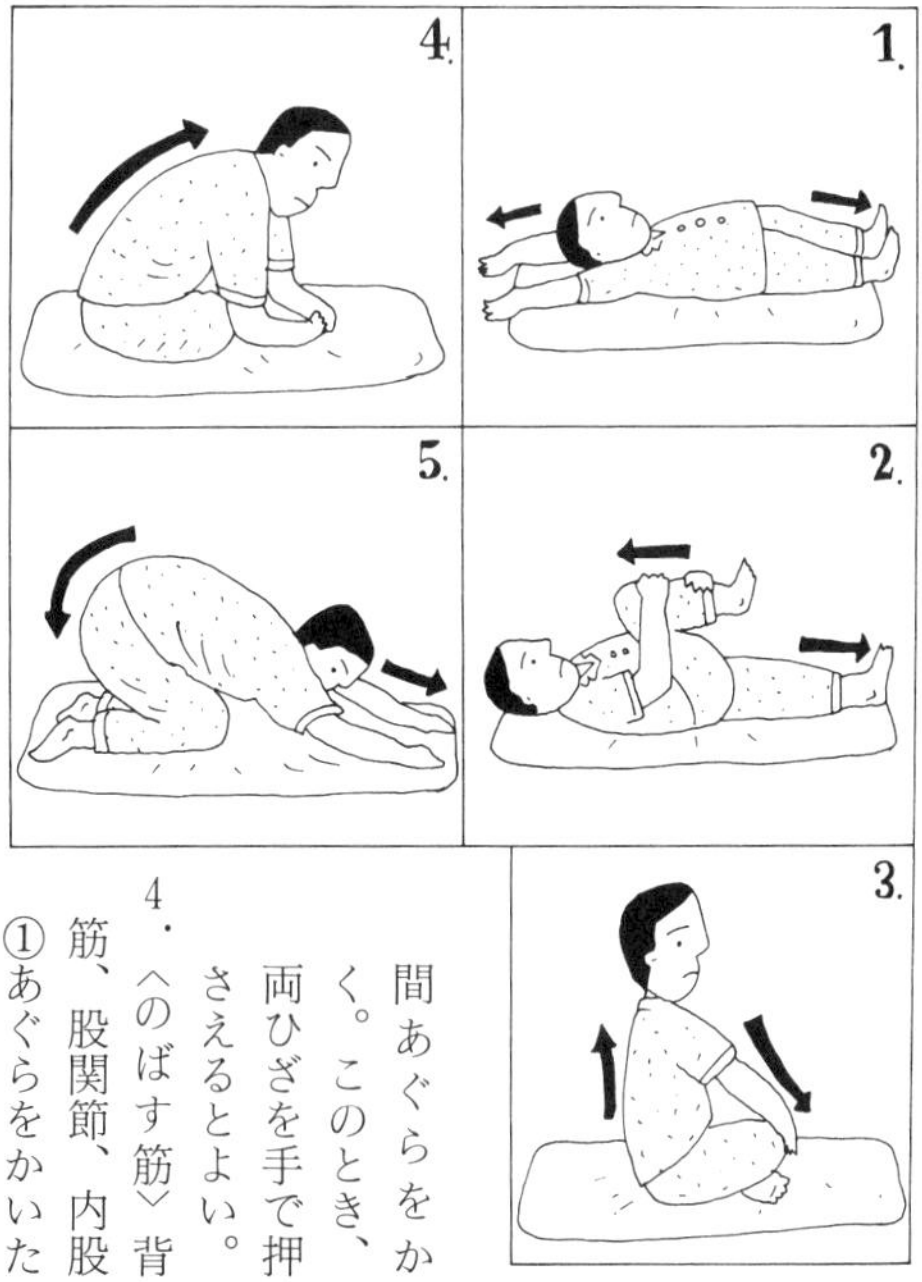

4．〈のばす筋〉背筋、股関節、内股

①あぐらをかいたまま、息をはきながら上体を前に曲げる。

②両ひじをふとんにつけ、一〇秒間静止する。ひじがつかない人はつけようとするだけでよい。

5．〈のばす筋〉肩周辺の筋、腰筋、殿筋、肩関節

①図のように、息をはきながら背中をのばす。このとき、両ひじをのばし、胸をふとんにつけようとし、お尻をかかとにつけようとする。

②のばした状態で一〇秒間静止する。

気軽にできるストレッチ体操②

たとえば、テレビを見るときの姿勢をちょっと工夫するだけでも立派なストレッチングになり、体がうんと柔軟になります。

テレビそっちのけでウンウンうなりながらやったのではかえって逆効果。体の力を抜いて、気楽にやってみてください。

●テレビを見ながらできる体操

1．〈のばす筋〉肩周辺の筋、肩関節、上肢《じょうし》内側の筋

①両腕のひじをのばして後方にもたれる姿勢から、徐々に尻と手首の距離を離す。

②肩から指の先までのばす。背中と腰ものばす。

2．〈のばす筋〉股関節、腰筋、体側の筋、大腿部外側の筋

①両脚をのばしてすわる。

②図のようなポーズをとる。

③上体は胸を張って腰をのばし、組んだ脚の方向へ体をねじる。

3．〈のばす筋〉大腿部表側の筋、膝関節、肩関節、肩周辺の筋

①片脚を曲げ、徐々に後ろにもたれかかる。このとき、必ず手の指先は前に向けること。

②ひじをついてさらに上体を後傾させる。曲げたひざが床から離れない程度でとどめておく。

4．〈のばす筋〉大腿部裏側の筋、腰筋

①両脚をのばし、ひざを曲げないようにする。
②腰から前方へ倒れかかるようにして図のポーズをとる。このとき、背中を丸めるのでなく、腰をのばすようにすること。

5．〈のばす筋〉股関節、内股の筋、腰筋、背筋、ひじ関節
①あぐらをかく。
②図のように左右の肩、腰、ひじが横から見て三角形になるようにして、三方向からのばす。

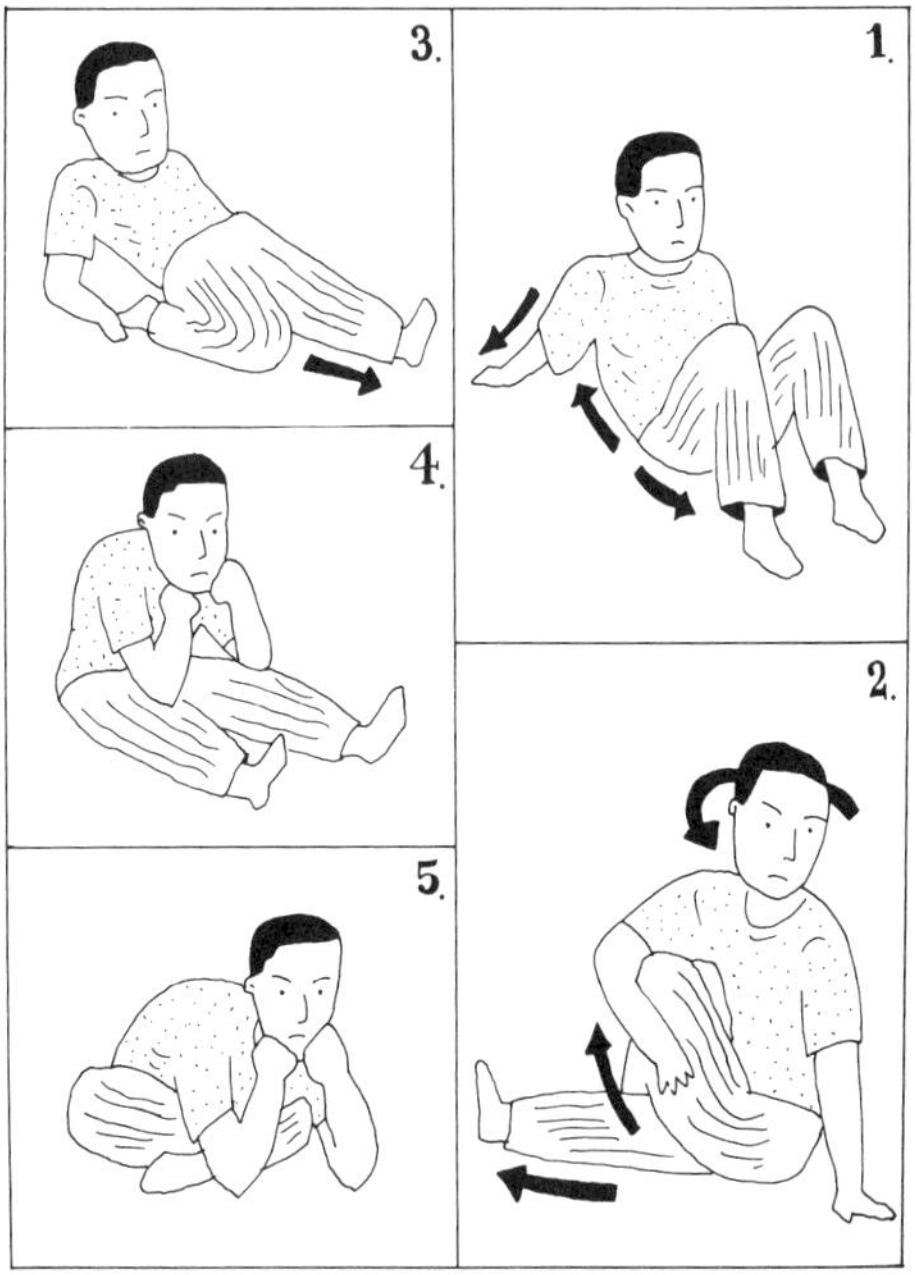

ヨモギの葉は応急の止血剤になる

野外で思わぬけがをしたとき、ヨモギの葉が応急の血止めに役立ちます。葉を手でもんでやわらかくし、傷口にあてておけば、じきに血は止まります。なお、ナズナ（ペンペン草）にも同様の効果があります。

ひざのけがは靴下で包帯する

ひじやひざのけがに包帯を巻くのはなかなかむずかしいもの。よく動かす箇所なので、すぐに包帯がずれてしまいます。古いソックスを包帯にすれば、動きが楽で、ずれることもありません。

破れたりしてはかなくなった古ソックスの爪先を三センチほど切りとった残りを使います。傷口にはガーゼをあて、バンソウコウでとめておきます。そして、古ソックスを逆向きにはき、ちょうどソックスのかかとの部分がひざにくるようにします。ひざの上を靴下止めなどでとめると完璧です。なお、古ソックスは使用前によく洗い、清潔なものを使うようにしましょう。

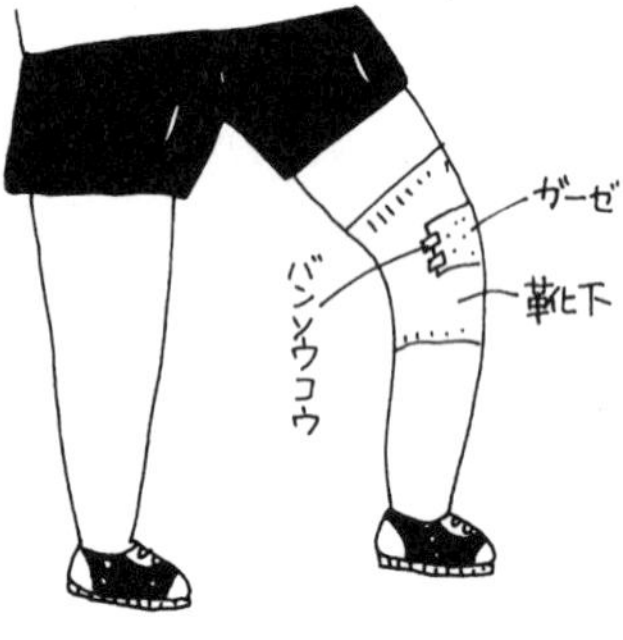

虫さされに唾《つば》をつけると毒を中和する

野外でブヨやアブに刺されたときは、まず刺された場所を口で強く吸い出します。吸ってははき、吸ってははきして、毒を吸い出してしまいます。

そのあとは薬がなければ唾をつけておきます。唾は弱アルカリ性なので、虫の毒を中和してくれます。

ハチの毒はタマネギで吸い出す

ハチに刺されたときは、生のタマネギの薄切りを刺されたところにのせ、テープを貼って固定しておきます。タマネギが毒を中和してくれ、はれる心配がありません。

のどにつかえた食べ物は電気掃除機でとる

食べ物がのどにつかえて窒息死《ちっそくし》する事故は意外に多いものです。時と場合によっては救急車も間に合いません。こんなときには電気掃除機を使って応急処置をします。先端器具をはずした筒を、のどの奥に入れて吸い出す

のです。

赤ちゃんにはちょっと無理ですが、幼児以上の窒息事故には大変効果的だそうです。いざというときの切り札として、覚えておきましょう。

耳に虫が入ったら食用油を耳の中にたらす

耳の中に虫が飛びこんだら、絶対に指をつっこんではいけません。虫はますます奥に入りこんでしまいます。こんなときはまず太陽のほうに耳を向けます。懐中電灯で耳を照らしてもいいでしょう。あかりに誘われて、虫

は出てきます。それでもだめな場合は食用油を耳の中に一、二滴たらすと、虫は窒息死してしまいます。死んだ虫はあとでお医者さんに行ってとり出してもらいます。

鼻血のとき 首の後ろをたたくのは間違い

鼻血が出たら首の後ろをたたくとよいといわれますが、これはほとんど効果がありません。鼻血が出たら、脱脂綿をつめて小鼻をしばらく押さえていれば、じきに血は止まります。また、横になると頭に血が集まるうえ、のどに血が流れこみますので、ソファなどに腰かけて休むのがよいでしょう。

やけどをしたら 衣類の上から水をかける

下半身に熱湯を浴びたとしましょう。たいていの人はまずズボンを脱ごうとします。でも、あわてているのでなかなか脱げません。モモヒキでもはいていたら悲劇です。モタモタしているうちに、やけどはどんどんひどくなります。こんなときは、思いきって衣類の上からどんどん水をかけてしまいます。やけどには、一刻も早く冷やすことが大切です。衣類は冷やしたあとで脱ぐようにすればいいのです。

やけどは最低一〇分間は流水で冷やす

やけどはすぐに流水で冷やすのが最良の治療法です。気をつけたいのは冷やす時間。最低一〇分間は冷やすことです。たいていの人は気が動転して、一～二分の時間をうんと長く感じてしまうものです。時計を見ながら、

一〇分以上確実に冷やすことが大切。

やけどにはアロエがよく効く

やけどはまず流水で十分に冷やすことですが、そのあと、アロエの汁をぬっておけば治りが早く、やけどのあとが残りません。アロエは表皮をとり除き、内側のやわらかな部分をつぶして患部にぬります。

笹の葉をかみながら歩くと疲れない

笹の葉にはビタミンKやカルシウムイオンが豊富に含まれ、スタミナ増強の効果があります。山道ではどこにでも笹が生えていますから、葉をとってかみながら歩くと、のどのかわきをいやし、疲れを防いでくれます。

靴ずれ防止には バンソウコウを貼っておく

ハイキングや旅行など、長時間歩くときに

は、あらかじめ靴ずれしそうな箇所にバンソウコウを貼っておきます。バンソウコウはテーピング用テープ（スポーツ用品店で売っています）か、幅広の布バンソウコウが適しています。皮膚を完全にガードしてくれるので、まず安心です。

足の疲れをとるには 足浴法がいちばん

長時間歩いたり、立って仕事をした場合などの足の疲れに効果的な足浴法。

ひざの下まで足がつけられるバケツを二つ用意し、一方に熱めのお湯、もう一方に水を入れます。お湯のほうに両足を一〇分間ひたし、水のほうに一分間。これを二、三度くり返します。このあと、足を高くして三〇分ほど休むと、疲れがとれ、むくむこともありません。

とっさの手当てを覚えよう

◎電柱で感電したらすぐに電源を断たない

感電した人を助けるには、まず電源を断つことです。いきなり被害者の体に触れては、救助者が感電してしまいます。

ただし、電柱に登った人が感電した場合、いきなり電源を断つと、吸いついていた電磁石が電源を断たれて落ちるように、感電者が墜落《ついらく》することがよくあります。その場の状況をよく見て判断するようにします。

◎口うつし人工呼吸の方法

人工呼吸でもっとも簡単で確実なのが「口うつし法」です。一般にマウスツーマウスといわれるように、相手の口に救助者の口をあて息を吹きこむだけです。

はじめの一〇回ほどは速く、あとは、相手の年齢に合った呼吸回数をメドに吹きこんでやります。

◎水は片ひざを立ててはかす

溺《おぼ》れた場合は、たいてい水を飲んでいます。人工呼吸をする前に十分水をはかせます。はかせ方は、片ひざを立てて相手の腹部にあて、背中を手で下から上へしごくよう

に強く押してやります。

このとき、口を開かせて、舌を引き出しておくことを忘れないように。

◎毒ヘビにかまれたら口で吸って毒を出す

マムシやハブにかまれたら、まず心臓に近いほうをハンカチなどでかたくしばり、棒切れをさしこんでねじあげ、止血します。

次に、傷口から毒血を素早く出すわけですが、救助者の口中に虫歯や傷、炎症がなければ強く吸って出します。そうでなければ、刃物などで傷口を十文字に切開し、まわりを圧迫して毒血を押し出すようにします。

毒蛾《どくが》やクラゲなどに刺された場合も、同じように止血し、毒素を排出させます。

◎フグ中毒は重曹水《じゅうそうすい》で胃を洗浄する

フグには確実な解毒剤や抗血清というものはありません。もし、フグの中毒に気づいたなら、重曹水を大量に飲み、胃の中身をはき出して、胃を洗浄してやることです。

俗に「フグ中毒は砂地に体を埋める」といいますが、まったく根拠がありません。とにかく、胃を洗浄して、医者にかかることです。

◎毒キノコにあたったら木炭《もくたん》の粉末を飲む

中毒ですから、胃の内容物をはき出します。そして、早急に体外に排出するために下剤を飲みますが、このときに木炭の粉末も一緒に飲みます。これは、木炭の粉が毒物を吸着し、毒物が腸壁から吸収されるのを少しでも防いでくれるからです。

◎てんかんを起こしたらはしをかませる

てんかん発作は、ひきつけと同じように、舌をかまないようにさせることがなにより大切です。歯の間に、はしやエンピツ、なければハンカチなど布を丸めてくわえさせます。

　あとは、静かに寝かせておいて、けいれんのおさまるのを待ちましょう。

◎交通事故に遭った人は励ましつづける

　交通事故に遭った人がいれば、救急車を呼ぶのはもちろんですが、救急車が来るまで、そばについて、「傷はたいしたことはない、大丈夫だ」などと励ましつづけてあげます。

　そうすると、被害者が気を確かにもてて、助かる率が高いといわれています。

◎脳卒中では励ましてはいけない

　脳卒中で倒れた場合は、交通事故とは反対に励ましたり、体をゆすったりして刺激を与えることは禁物。

　ですから、倒れた場所からできるだけ動かさないようにして、その場で看護しつつ、医者を呼びます。

◎異物を飲みこんだら下剤を飲ませてはいけない

　エンピツのキャップ、硬貨や義歯など異物を飲みこんだ場合、あわてて下剤を飲ませたりしないように。便がやわらかくなって、異物が消化管で露出してしまい、逆効果となります。

　小さな異物でとがったものでなければ、二、三日のうちに便に包まれて自然に排泄《はいせつ》されるものです。繊維の多い食物を食べさせて便の量を増やすよう心がけます。

塩湯に入れば湯ざめなし

風呂にひとつまみの塩を入れます。体が芯《しん》から温まり、ポカポカしてきて、湯ざめしません。また、塩を少しお湯で湿らせ顔を洗うとスベスベします。お腹の脂肪が気になる人は、塩出し療法という手もあります。これを風呂でやれば、一石三鳥というわけです。

ミカンの皮は干して風呂に入れる

ミカンの皮を干したものは陳皮《ちんぴ》と呼ばれ、漢方でも重宝されています。ミカンの皮をカラカラになるまで干し、二〇個分ほどまとめて、古い手ぬぐいなどで作った袋に入れて風呂に浮かべます。肌がつるつるになり、体の芯まで温まります。風邪の予防にも効果があるといわれています。

顔の汗は首筋を冷やすと止まる

真夏の暑い日、顔から汗が吹き出ているのは、はたから見ても気持ちのいいものではありません。とくに女性で、化粧をしているときはふくにもふけず、困ってしまいます。そんなときは、首筋を冷やすと顔の汗も自然に

止まります。寒いときマフラー一本で体中がずいぶんと暖かくなるのと同じ理屈です。喫茶店のおしぼりや、水にぬらしたハンカチを首にあてて冷やしてみるとよいでしょう。

汗かきの人は酢で手足を洗う

汗びっしょりになって外出から帰ったときなど、酢をたらした水で手足を洗うとさっぱりします。そのあと、しばらくは汗でべとつくことがなく、とても気持ちのよいものです。汗かきで、夏が来るといやな思いをしている人におすすめします。

いびきをかく人は横向きに寝る

いびきは俗にノドチンコと呼ばれる部分とその周辺の粘膜が息にあおられて振動することによって起きます。あおむけに寝ると、この部分の緊張がゆるんで気道が狭くなり、いびきをかきやすくなるのです。横向きかうつぶせに寝ると、いびきはかなり小さくなります。また、まくらを高くするのも効果があります。

しゃっくりには器の水を向こう側から飲む

どんぶりいっぱいに水を入れ、その水をどんぶりの向こう側から飲むのです。このとき、どんぶりの真ん中にはしを渡しておくとよいでしょう。なかなか止まらないしゃっくりも、これでたいていはおさまります。しゃっくりを止めるには、長く息を止めるのがいちばんですが、どんぶりの向こう側から水を飲むには、どうしても長く息を止めざるをえません。しかも、水を飲むことに気持ちが集中するので、しゃっくりから注意をそらすことにもなり、効き目が倍増するのです。

止まらないしゃっくりには柿のへた

なかなか止まらないがんこなしゃっくりには柿のへたの煎じ汁が効き目があります。柿のへた一〇個とひねショウガ少々を水二〇〇ccで半量に煎じて飲みます。古くから漢方で効き目があるとされている煎じ薬です。

目が疲れたら髪の毛をひっぱる

目が疲れたときの簡単な回復法です。こめ

かみの部分の髪の毛を垂直にピッピッと二分間くらいひっぱると、目のまわりの血行がよくなり、不思議に疲れがとれてしまいます。

正座はひざの病気を防ぐ

「脚の形が悪くなる」といわれ、あまり評判のよくない正座ですが、実は、ひざの健康を保つのにとてもよい習慣なのです。最近、膝《しつ》蓋軟骨軟化症《がいなんこつなんかしょう》というひざの痛む病気が若い人の間に増えています。この病気は、西欧人には多いのですが、戦前の日本人にはほとんどみられませんでした。この病気が増えたの

は、正座の習慣がなくなったことと密接に関係していると考えられています。というのは、ひざを折り曲げたりのばしたりする運動がひざの軟骨に栄養をゆきわたらせ、老化を防ぐはたらきをしているからです。正座をするチャンスが減るにつれて、ひざ関節の軟骨の異常を訴える人が増えてきたというわけです。

赤ちゃんに眼帯をかけさせるのはよくない

一〜二歳までは、目の周囲をけがしても、眼帯をかけさせてはいけません。赤ちゃんは、毎日目を見開いていろいろなものを見つめることによって、視力を発達させている最中なのです。この時期に眼帯をかけさせると、たった一〜二週間でも視力に悪い影響を与えることになります。

お年寄りのベッドは高めにする

寒さに弱いお年寄りのベッドは、なるべく位置を高めにしておきます。部屋の中では暖かい空気は上へ、冷たい空気は下へと移動しますので、高いベッドのほうが暖かいからで

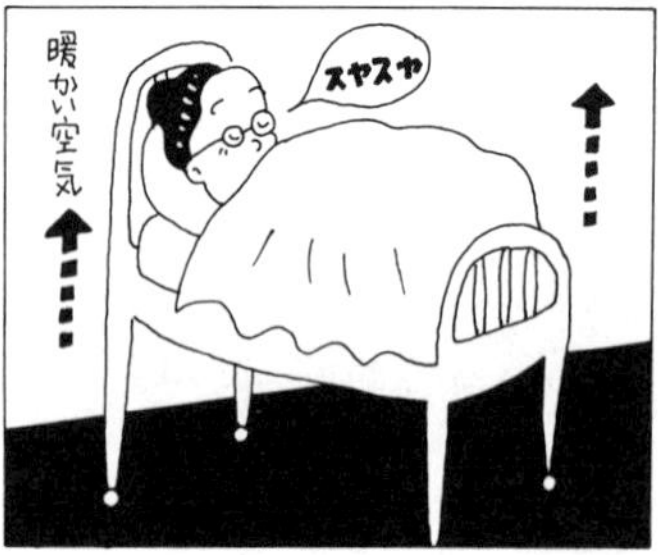

す。ふとんの場合も、マットなどを重ねて、高い位置で眠れるような工夫をしてあげてください。

ソバがらまくらは頭が冷えて眠りやすい

「頭《ず》寒《かん》足《そく》熱《ねつ》」という言葉がありますが、年間を通して、頭は冷たいほうが安眠できます。ソバがらまくらは頭の熱を吸収しますのでとても気持ちのよいものです。

米屋さんでソバがらを買うことができますから、自分で好みの高さのまくらを作ると安眠に役立ちます。

虫歯防止には食事のあと水を飲む

食事のあとの歯磨きは大切ですが、実際には三食後、毎回磨くのはなかなかむずかしいものです。歯磨きが無理なときは、せめて一杯の水を口にしてみましょう。

食事のあとは、食物中の糖分が分解されて、歯の表面に酸が作られています。この酸が虫歯の原因になります。ところが、水を一杯飲むだけで、この酸の大半はきれいに洗い流されるのです。

ひび、あかぎれは手袋をはめて寝る

冬になると手の荒れに悩まされる方も多いと思います。寝る前に手にコールドクリームなどの栄養分の多いクリームをたっぷりぬりこみます。そして、毛の手袋をはめたままで寝るのです。翌朝には驚くほど手はすべすべになっています。

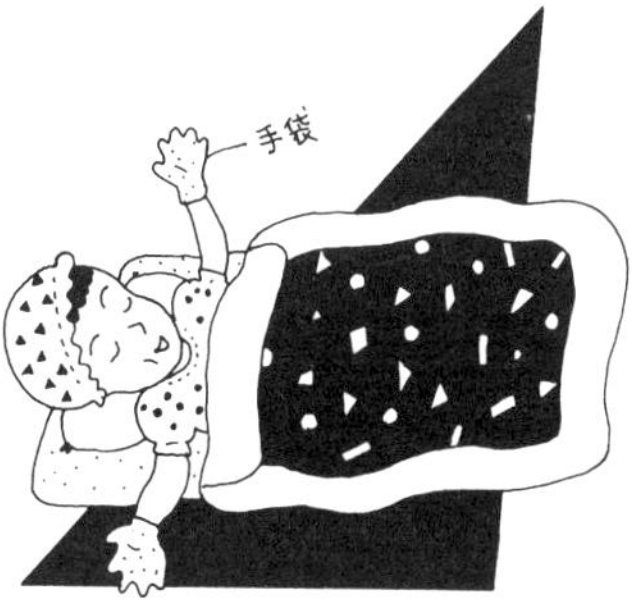

歯磨きは力を入れなくてよい

歯磨きは、力をこめてゴシゴシ磨いてもあまり効果はありません。歯の汚れを落とすには、軽くブラシの毛先があたる程度で十分なのです。上手な歯磨きのコツは、軽く細かく歯ブラシを動かし、歯の表面にまんべんなく毛先を届かせることです。

歯磨き剤は少量でよい

歯《し》垢《こう》をとるためには、実は歯磨き剤はほとんど必要ありません。なにもつけない歯ブラシで磨いても十分なのです。かえって歯磨き剤をたっぷりつけて歯を磨くと、ちょっと磨いただけで口の中がさっぱりするので、磨き方が足りなくなりがちです。ただ、歯磨き剤をつけずに歯を磨いていると、歯の色が黒ずんできますので、ほんの少しつけて磨くとよいでしょう。

歯磨きを座ってやると長く磨ける

「三×三×三」が歯磨きの基本だそうです。つまり、三食後三分以内に三分間磨くのです。ところが、立って三分間磨きつづけるのが意外に大変。どうしても、サッサッと終わらせてしまいがちです。そこで、洗面台の近くに椅子《いす》を用意しておき、座った姿勢で磨くことをすすめます。朝にこうしたのんびりとした時間をもつことは、精神衛生上にも大変よいことです。なお、食後の歯磨きは、歯磨き剤をつけなくてもよいですから実行したいものです。

歯が痛いときは耳の下を押す

歯が痛みだしたら、痛む側の耳の下を強く押すと、痛み止めの応急処置になります。この場所に歯痛の神経のツボがあるからです。

痛いぐらいに強く押すのがコツです。ほかの人に頼んでやってもらうとなお効果的です。

薬の効能書きは救急箱にまとめておく

薬には効能書きがついていますが、外箱に入れっぱなしでは、中びんなどの出し入れの際にじゃまになって捨ててしまうことがあります。しかし、容器に貼られた使用法では簡単すぎます。救急箱の底にまとめて保存し、ときどきは読み返してみます。

車酔いを防ぐには求心的姿勢をとる

車酔いをする人でも自分で運転すれば酔わないということがあります。その原因は運転手と乗客の車内での姿勢のちがいにあるようです。つまり、車に乗って、左にハンドルを

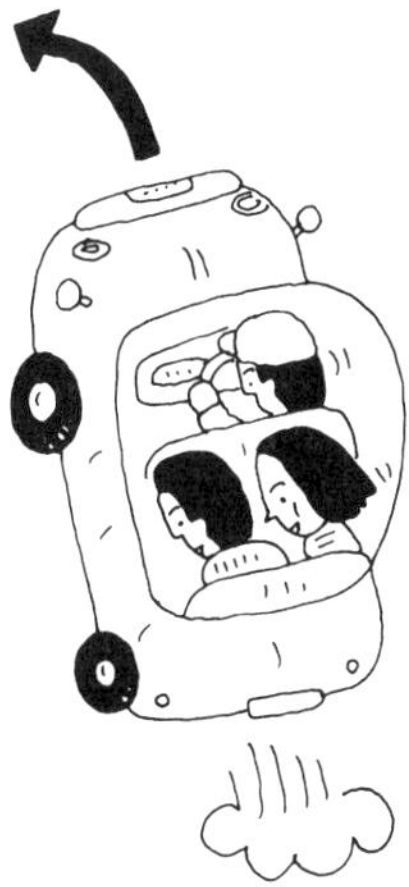

切るとき、運転手は体を左に傾けますが、乗客の体は遠心力で右にふられます。このちがいで酔うのです。ですから、運転手の姿勢と同じように、遠心力にさからって求心的な姿勢をとるようにすると車酔い防止に効果があります。

牛乳を飲むとイライラがしずまる

イライラの原因のひとつにカルシウム不足があります。カルシウムが足りないと、神経

が興奮してイライラとおこりっぽくなります。いちばん手軽にカルシウムが補給できるのは牛乳。一〇〇グラムあたり一一〇ミリグラムのカルシウムが含まれています。しかも、牛乳のカルシウムは水にとけた状態になっているので、魚の骨などのカルシウムと比べて、とても消化・吸収が早いのです。

豆乳《とうにゅう》と牛乳、栄養価はここがちがう

豆乳と牛乳の栄養価の比較は次の表のとおり。牛乳にはカルシウムとビタミンA、B_2が豊富ですが、豆乳にはあまり含まれていません。しかし、牛乳には少ない鉄分が多くあります。また、牛乳に含まれている飽和《ほうわ》脂《し》肪酸《ぼうさん》が血液中のコレステロールを上げるのに対して、豆乳に含まれている不飽和脂肪酸はコレステロールを下げるはたらきをします。要するに、どちらが体によいということではなく、両者の栄養上の特徴をよく理解したうえで双方を飲み分けることです。

豆乳と牛乳の成分

栄養素	エネルギー (kcal)	たんぱく質 (g)	脂質 (g)	カルシウム (mg)	リン (mg)	鉄 (mg)	ビタミンB1 (mg)	ビタミンB2 (mg)	ナイアシン (mg)	ビタミンA効力 (I.U.)
豆乳	46	3.6	2.0	15	49	1.2	0.03	0.02	0.5	0
牛乳	67	3.3	3.8	110	93	0.02	0.04	0.15	0.1	83

五訂食品標準成分表／100gあたり

砂糖を減らすと塩も減る

「健康のため塩分のとりすぎに注意しましょう」は常識です。高血圧の予防にはまず食事の塩分を減らすこと。といっても、塩だけを減らしたのではどうも味がしまりません。そこで、まず、味つけのときに砂糖を減らすようにします。とくに煮物などは素朴な味を生かした味つけにします。つまり関西風の薄味料理にするわけです。砂糖が多いと、味のバランスからどうしても塩やしょうゆもたくさん入れたくなるものです。

減塩みそも多く使えば同じこと

塩分のとりすぎを防ぐため、減塩食品が出回るのももっともなことですが、使い方次第では効果もなくなってしまいます。たとえば、減塩みそですが、私たちがおいしいと感じるみそ汁の味はだいたい一定していて、塩味が大きく作用します。ですから、どうしてもみそを多く入れてしまうことになります。これでは、減塩の意味も薄れてしまいます。

つけあわせのパセリは食べてしまう

レストランの肉料理にはパセリがつきもの。食べずに残してしまうのは、もったいない話です。

パセリには口の中に残る肉や香辛料のにおいを消すはたらきがあるのです。それにビタミンA、C、カルシウムなど、栄養もたっぷり。ステーキを食べ終わったら、パセリを食べて口の中をさわやかにしましょう。

果物も肥満の原因になる

〝果物はいくら食べても太らない〟というのは迷信。甘い果物には糖分がたっぷり含まれており、意外と高カロリー食品なのです。たとえば、リンゴ二個、柿二個、バナナ二本がそれぞれご飯一杯分（約二二〇キロカロリー）に相当します。果物といえども、食べすぎは肥満のもと。しかも、たっぷり食事をとったあとで、さらに余分のカロリーをとりがちなものだけに注意が必要です。

ビタミンをとるにはサラダよりも野菜炒め

ビタミン補給には野菜サラダがいちばん、というのは大きな間違い。煮たりゆでたりして野菜を食べるほうが、たっぷりビタミンを補給できる場合が多いのです。そのわけは、食べる野菜の量の違いにあります。生野菜はかさがあるので、どうしても食べる量が少なくなるのです。

たとえば、レタスを一〇〇グラム食べようとすると、大きなボールにいっぱいになってしまいますが、ホウレンソウのおひたし一〇〇グラムは卵二個分ぐらいのかさしかありません。調理によるビタミンの損失を考えに入れても、煮たりゆでたり炒めたりする料理のほうが、サラダよりもビタミン量が多いのがふつうなのです。

消化剤は お茶と一緒に飲んではいけない

消化剤にはペプシン、ジアスターゼ、リパーゼなどの消化酵素《しょうかこうそ》が入っています。酵素は一般に熱やお茶の成分であるタンニンに弱いのです。ですから、消化剤は熱いお茶と一緒に飲んだのでは、効果が半減するおそれがあります。消化剤は必ず水で飲むようにします。このほか、造血剤《ぞうけつざい》もお茶と一緒に飲んではいけない薬の一つです。

インフルエンザと風邪は ここがちがう

インフルエンザの特徴は高熱と頭痛、関節痛。鼻水、せきはあとから出ることが多いのです。これに対してふつうの風邪は「くしゃみ、鼻水、鼻づまり」から始まり、熱はそれほど出ません。いきなり三八度以上の高熱が出て、体の節々が痛むようでしたら、インフルエンザかもしれません。早めに医者にかかったほうがよいでしょう。

紅茶は コーヒーよりもカフェインが多い

「大人はコーヒー、子どもは紅茶」というのは間違い。実は、問題になるカフェインの量は紅茶のほうが多いのです。カフェインの含有率はコーヒー〇・八〜一・三パーセントに対して、紅茶は二・八パーセントと倍以上。体に与える刺激は紅茶のほうが強いといえます。

たばこの煙は紫煙《しえん》のほうが有害

たばこの煙の中でも、人がはき出す煙よりもたばこから直接立ち昇る煙のほうがはるかに有害物質が多いのです。その量は、タールやニコチンが二～三倍、アンモニアが五〇倍、発がん物質は数倍から五〇倍にもなります。

何人もの人がたばこを吸っている部屋では、吸いかけのたばこからもモウモウと煙が立ち昇っています。この煙のほうが、喫煙者が吸いこむ煙よりもさらに危険というわけです。

アルカリ性食品が体にいいというのはうそ

体によいとして、アルカリ性食品と銘打たれた食べ物が多く出回っています。しかし、酸性食品を多くとったからといって、体液が酸性になるというものではありません。人間の体には食べ物のpHに関係なく、自動的に中性に近い状態を保つ調節機能が備わっているからです。食べ物の酸性・アルカリ性にこだわるよりも、いろいろな食品をバランスよくとることのほうが大切です。

なお、アルカリ性食品と酸性食品は、焼いたあとの灰を水にとかしたとき、アルカリ性になるか酸性になるかによって決まります。

食後寝るのは肝臓を助ける

昔は「食べてすぐ寝ると牛になる」などといったものですが、食後横になることは健康には大変よいのです。とくに肝臓の弱っている人は、毎食後三〇分間、静かに横になるこ

とをおすすめします。横になると、肝臓へ流れる血液の量が増え、肝臓のはたらきが活発になるからです。

爪の具合で健康をはかる

爪自体には色はありませんが、爪の下の皮膚に流れている血液が透けて、爪はピンク色に見えます。爪を上から押さえて離したとき、すぐピンク色にもどれば健康ですが、押さえたときと同じように白ければ貧血を起こしています。貧血が進むと、爪の真ん中がへこんでスプーンのようにそってきます。

タテの線ができるのは一種の老化現象で、三〇歳を過ぎてもタテ線が現れない人は、肉体が若々しいといえます。

ガス中毒の人を歩かせてはいけない

ガス中毒にかかった人を助けようとしたら、歩けそうでもけっして本人に歩かせてはいけません。ガス中毒にかかると、体内の酸素をほとんど使いきっており、本人が動くと、この残り少ない酸素を使い果たしてしまうことになるからです。元気そうに歩けた人が死んでしまったなどという事例も多いのです。横にして静かに運んであげることです。

うつ病の人を励ましてはいけない

あなたの家族や同僚が、たいした理由もなく、急にふさぎこんでひどい憂うつ状態になったら、うつ病のおそれがあります。絶対にしてはいけないのは「君らしくもない、しっかりしろよ」と励ますこと。うつ病の人は自分のふがいなさを責めて、ますます泥沼に落ちこんでいきます。

こんなときは相手の身になってじっくり話を聞いてあげなくてはいけません。中高年のうつ病による自殺は、周囲の人にもう少し病気に対する知識があれば防げるケースが多いのです。「励まし」は多くの場合、逆効果。好意のつもりで「だらしがない、気を強くもて」などと叱ったりすると、かえって最悪の結果を招きかねません。

おならはがまんすると体に悪い

おならはがまんしていると腸から血液にとけこんでいきます。おならの成分の九〇パーセントは食べ物と一緒に飲みこんだ空気ですが、残りの腸内発酵でできたガスの中には、ごくわずかですが有害成分も含まれています。血液中にとけこんだ有害成分は、肌荒れ、吹き出物などの原因になります。とくに便秘がちの人はこの有害成分の割合が増えますから、おならをがまんすると体に毒、というわけです。がまんしないで自然に放出してしまったほうがよいようです。

服の背中がきつくなったら肥満に注意

肥満の度合いは皮下脂肪の厚さで測ります。よくお腹《なか》の皮をつまんで太ったとかやせたとかいっている人がいますが、お腹よりも背中の皮下脂肪の厚さのほうが、全身の太り具合をよく表しています。

体重が変わらないのに、服の背中がきゅうくつになってきたら太りはじめの証拠。食べすぎや運動不足に気をつけましょう。

歩く経済速度は一分間八〇メートル

自動車には経済速度というものがあります。もっともガソリン消費量の少ない速度のことです。

さて、人間の場合の「経済速度」は体重一キログラムあたりの酸素消費量が目安になります。一定の距離を歩くのに消費する酸素の量がもっとも少ないスピードが経済速度というわけです。分速五〇メートルで一キロメートル歩いたときの酸素消費量は一二リットル。分速八〇メートルまでスピードを上げると、酸素消費量は減っていき、一〇・八リットルになります。さらにスピードを上げて分速一〇〇メートルに達すると、酸素消費量は再び増えて、一二リットルに逆戻りします。

つまり、分速八〇メートルで歩くのが、もっとも疲れが少ないのです。分速八〇メートルの一時間の歩行距離は四・八キロメートル。やや早足で歩くほうがダラダラ歩きよりも疲れが少ないことになります。

スポーツドリンクは自家製で

昔は運動中は水分をとらないほうがよいといわれていましたが、最近では適度な水分を補給するのが常識です。しかもスポーツドリンクなら、運動の途中で飲んでも、水を大量に飲んだときのような脱力感がありません。夏場のランニングには必携です。自家製のスポーツドリンクを作ることもできます。一リットルの水に食塩茶さじ二分の一、ベーキングパウダー茶さじ四分の一を加えるだけでできあがりです。

第8章　買い物上手はここがちがう！

バーゲン品は端切《はぎ》れがついたものを選ぶ

バーゲンの既製服を選ぶときに肝心なのは、その商品がバーゲン専用に作られたものか、ふつうの売り場から回されてきたものかを見分けることです。この目安になるのがスペアボタンや端切れの有無です。スペアボタンや端切れのついているものは、まず、ふつうの売り場から回されてきたものですから、

安心して買うことができます。

服を買うときは同じレベルの服を着ていく

たとえばスーツを買いにいくのにジーンズスタイルというのはよくありません。これでは店員も客の好みや要求水準がわからないので、相談にのりようがないのです。スーツを買いにいくときはスーツを、ワンピースを買いにいくときはワンピースを、それも新たに買うつもりの服と同じレベルか少し高級なものを着ていくようにします。また、靴はその服を着るときにはく靴をはいていくことも大切です。

家族の寸法一覧表を作る

自分や家族が衣服を買うときの目安となる

寸法を一覧表にしておくと便利です。身長、胸囲、腰囲、胴囲、首囲、腕の長さなどを測って書きこんでおきます。子どもは成長しますから、五月五日のこどもの日、一〇月の体育の日など、年に二回ほど採寸するようにすると、あとになっても成長の記録が残って楽しいものです。

タオル地の衣類は大きめのサイズを選ぶ

タオル地のバスローブやビーチウェアなどを買うときには、ひとまわり大きなサイズを選びましょう。洗濯のはげしいものが多いだけに、縮むことをあらかじめ計算に入れておかないと失敗します。自分で作る場合も、たっぷりとしたサイズに作っておくと安心です。

コートの基本色を覚えておこう

何枚もコートを買い替えられる人ならともかく、いったん買ってしまったコートとは長くつきあわなければなりません。ショーウィンドウでのパッとした印象にとらわれず、ベーシックな色のものを選ぶのが無難です。コートの基本色は黒、紺、グレー、ベージュの四色です。これらの色はどんな服にも合いますし、小物とのバランスもとりやすいのです。赤や純白、深いグリーンやはっきりした茶色などは、二枚目のコートから考えたほうがいいでしょう。

ダウン製品のよしあしはさわるとわかる

ダウンジャケットから羽毛ぶとんまで、ダ

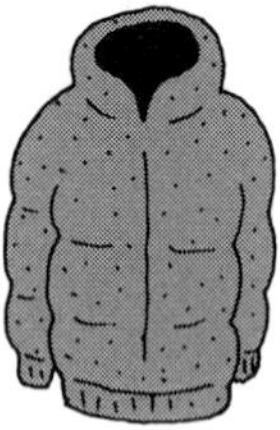

ウン製品もすっかり身近なものになりました。けれども、市販されている商品の中には粗悪品も多いようです。

　ダウン製品のよしあしは、指でつまんでみるだけでも、ある程度判断できます。

　布地の上から羽毛をつまんで、指をすりあわせるようにします。このとき、芯《しん》の存在を感じるようでしたら、芯のある羽根（フェザーといいます）がまじっている証拠です。本物のダウンは水鳥の胸毛で、フワフワの綿毛ですから、手でさわってもかたい芯を感じません。

ネクタイはタテにひっぱってみて選ぶ

　ネクタイはつい色や柄だけで選んでしまいますが、大切なのは、しめやすいかどうかということです。買うときにはネクタイの両端を持って、軽くひっぱってみましょう。そのとき、よじれなければ、生地が正確に織られていて、正バイアスにとって作られているネクタイですので安心です。

足袋《たび》は小さめのものを選ぶ

　ブカブカの足袋ほどみっともないものはありません。足にピタッと吸いつくように足袋をはくのが、和装の着こなしのコツともいえます。やや小さめのサイズのものを買い、一度洗濯してからはくようにしましょう。きゅうくつな部分は、ビールびんの底などでたたくとほどよくのびて、すっきりとはくことができます。

かさは顔色が悪く見える色を避ける

かさを選ぶときは売り場の鏡の前で何本か実際にさしてみて、自分の顔色が悪く見えない色を選ぶのがコツです。レインコートとかさとの合わせ方は、コートがうすい色の場合は、地味なかさでも派手なかさでもうまくまとまりますが、紺や黒のコートですと、かさを明るくしないと、雨の日の暗さもあって重い印象になってしまいます。

バッグ選びはまず口金をチェックする

失敗しないバッグ選びのチェックポイントをしっかり頭に入れておきましょう。まず、口金やファスナーが壊れやすくないか。実際に開け閉めしてためしてください。次に、糸目がまっすぐになっているか。糸がほつれたり縫い目がまがっていたりしていないか。革どうしののりづけ部分はちゃんとしているか。ひもがついているものは、バッグの大きさとひもの太さがつりあっているか。ひものとりつけはしっかりしているか。金具はまっすぐに固定されているか。よく見て失敗のない買い物をしてください。

バッグを買うときは実際に物を入れてみる

バッグを選ぶときは、お店の人にたのんで自分がいつも持ち歩いている小物類を実際に入れさせてもらいましょう。入ると思ったメモ帳や化粧バッグがあと一センチで入らない、などという失敗はくやしいものです。

また、中の物を整理しやすいように仕切りやポケットが十分あるかどうかもチェックして、気に入ったら、全身が映る鏡の前でバッグを持って立ってみます。自分の体の大きさとバランスがとれているか、ショルダーバッグならひもの長さはどうかなどがチェックポイントです。

靴は夕方に買う

立ったり歩いたりして夕方の足は少しむくんで、朝に比べて大きくなっています。こんな状態でもきゅうくつに感じない靴がよい靴。ですから、靴は夕方に選びます。

また、疲れた足のほうが、はき心地に関しても敏感になっていますから、本当に自分に合った靴が買えるというわけです。

家具選びには メジャーと見取り図を

新しい家具を買うときには必ずメジャーと部屋の見取り図を持っていって、気に入ったものがあれば、メジャーで測ってメモしておきます。

次に、配置も考えながら見取り図に転記していきます。見取り図を見ながらですと、どこに何を置いたら使いやすいか、動きに支障がないかなどがひと目でわかりますし、もちろん、ちゃんと収まるかどうかもわかるというもの。高価で長く使うものです。見た目のよさや、値段などで衝動的に選んでしまって、あとで失敗したと後悔しないようにしたいものです。

家具は雨の日に選ぶとよい

家具を買うときは、雨の日に選ぶとそのよしあしがわかります。正面の突き板をたたいて、にぶい音がするものは、あとでくるいを生じることがあります。カーンと澄んだ音のするものを選ぶように心がけましょう。引き出しなども、雨の日にスムーズに動くものなら、あとでちゃんと閉まらなくなるような心配がありません。

タンスは引き出しを閉めてみて選ぶ

上等のタンスは、引き出しをおさめてみて判断できます。一つの引き出しをおさめると、ほかの引き出しが出てくるものがよいタンスといえます。それは、密閉に近いしっかりしたつくりですと、引き出しをおさめたときの空気が行き場を失ってほかの引き出しを押し出すからです。そのうえ、引き出しのスベリがよいことも証明しています。

家具は婚礼用の売れ残り品が狙い目

家具は五~六月と一一~一二月の、婚礼シーズンが終わった時期のバーゲンが狙い目です。この時期には婚礼セットのはんぱ物が安く出ます。とくに三点セットの一点売れ残りなどは格安です。婚礼用に作られた家具は一般の品よりも作りのよいものが多いので見逃せません。

テーブルは靴を脱いで選ぶ

テーブルや椅子《いす》は高さをきちんと判断して買わなければいけません。そのためには、靴を脱いでから選ぶことが大切です。案外忘れやすいことですが、テーブルは室内で使うものだということを頭に入れておきましょう。

ベッドは業務用が最高

ベッドのよしあしを決めるのはスプリングです。やわらかすぎるベッドは腰がしずんでしまい、安眠できないばかりか、腰痛の原因にもなります。ややかためで、耐久性のあるものがいいのですが、これはちょっと売り場で寝ころんだぐらいではわかりません。間違いないのは業務用のベッドを買うことです。ホテルなどに多く納品しているメーカーに業務用と指定してとり寄せてもらうのです。実用的で長持ちするベッドが手に入ります。

カーペットは加工の種類を確かめて買う

カーペットを選ぶときには、材質やデザインだけでなく、どんな加工がしてあるかを確かめることが大切。とくに、次の三点に注意しましょう。まず難燃加工の有無。次に、防《ぼう》汚《お》加工。SG（ソイルガード）とあるのは汚れがつきにくい、液体をはじくというもの。SR（ソイルリリース）とあるのは汚れてもすぐとれるというものです。さらに抗菌加工がしてあるものは、ダニを寄せつけませんので、動物を飼っている家ではおすすめ。

カーテンは裏表使えるものを選ぶ

カーテンのリバーシブルはだいたい裏表が反対になっていて、ガラリと雰囲気が違うものになるものが多いようです。ですから、できるだけ明暗、寒暖などちがいが大きいほうが気分転換によいでしょう。それに日に焼けることの多いカーテン、裏返しにして使えるとなると二倍長持ちして一石二鳥というわけです。

小型の電気製品は三日に一度は使うものを

電気マッサージ器や野菜スライサーなど、小型の電気製品が数多く出回っていますが、これらを購入する前に、はたして本当に必要かどうかをチェックすることが大事です。家計簿などのすみに欲しい品物のリストを作っておき、欲しいと思ったときは印をつけます。それを一ヵ月続けて、三日に一度印があれば購入してもまず損はしないと考えていいでしょう。

冷蔵庫は置く場所によっては左開きを選ぶ

冷蔵庫のように大きなものは置く場所もかぎられてしまいます。狭い台所の場合には、とくに置く場所を決めてから買うことです。また、場合によっては、右開きだと不都合なことがあります。左開きの冷蔵庫もありますので探してみることです。

料理がおいしそうなテレビは色がよい

カラーテレビの色は人の肌の色を見て判断するといわれます。ですが、「料理番組」のほうが色もさまざまですし、ふだん見慣れているので判断がつきやすいものです。おいしそうだったら、そのテレビは大丈夫。

冷暖房機は大きめのものを買うほうが得

冷暖房機は、六畳用のものを購入して〝強〟で使うよりも、八畳用のものを〝中〟で使ったほうがはるかに長持ちします。どんな機器でも最大能力をフルに発揮させると、だめになるのが早いのです。大きめのものを買ったほうが、買うときは少々高くても、長持ちするので結局は得になります。

CMの多い商品は値引き率が低い

量販店に電気製品を買いに行くと、ものによって値引き率がずいぶんちがいます。なぜなら、CMの少ない、つまり宣伝費のあまりかかっていない商品のほうがぐんと値引きされているからです。それに、最新型よりも一つ前の型のほうがより安く買え、ものによっては、五割引きなんてこともあります。

大きな買い物は食事をすませてからにする

家具や電気製品など、高額の買い物をするときには、事前に食事をすませておきましょう。なぜかお腹《なか》がすいていると気があせって、いい加減なところでどれを買うか決めてしまうものです。お腹をいっぱいにしておけば、落ち着いた気持ちで判断できますし、何軒もお店をまわる体力も十分、というわけです。

冷凍食品はショーケースの温度を確認する

スーパーなどで冷凍食品を買うときには、ショーケース内の温度がマイナス一八度以下になっているか確認しましょう。それ以上だと品質が落ちています。また、包装の内側に霜がついているものは、一部が一度とけて再び凍結したもので、当然品質が落ちています。包装に小さな穴があいているものも、不純物や細菌が入りこんでいる可能性があるので避けます。

冷凍食品の買い物は新聞紙持参で

冷凍食品は真夏以外は一時間くらいはもちますが、それでも買い物の最後にするのが無難です。そして、買い物をするときには新聞紙を一日分持ちましょう。これで冷凍食品を包むと、ずっととけにくくなります。

同系色の網に入った青果物にご用心

網袋に入れられた青果物は、外から見ることができ便利です。しかし、たとえば夏ミカン、ハッサクなら赤い網、オクラは緑の網というように、同系色の網に入れられていることが多いものです。中身が実際より濃い色に見え、新鮮な印象を与えるからです。入れ物にまどわされないように、選ぶときは慎重に。

生鮮食品は金曜日が買い得

日曜日には生鮮食品の入荷がないため、休む店も多いようです。そこで、前日の土曜日が買い得のように思われがちですが、土曜日は需要も多く、なかなか安売りになりません。もう一日前の金曜日のほうが買い得となります。土曜日でも閉店間際なら値も下がりますが、買いたいものが安くなっているかどうかは別です。

第9章　暮らしを楽しむ豆知識

●植物編

旅行中の鉢植えの水やりは古タオルで

　旅行などで長く家をあけるときは、鉢植えを枯らしてしまわないかと心配なものです。植木鉢の隣に水を入れたバケツを置き、古いタオルをひたします。そしてタオルの一方を鉢植えの土の中にうめます。こうしておくと、毛細管現象《もうさいかんげんしょう》でバケツの水がタオルを通して少しずつしみこみ、鉢植えを枯らさずにすみます。

水も立派な殺虫剤になる

　鉢植えの植物についたアブラムシを殺虫剤を使わずに退治する方法があります。鉢植えをバケツに入れ、静かに水を注いで完全に水中に沈めてしまいます。一晩おくと、アブラムシは水面に浮かび上がりますから、それを集めて捨ててしまいます。

　なお、たいていの植物は一晩くらい水中に沈めても枯れることはありません。

観葉植物は風呂場に置く

　冬は、昼夜の気温の差が激しいものです。まして、ストーブなどで暖められた部屋に置かれた観葉植物は、暖房を止めたあとはぐっと冷えこんだ部屋に置かれっぱなしになってしまうわけです。観葉植物には、なによりも温度の急変が大敵。入浴後の風呂場の、それも高いところに移してやるとよいでしょう。

水やりの時期は鉢をたたいて判断する

観葉植物は水をやりすぎると根くされを起こしてしまいます。水やりの時期は、園芸用のナイフで鉢をたたいて判断するとよいでしょう。コンコンとたたいてにぶい音だったら、土が湿っている証拠。澄んだ音が出たら、土が乾いてきたのですから、水をやります。

最初は、水をやってから毎日ナイフでたたいてみてください。音の変化の具合をつかむためです。こうして一度覚えてしまえば、あとは鉢をたたけば土の乾き具合がすぐにわかるようになります。

発泡スチロールで鉢の水はけをよくする

観葉植物の鉢の水はけをよくする方法です。発泡スチロールを親指の頭ぐらいの大きさにくだき、植木鉢の底に五センチぐらいの深さまで入れます。その上に土を入れるようにすると、水切れがよく、根の健康が保たれます。

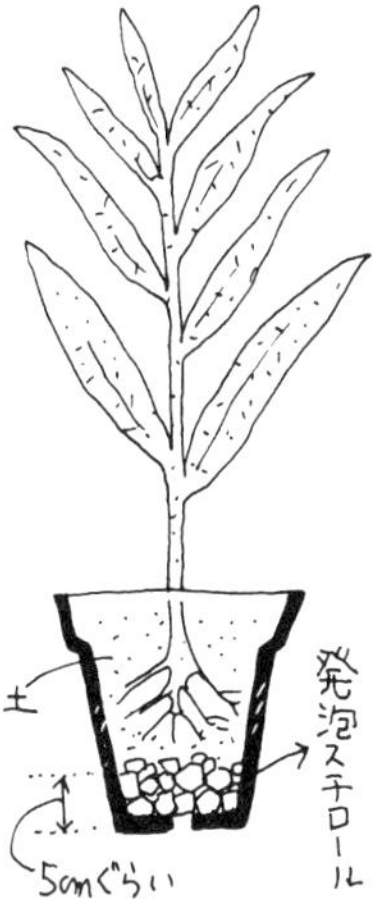

アボカドを観葉植物に

アボカドは「森のバター」ともいわれ、大変栄養価の高い果物です。さてこのアボカド、中に直径四センチほどの大きな種が入っています。この種を植えて育ててみましょう。まく時季は夏が適しています。種は横にして半分を土にうめ、乾かさないようにしておきます。種が大きいので、芽生えから二～三ヵ月は肥料をやらなくても大丈夫です。実を実らせるのはちょっと無理ですが、暖かいところでしたら越冬しますし、観賞用植物として楽しむことができます。

旅行中の植物の防寒は段ボール箱で

正月の里帰りなどで気がかりなのは留守中の室内の植物のことです。とくに気をつけたいのは防寒対策。何日も留守にしていると、家の中はすっかり冷えこんでしまいます。いちばん簡単で効果的なのは段ボール箱をすっぽりかぶせること。植物は暗やみに置かれることになりますが、夏場とちがって生長がとまっていますから、モヤシ状にのびることはありません。関東以南でしたら、たいていの植物はこれだけでも大丈夫ですが、寒い地方では発泡スチロールを段ボール箱の中のすき

まにつめると、保温効果が高まります。毛布を箱の上からかけるのも効果的です。

卵の殻《から》は鉢植えのよい肥料になる

昔ながらのやり方ですが、半分に割った卵の殻を鉢植えのまわりに置くと、植物のために大変よいのです。卵の白身には窒素《ちっそ》肥料《ひりょう》の成分である有機質がたっぷり含まれています。卵の殻の内側についた白身が土にしみこんで、よい肥料になります。卵の殻の灰分も有効な肥料ですから、くだいて土にまぜるのもよい方法です。

植木鉢はクギを逆に打った板の上に

棚に並べた植木鉢を子どもなどにひっくりかえされては大変。板に長めのクギを打ちこんで、その上に図のように植木鉢を置くと少少のことではひっくりかえりません。

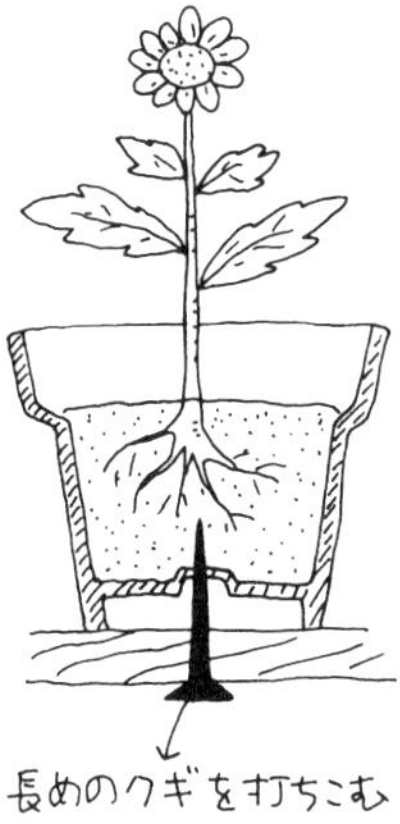

花から根まで食べられるタンポポを育てる

タンポポは花から根まで食べられる草花です。花は三杯酢で、葉はひと晩水にさらしてアクを抜き、おひたしにします。天ぷらにしてもほろ苦くておいしいものです。根はキンピラゴボウと同じように調理します。タンポポは大変丈夫な植物なので、日当たりさえよければどこでも育ちます。観賞と食用を兼ねて庭で栽培してみるとよいでしょう。

卵のパッケージで苗作《なえづく》りを

卵のパッケージは草花の苗作りに大変適しています。底に穴をあけ、土を入れて種をまけばよいのです。場所をとらず、持ち運びが簡単なのでとても便利です。一〇個入りのパッケージなら、上下合わせて二〇本の苗が植えられます。

ポリ袋を使って苗を越冬《えっとう》させる

黒い大きめのポリ袋が家庭菜園の苗の越冬に役立ちます。ポリ袋を切り開いて、苗のところだけ穴をあけ、晩秋から春にかけて苗にかぶせておきます。地温が高まり、苗の発育がよくなります。また、雑草も日光があたらなくなるのでのびてきません。

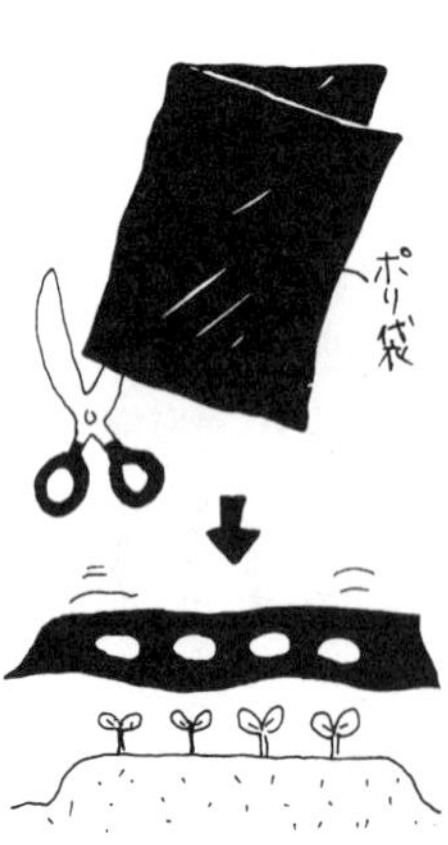

草花の防霜《ぼうそう》には新聞紙を

霜がおりると、ダリアやサルビアなどの秋の草花はいっぺんにいたんでしまいます。よく晴れて冷えこみそうな秋の夜は、草花に新聞紙をかぶせて霜を防ぎましょう。葉から出る水分を新聞紙が吸いとってくれるので、霜

細い竹
支柱
新聞紙
そのまま 軽くかぶせてもよい!
朝、とりのぞく。

はつきません。新聞紙はすきまなく草花をおおうのでなく、かぶせるだけで大丈夫です。風に飛ばされないよう、細い竹を刺してとめておきます。

庭に木を植えるときは隣近所を見てまわる

せっかく高価な木を植えても、その土地の気候風土に合っていないとよく育ちません。それでは、どんな木がその土地に合っているかというと、選び方は簡単。町内をぐるりとひとめぐりしてみればよいのです。そうすると必ず、よく目につく樹種があるはずです。

隣近所で多く見かける木なら、その土地の風土に合っていると考えて間違いありません。

木が弱ったときにはすぐに肥料を与えない

庭木の育ちがどうもよくないからといって、すぐに肥料を与えるのは逆効果。かえって木を弱らせてしまいます。植物が元気がないときは、根がいたんでいることが多いものです。そのうえに強い肥料を与えたのではますます根をいためてしまいます。水はけをよくするなどの手段を講じ、ある程度、木が回復した時期を見はからって、肥料を与えるようにします。

アブラムシ退治にはたばこがいちばん

庭の草木のアブラムシ退治に、農薬を使う必要はありません。たばこの吸いがらで、強力な殺虫剤を作ることができます。

作り方は簡単。吸いがらを五〇本ほど集め、ほぐして中の葉を集めます。これをガーゼで包み、一リットルの水にひと晩つけておけば、茶色の液ができます。この液をスプレーでアブラムシにかければよいのです。ニコチンの毒でアブラムシはたちまち死んでしまいます。

なお、少量のせっけん水をまぜると、なお効果が増します。アブラムシの体表面の油をとかし、体にたばこの液がつきやすくなるからです。

畑のミミズは殺してはだめ

ミミズは、土の中の有機物を栄養としていますので、土をどんどん食べます。そして、ミミズの出す糞《ふん》は植物のよい肥料となります。そのうえ、かたい土も耕《たがや》してくれて、とても役に立つ大切な生き物といえましょう。畑のミミズは害虫ではなく益虫なのです。

砂利道の雑草には塩水をかける

砂利道などの雑草は、生えてくるたびに抜いていたのでは大変です。料理のとき、塩を入れてゆでたゆで汁の残りをそのつど雑草にかけると、地面に塩分がしみこんで、雑草は枯れてしまいます。こうすると、しばらくは新しく生えてくることもありません。

バターナイフを草取りに利用

花壇の雑草取りはめんどうなもの。乱暴に草を抜くと、まわりの花までいためてしまいます。こういうときにはふつう除草ナイフを使いますが、ない場合は、バターナイフで代用できます。雑草の根元にバターナイフを差しこみ、まわすようにして根を起こします。まわりの花をいためずに、きれいに雑草を抜くことができます。

大根を水栽培して葉を食用に

大根の葉にはたくさんのビタミンCが含まれています。でも、店頭で売られているものはたいてい葉が切り落とされています。捨ててしまう大根の頭の部分を利用して、やわら

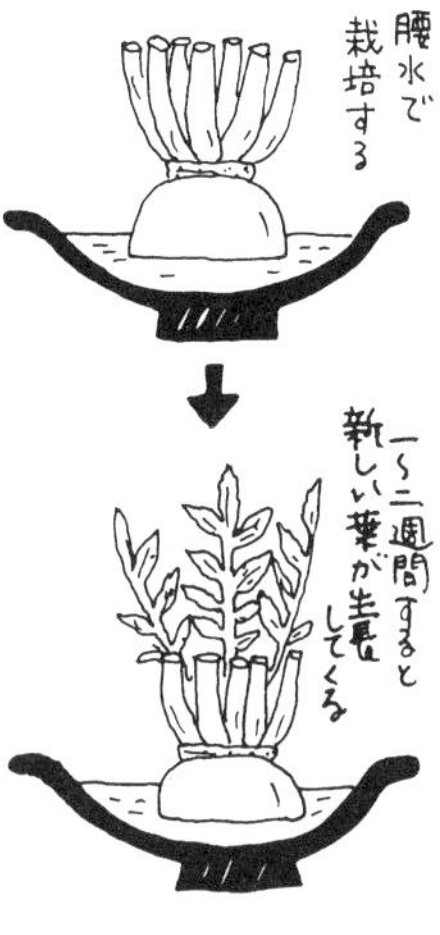
腰水で
栽培する
一〜二週間すると
新しい葉が生長
してくる

かな新葉を出させてみましょう。上部を五センチほど残し、皿に立てて水を入れ、暖かい室内に置きます。水を切らさなければ、一〜二週間で食べられるほどに葉がのびてきます。

台所で野菜を水栽培する

イチゴの容器としてついてくるプラスチックのパックを使って、セリやクレソンを水栽培してみましょう。セリやクレソンは小川の

ふちなどに広く自生していますから、根つきのものを採集してきます。イチゴの空きパックに一センチぐらいの深さで水を張り、根つきの株を入れて台所の窓辺にでも置いておきます。セリやクレソンは湿っぽいところが好きな植物なので、水の中に根をのばし、葉を茂らせます。

水の中にハイポネックスなどの化学肥料を少量入れておくと、さらに育ちがよくなります。料理のツマや香りつけにこの葉をつんで使うというわけです。

ビー玉を使って水栽培を

ビー玉をガラスのびんにぎっしりつめ、草花の種や球根を入れて水を注ぐと、水栽培で育てることができます。色とりどりのビー玉からのびた草花は室内観賞用にぴったり。ガラスびんのかわりにワイングラスを使えば、さらに楽しくなります。

切り花は思いきって飾る

伝統的な生け花の形式は別として、ふだん、玄関や食堂などに切り花を飾るとき、二つの基本パターンを覚えておくと便利です。一つは、同じ花を一〇本から一五本、ただそれだけを花びんにさすやり方。たとえば、カ

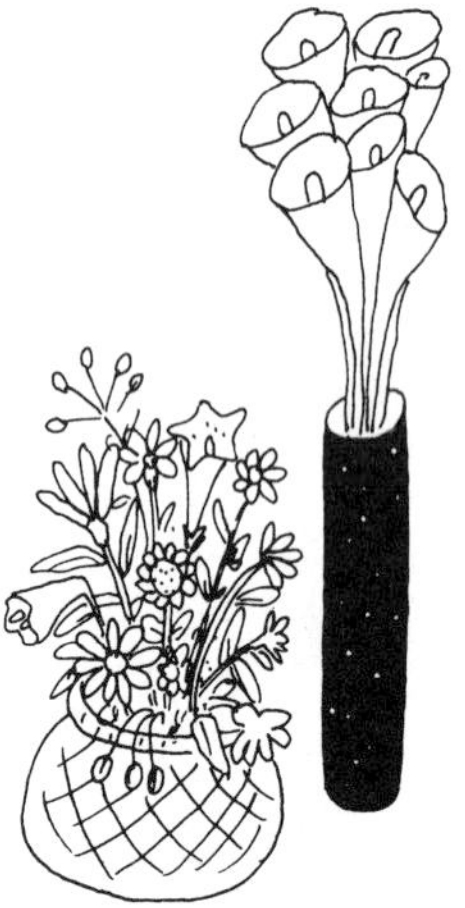

ラーやアイリス、ユリ、カーネーション、トルコキキョウなどを一種類だけ、丈長《たけなが》のまま無雑作にさすのです。

もう一つは、かわいい野の花ふうに、いろいろな花をできるだけ種類をたくさんとりまぜて、カゴなどに盛るやり方。マーガレット、姫ユリ、小菊、ストック、フリージア、アカシア、カスミ草など、多ければ多いほどいいのです。どちらのやり方も半端ではダメ。どちらかに徹底するとアカ抜けた飾り方になります。

花びんに一〇円玉を入れると花が長持ち

切り花を生けるとき、花びんの中に一〇円玉を二、三個入れておきます。一〇円玉は銅貨なので、水中に銅イオンが少しずつ出て、草花が腐るのを遅らせます。とくに夏場におすすめしたい方法です。

生け花は炭酸で長持ちさせる

花びんに花を生けるときは、水の中に炭酸と砂糖を少しまぜておきます。生けた花がぐんと長持ちします。

切り花は冷蔵庫に入れると長持ちする

いただいたばかりの切り花があるのに二、三日旅行するという場合、だいなしにしてしまうのは惜しいものです。ラップに包んで冷蔵庫に入れてしまいます。また、ふだんの日でも、出勤前に冷蔵庫に入れて、帰宅後にまた生けるというようにすればぐんと長持ちすることうけあいです。

淡い色の花はカラーインキで彩りを

色彩の淡い花をもっと彩りよくしたいときは、カラーインキをとかしたぬるま湯に切った花の茎をつけておきます。ひと晩すると茎が色を吸いとり、鮮やかな色の花になっています。

また、白い花を赤く変える、といったことも可能です。

花びんと発泡スチロールで花を生ける

発泡スチロールを花びんの口いっぱいの大きさに切ってつめ、これに花をさします。花の位置を自由に調節できるので、好みのスタイルで花を生けることができます。

背が高く不安定な花びんの底にビー玉を

背が高くて不安定な花びんも多いようです。こんな花びんには、底にビー玉を入れておくとすわりがよくなって安心。ガラスの花びんならカラフルなビー玉を入れると、いっそう美しく見えます。

短い茎の花はストローで長い花びんに

短い茎の花を首の長い花びんに生けるコツです。茎を長くしてやればよいのですから、ストローを茎にさしてやるというわけです。ただし、水を吸い上げる力は多少弱くなると思いますが――。

センターフラワーの生け方

お客さまのあるときなど、食堂のテーブルにセンターフラワーを飾るのもいいもの。あまり深くない小鉢かスープ皿を用意します。その中に、オアシス（花屋で売っている緑色の海綿《かいめん》）をギリギリの大きさに切って押しこみ、十分に水を吸わせます。そこに花をさしていくのですが、コツはどの方向から見ても同じようにすることです。

たとえば、まず玉シダかフェニックスを八枚、テーブルにつくよう下向きにさします。次にカーネーションを一本一五センチくらいに切り、真ん中に立てます。そしてそのまわりにカーネーションを五、六本、ななめにさし、カスミ草などですきまをうめるのです。

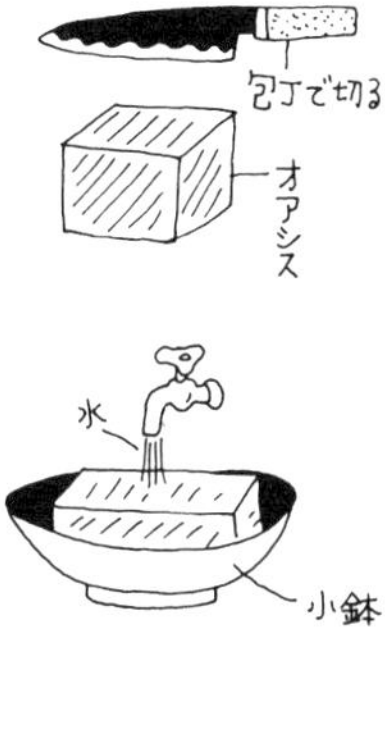

●おしゃれ編

シャンプー後のすすぎに酢を使う

洗髪のあと、髪全体がきしんだようになってしまうことがあります。これは、シャンプー剤の強いアルカリ性のためであることが多いのです。すすぎのお湯の中に、酢を一滴落としてみましょう。アルカリ性を中和し、リンス効果があがります。

シャンプー剤は むやみにたくさん使わない

シャンプー剤は、たっぷり使えばそれだけ髪の汚れも落ちやすいというものではありません。汚れと同時に地肌の皮脂《ひし》も落としてしまいますから、むやみにたくさん使うとパサパサの髪になってしまいます。むしろ、たっぷりのお湯で十分にすすぎをして、汚れを洗い流すことのほうを大切にしましょう。

入浴できないときの洗髪法

病気などで入浴できないとき、体はふき清めることでなんとかなりますが、髪の始末には困るものです。水を使わない、ドライシャンプーを試してみては？　熱いお湯に消毒用アルコールを一割ほどまぜ、これで絞ったタオルで髪と地肌をよくふきます。汚れのひどいときはアルコールの割合を多くし、ガーゼにひたして、ヘアブラシにそのガーゼをかぶせて地肌をマッサージします。湿った髪がよく乾いたら、もう一度、ふだんの要領でたんねんにブラッシングして浮き上がった汚れを払うと、とてもさっぱりします。その後、へアトニックをすりこんでおくとさらにいい気分です。

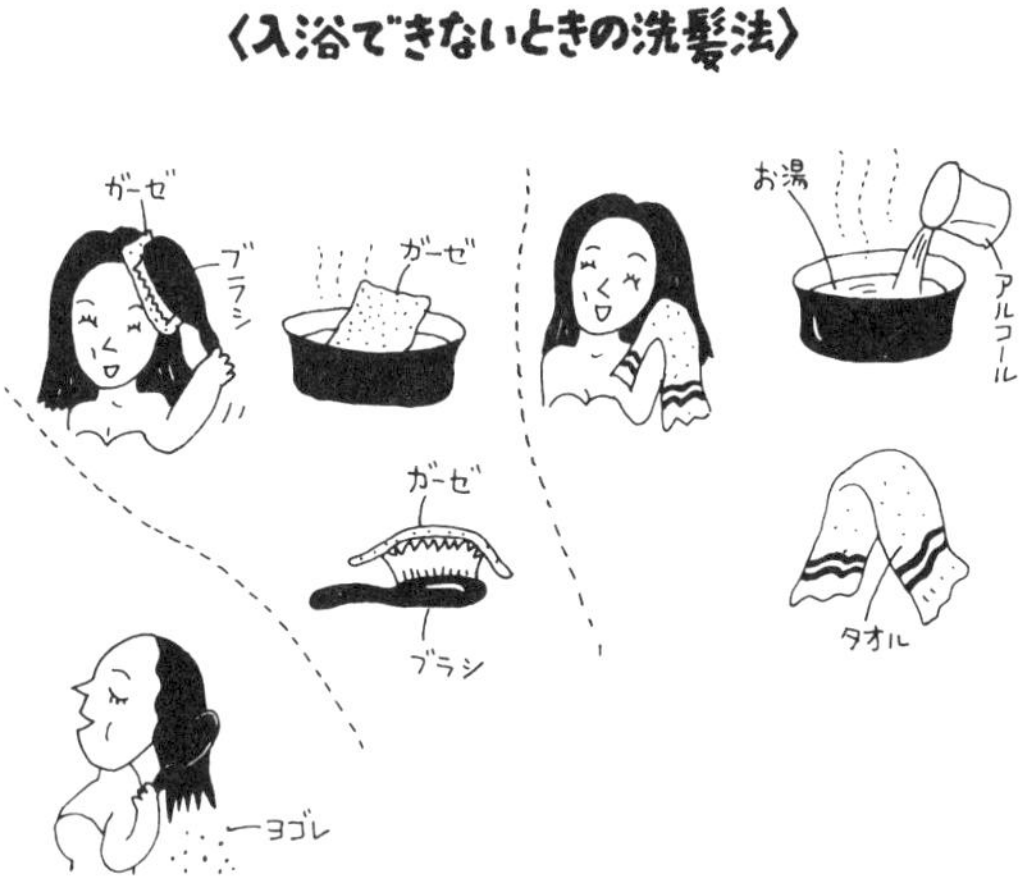

マヨネーズで髪をトリートメントする

パサパサの髪をトリートメントするには、マヨネーズは理想的なものです。動物性たんぱく質の卵と、オイル、それに髪のきしみをとる酢のすべてが含まれているからです。てのひらいっぱいのマヨネーズを髪全体によくすりこみ、ビニールキャップをかぶって三〇分たってから、よくブラッシングして、シャンプーするようにします。

いたんだ髪の手入れにエッグ・シャンプー

夏の強い光線でいたんだ髪には、エッグ・シャンプーを試してみましょう。卵二個分の白身をよく泡立てます。まっ白なメレンゲ状になったら、黄身を加えてよくまぜます。これで髪を洗うのです。十分な洗浄力がありますし、皮脂を奪うこともありません。ただし、すすぎはごくぬるいお湯にしてください。リンスも忘れずに。

ヘアトニックは自作すると経済的

フケが出て頭皮がかゆいときには、ヘアトニックでたびたび清潔に乾燥させ、皮脂口をひきしめることが必要です。市販のものより濃度も高く、経済的ですので、自分でヘアトニックを処方してみませんか。レゾルシン四、ヒマシ油五・五、メントール〇・五、七〇パーセントアルコール九〇の割合で、薬局で調合してもらいましょう。空きびんなど、使いやすい容器に入れておきます。

ブラッシングで皮脂が髪全体にゆきわたる

毎朝五分間ほど、髪をブラッシングする習慣をつけましょう。これは、自然に分泌《ぶんぴつ》される皮脂をまんべんなく髪にゆきわたらせるためです。粗梳《あらす》き用プラスチック製ブラシと、ツヤ出し用獣毛《じゅうもう》ブラシの二本を用意し、根気よく続けましょう。

たまにはミルク風呂もいかが

ミルク風呂というと大変ぜいたくなイメージがありますが、化粧品を買うことを思えばとても安上がりにできます。牛乳の一リットルパックを三、四本、浴槽に入れて、豊かな気分を味わってみませんか。月に二、三回楽しむと、ボディローションなどを使うよりずっと美肌効果があります。

肌の色は壁の色によって変わって見える

肌の色は、室内の場合は壁の色によって微妙にちがって見えます。グリーンやブルーなど寒色系の壁は青白く澄んだ感じに映り、赤やオレンジ、ピンクなどを含む暖色系の壁は顔色も赤らんで映ります。

化粧をするときには、鏡の周囲の壁の色にも注意を払いましょう。とくに暖色系の壁の部屋で化粧をすると、必要以上にホワイトタッチになってしまうという失敗をしやすいのです。

洗顔前に牛乳でマッサージ

毎朝の洗顔前に、牛乳でマッサージしてみましょう。スプーン一杯の牛乳を顔全体にぬり、てのひらでピタピタ押さえるだけでいいのです。せっけんは使わずに、そのままぬるま湯ですすぎましょう。牛乳が汚れをからめとりながら、肌に脂肪分を与えます。

また、ビタミンを含んでいるので漂白効果もあります。

洗顔後のつっぱりは
リンゴ酢でとる

せっけんで洗ったあとの肌のつっぱりは気になるものです。きれいにせっけん分を落としたあと、洗面器一杯のぬるま湯にリンゴ酢を少したらして顔を洗います。こうすると、肌が弱酸性に保たれ、なめらかになり、つっぱりません。ニキビの治療にも効果があります。

ぬか袋で肌を磨く

かつて日本女性のきめ細かい美しい肌にさらに磨きをかけたのがぬか袋でした。古くさいといわずに、試してみるだけの価値はある美容法です。手ぬぐいで二重の小袋を縫い、中にぬかをつめます。入浴のたびにこれで体をこするわけですが、ぬかの油分がほどよく肌に吸収されて、しっとりとして気持ちのいいものです。

ツヤのない肌はスチーム療法で治す

新陳代謝《しんちんたいしゃ》が悪くなり肌にツヤがなくなったときは、洗面器に熱湯をたっぷり入れ、目を閉じて顔をお湯の三〇センチくらい上まで近づけ蒸気にあてます。このとき、ビニールのふろしきを頭からかぶり蒸気を逃がさないようにすること。汗がたらたら出るようになったら、冷水で洗い毛穴をひきしめておくと肌が生き返りツヤツヤになります。ただし、週一度以上はやらないように。

口紅はすべての身仕度が終わってからぬる

服を着る前に口紅をぬると、ワンピースを着るときなど、つい肩口あたりを汚してしまうことがあります。すべて身仕度を終えてからのほうが、服装に見合ったメイクアップもでき安心です。

口紅はガーゼで押さえながらぬる

食器のふちやたばこの吸いがらにベッタリと口紅がついているのは、妙になまなましくて見ていて気持ちのいいものではありませんん。そこで、口紅のぬり方をちょっと工夫してみましょう。口紅をぬるときは、まず紅筆で輪郭をはっきり描きます。そしてそのラインの中をぬりつぶしていきますが、たっぷりとぬって、何度もガーゼで押さえて吸いとらせることをくり返します。そうすればベッタリした感じにならず、ほかのものへ色が移ることもありません。

マニキュアは水につけて乾かすと早い

マニキュアをぬると、乾くまで両手を使えなくてイライラすることがあります。マニキュアをぬった爪を、水を張った洗面器につけてみてください。びっくりするくらい早く乾きます。

マニキュアは爪の裏にもぬる

爪を比較的長くのばしているときは、表だけでなく裏にも透明なマニキュアをぬりましょう。爪がきれいに見えて汚れもつきにくくなります。

香水は箱に入れて保管する

香水は熱や光によって成分が変化してしまうので、風通しがよく、光のあたらない場所に置きます。ステキなデザインのびんが多いので、つい箱から出して鏡台に飾りたくなってしまいますが、いちいちめんどうでも、必

このスキマに
香りがにげてしまう

ず箱に入れておくようにします。また、大きな容器のものは、いくつかの小さな容器に移しかえておくと経済的です。大きな容器だと、香水が減っていくにつれて残ったすきまに香りが逃げてしまうからです。

香水は髪やわきの下につけてはいけない

満員電車に乗ったときに人に不快感を与えないようにと髪に香水をつけたり、汗のにおいを気にしてわきの下につけたりする人がいますが、これはどちらもタブーです。香水の強いアルコール分は髪をいためますし、汗と香水のまざったにおいはとんでもないものになってしまいます。香水は原則として首筋や手首など脈を打つところにつけます。また、下半身に重点をおけば、香りは上へと立ちのぼりますので、効果的です。

夏は化粧水浴でさっぱり

真夏の暑い日、外出前などに化粧水浴で全身をさっぱりさせてみませんか。涼しくなって、汗をおさえる効果も期待できます。化粧水またはレモン汁にアルコールを数滴落としたものを、水で一〇倍ほどに薄めます。冷蔵庫で冷やしておけばよいでしょう。それを霧

吹きに入れ、顔、のど、衿足《えりあし》、胸、手、足などに吹きつけます。同じ分量の化粧水でも、はるかにたっぷりと使った気になります。

全身が映る鏡は身長の五分の三あればＯＫ

どんなに着飾っても、全体のバランスがとれていなければチグハグなおしゃれになってしまいます。やはり全身を映せる鏡はぜひ必要です。といっても、家具店で売っている等身大の一面鏡はなかなか値段が高いもの。ガラス屋さんで、身長の五分の三の大きさに鏡を切ってもらい、両面テープや金具で壁にとりつければ、シンプルで経済的です。

スリムに見せる着こなし

同じ色が上から下までタテに続いていることが、スリムに見せる着こなしの原則です。

たとえば、同色のセーターとスカートの上に、淡い色のブレザーをはおります。ストッキングと靴も、スカートと同じ色にします。このとき、なるべく濃い色で統一するようにすると効果的。

また、Ｖネックのセーターに、同色のスカート、Ｖネックの中にちがう色の丸首を重ね着するのもスリムに見えて、しゃれています。

試着のポイントは横から見たライン

服を買うときに必ず試着をするのはもちろんですが、その際のポイントは、正面だけではなく横のラインをしっかり見ることです。とくに、ゆとりのたっぷりある服はうっかりするとマタニティドレスのようになってしまいますし、上着などはお尻の部分がとび出て見えるとみっともないものです。横からのラインがすっきりしていれば、正面から見てかなりのボリュームがある服でも美しく着こなせます。

かっこうよく歩くには頭を肩から離す

姿勢よく歩くのはとても大切なことです。前かがみの悪い姿勢で歩くのは、見た目が悪いだけでなく、腰、ひざ、足首などに無理な負担がかかって健康にもよくありません。美しく自然な姿勢で歩くポイントは、「頭を肩からできるだけ離す」ことです。頭を上へ上へと持ち上げるようにして、上体の姿勢を決めてみましょう。そうすると、自然に背筋がのび、肩の力が抜けます。重心がまっすぐに

腰に落ちて、足がスッと前に出るようになります。腕の振りも自然になるはずです。

伸縮性のあるズボンは太って見える

ニット地やジャージなどの伸縮性のあるズボンは、どんなにピチッとしたサイズのものでも、下半身がもったりしている印象を与えます。きつすぎればムチムチに、ゆるすぎればだらしなく見えますし、肉体の動く感じが外に伝わってしまうものです。張りのある生地で、体の線が直接出ないズボンのほうがずっとすっきり見えるものです。

マタニティはローウエストですっきり

マタニティウェアというと、胸もとに切り替えのあるものが多いようですが、胸から下がギャザーやタックで広がっているので、かえって必要以上にお腹を大きく見せてしまいます。

むしろ、ローウエスト切り替えのワンピースが、お腹を目立たせません。たっぷりした丈のジャケットを上にはおれば、タテの線が強調されて、よりすっきり見えます。

ベルトの穴の間隔はウエストサイズで決める

ベルトに穴を新しくあけるときは、ウエストが六〇センチ以下の人は穴の間隔を一・五センチとし、ウエストが六〇～六三センチの人は二センチ、それ以上の人は二・五センチとします。

このように、穴の間隔をウエストの大きさで決めると、空腹時や満腹時のベルトの調節がスムーズになります。

男物を着るときは アクセサリーを合わせる

男物のシャツやセーターを女性がさりげなく着るのはしゃれたものです。ただ、そのまま着るのではぶっきらぼうな印象を与えますから、アクセサリーをプラスして女性らしさを出すようにしましょう。広くあけた衿元にTシャツをのぞかせたり、スカーフ、ネックレスをしたり、太めのブレスレット、大きめのイヤリングなどもよいでしょう。

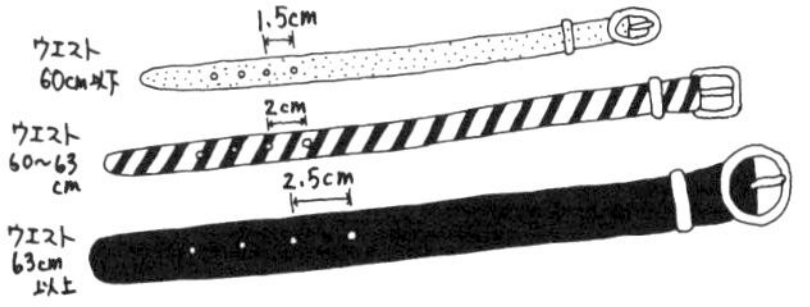

コートとスカートは同色にする

コートに合ったストッキングや靴をはいても、コートを脱いだときにスカートとの相性が悪くて困ることがあるものです。とくにブーツをはくときには注意しなければなりません。なるべくならコートとスカートは同色にすると、ほかのものとのコーディネイトがとても楽になります。

ニットには大きめのアクセサリーを

ニットの服はふつうの服よりも素材自体に量感がありますから、思いきっていつもより大きめのアクセサリーをつけてみましょう。細いチェーンやプチペンダントなどは、ニットと組み合わせると、貧弱な印象を与えてしまいます。ふだん、大きなアクセサリーをつけたことがない人も、ニットのときに冒険してみるといいでしょう。

ダッフルコートは粋《いき》に着られる

学生時代のダッフルコートが洋服ダンスに何年も眠っている家庭も多いのではないでしょうか。ダッフルコートは学生専用のファッションではありません。年齢や流行にとらわれず、男女の別なく、いつまでも粋に着こなせるものなのです。

女性なら、七分丈のダッフルコートの前を全部とめ、下にひざ丈のタイトスカートというのも大人っぽくてすてきです。

男性なら、背広にネクタイ、その上にダッフルコートというスタイルもしゃれていいます。適度にラフな感覚で、外出のときに人をハッとさせます。

ダウンジャケットの下は思いきって薄着に

スキー場ならともかく、街着にはダウンジャケットは暑すぎる……。これはダウンジャケットの着こなし方を知らないからです。スポーツシャツ、セーターの上からオーバーのようにダウンジャケットを着るのはいちばんへたな着用法。ダウンジャケットの下は思いきって薄着にしてこそ、ダウンの軽さ、動きやすさが生きてきます。もっともよいコーディネイトは下着の上に薄手のニットを一枚、その上にじかにダウンジャケットを着ます。暖かい地方でしたら、真冬でもダウンの下はTシャツ一枚で大丈夫のはずです。ただし、

ダウンジャケットが〝本物〟であることが前提です。

ブレザーの丈《たけ》はお尻が隠れるものを

ブレザーを選ぶときは、着てみてお尻が完全に隠れ、太ももものつけ根にくるくらいの丈にします。お尻がはみ出してしまう丈は、とくにズボンと組み合わせたときに後ろ姿が決まらないのです。また、逆に丈が長すぎると、脚が短く見えてしまいます。これは、男性、女性ともに気をつけたいことです。

手作りのリバーシブル・カーディガン

自分だけしか持っていない、粋なリバーシブル・カーディガンを作ってみませんか。同じ形で色ちがいのカーディガンを二枚買い、どちらかの色、または第三の色の細い毛糸で、衿から前立て、裾、それに袖口と肩の縫い目を、針先を外に出さないようにして、縫い合わせてしまうのです。着ていてとても暖かいし、内側の色が見え隠れして、ハッとするほどしゃれています。あまり極端にちがう色は避け、ピンクとえんじ、えんじと藤色、ベージュとアイボリー、クリームと白、紺と水色など、近い色同士を組み合わせましょ

う。袖口を折り返して着てもすてきです。

水着選びは肌の色に合わせて

日に焼けた肌と白いままの肌とでは、似合う水着の色がちがいます。日焼けしたときの肌の色を考えて選ばないと、イメージが狂ってしまいます。日に焼けた肌には白、ピンク、ライトブルーなどの明るい色、白い肌には黒、赤、紺などの濃い色が似合います。

靴を脱いでもバランスのよい服装で

人の家を訪問するときは、ヒールの高い靴をはいて完成する服装は避けるべきです。ヒールに合わせて丈を決めたズボンや、高い靴でないとバランスがとれないスカートなどは、靴を脱いだときにみじめです。また、畳に座ることがわかっているときには、脚が隠れるフレアーのスカートにするなど、気をつけましょう。

外国製バッグは色落ちに注意する

フランスやイタリアの有名ブランドのバッ

グを持っている人も多いでしょうが、色落ちには十分注意しなければなりません。

というのは、欧米と日本とでは気候がちがい、湿気の多い日本で日常に使えるように作られてはいない場合が多いのです。皮革《ひかく》本来の美しさを優先させようとすると、色止めのための被膜処理は完璧には行えないのです。それだけに、美しいバッグが多いのですが、日本で使うのですからよく注意して失敗のないようにしましょう。

雨の日のバッグを決めておく

雨の日に高価な革製のバッグを持って出て、あとの手入れに困ったりすることのないように、あらかじめ雨の日専用のバッグを決めておくと便利です。

ビニール製や、布や革をビニールコーティングしたもの、または、キャンバス地やナイロンタフタなどに防水スプレーをかけて、かさとのコーディネイトも考えながら準備しておくことです。

和服での外出には風呂敷を忘れずに

和服で外出するときには、ハンドバッグの

中に風呂敷を一枚しのばせておきましょう。使いみちはいろいろ。よそのお宅やホテルのクロークなどで、脱いだコートやショール、手袋などをひとまとめにすることができますし、いただきものをしたときにも便利です。

足袋《たび》は着つけの前にはいておく

すっかり着物を着終わってから、やおら座りこんで足袋をはくのでは、きゅうくつで大変ですし、着くずれのもとにもなります。足袋は、肌じゅばんと腰巻きだけつけた状態のときにはいておくようにします。なお、足袋は半分ほど折り返して、キュッキュッと左右にひっぱって、足になじませながらはくとはきやすくなります。

替え足袋は帯の中に入れておく

白い足袋の裏の汚れは目立つものです。和服で、よその家を訪問したりお茶席に出るときなどは、替えの足袋を持ったほうがいいでしょう。

足袋はハンドバッグに入れるとかさばるので、帯の結び目の中に入れこんでしまうと便利です。あるいは、帯の垂れの下にはさんでおくのもよい方法です。ヒップパッドの役もしてくれます。

●お出かけ編

衣類をスーツケースにつめるときには

旅行カバンに衣類をぎゅうぎゅうにつめたのでは、とり出したときにしわができて困ります。ドレス、スカート、コートなど、一着ずつ大きなポリ袋に平らに広げて入れ、くるくる巻いてスーツケースなどにつめるようにしましょう。もし、しわができてしまったときは、ホテルのバスルームにハンガーでつるして湯気にあてるとしわがとれます。

海外旅行では機内で着替えてしまう

海外旅行に行くときは、行く先の国の気候をよく考えて飛行機に乗るようにしましょう。日本は真冬で、セーターを着こんで飛行機に乗っても、着いた国が真夏だと降りたったとたん暑くて困ったりします。これでは楽しい気分も吹きとんでしまいます。行く先が夏なら夏服のひとそろいを、冬なら冬服を機内手荷物に入れておき、トイレで着替えてはどうでしょう。ゆったりとした気分で外国での一歩を踏み出せるのではないでしょうか。

旅行中はシャンプーで下着を洗う

旅行中に下着など小物類を洗濯するときに

は、わざわざ洗剤を持っていかなくても、シャンプーを使えば便利です。髪をいためないくらいですから、衣類にも安心して使うことができます。

タオルを巻いて シャワーで入浴気分を

海外旅行などでシャワーしかない部屋に泊まったときに、シャワーだけで入浴気分を味わえる方法があります。バスタオルを二枚用意し、一枚は両肩にかけ、もう一枚は腰に巻きます。その上から熱いシャワーを浴びましょう。スチームバスのような心地よさです。

ホテル・旅館から外出するときは

ホテル・旅館にチェックインしたあと、出かけることも多いことでしょう。そんなときには、宿泊所のマッチかパンフレットを持って出るようにします。道に迷ったとき、帰りが遅くなりそうなとき、事故などの緊急のとき、チェックアウトしたあとの忘れ物に気づいたときなどに、とても役に立ちます。

大きなホテルは 必ず予約をとってから行く

ホテルは部屋を予約してから行くのが原則

です。といっても予約する余裕のないときもあります。

そんな場合、いきなりフロントで部屋を申しこむよりも、近くから予約電話を入れましょう。ホテルによってはフリーでフロントに行くと、空き部屋があっても断られることがあります。

また、断られないまでも、フロントの応対も、電話を入れてから行くほうが気持ちよく迎えてくれることが多いものです。

ハイキングには缶ジュースを凍らせていく

ドライブやハイキングには、よく缶ジュースを持っていきますが、いざ飲もうというときに生ぬるくなっているとがっかりします。前の晩に冷凍室に入れてキンキンに凍らせておき、翌朝とりだしてポリ袋に包んで持っていくと、目的地に着いたころにほどよくとけて、ちょうど飲みごろになっています。

ビールの空き缶はタテにつぶす

ドライブやハイキングなどで処理に困るのがジュースやビールの空き缶。もちろん放り投げて捨ててはいけません。ビールや炭酸飲料などのアルミの缶は、平らな場所に立てておいて、靴のかかとで真上から思いきり踏みつけるときれいにつぶれます。運動靴のようなやわらかな靴ではちょっと無理ですから、この場合は石を使います。こうやってつぶすとかさばらないので、ゴミ箱のあるところまで持ち運ぶのも苦になりません。

長距離ドライブには牛乳の空きパックを

車で遠出するときには牛乳の空きパックを一個持っていきます。もし、暗い夜道で車がエンコしたら、これを燃やして救助信号がわりに使うのです。牛乳のパックはロウがぬってあるのでよく燃え、しかも火持ちがよいからです。

休日ドライブの帰り時間は遅いほうがよい

休日ドライブでは帰りのラッシュが心配なもの。多くの人はラッシュをはずそうとして、少し早めの時間に帰ろうとしますが、これでは何のためにわざわざ出かけたのかわかりません。むしろ、目的地では十分に楽しみ、夕食を食べてから、ラッシュがおさまりはじめる七時ごろに帰途につくほうがよいのです。そのあとは道路は空く一方ですから、スムーズに家に帰れるはずです。

牛乳パックでかち割り氷を作る

さいころ形の小さな氷ではすぐとけて困るときは、ドーンと大きな氷を作ってみましょう。牛乳のパックは、中をよく洗い、八分目まで水を入れ、そのまま冷凍室に入れて凍らせます。大きいのでとけにくく行楽にももってこいです。釣りなどのクーラーに入れるにも便利です。

動物天気予報

　昔から言い伝えられている〝天気のことわざ〟は驚くほどの数にのぼります。テレビやラジオのなかった時代、人人にとって天気の予知は暮らしに直接かかわる重大な問題でした。

　人々は自然のちょっとした変化も見のがさず、雲の動きや風向きの変化や動植物のようすなどから明日の天気を予測したのです。今日まで残っていることわざは、そうした無数の人々の経験の積み重ねから生まれたものですから、天気予報におとらず確実性の高いものかもしれません。

　ここではとくに動物と関わりのある天気の言い伝えを集めてみました。ホントにあたるかどうか、身のまわりの動物を観察してみませんか？

●アオダイショウが昼間人家に現れたら雨

　アオダイショウは体長一〜二メートルほどの大きなヘビで、人家の近くにもよく現れます。夏の昼、庭先などに姿を見せたら雨が降る前ぶれ。洗濯物をとりこんでおいたほうが無難です。

●クモの巣が補強されたら強風

クモは天気に大変敏感な動物です。クモの巣が二重、三重に補強されていたら、強い風が吹きはじめるしるしだと思って間違いありません。クモは本能的に風が吹くことを知って、巣を補強しているのです。

●アリの動きで天気を知る

アリがせっせと荷を巣の中に運び入れていたら雨。逆に運び出していたら晴れのしるしです。アリは天気の変化を一歩先取りして仕事をしているのです。

●アリが家の中に入ってきたら大雨

動物は理由のない行動はしないものです。わけもなくアリが家の中にゾロゾロ入りこんできたら、大雨が降る前ぶれ。危険を予知して家に避難してきているのです。

●猫が顔を洗うとき、足が耳の後ろまできたら雨

注意深く観察すると、猫が顔を洗う動作はそのつど少しずつちがいます。顔をなでまわす足が耳を越したら、近いうちに雨が降ります。よい天気が続くときは足が耳を越えることはありません。

●ヒヨドリが鳴くと雪の知らせ

雪を運んでくるといわれる動物はたくさんいますが、ヒヨドリもそのひとつ。ヒヨドリは秋から冬にかけて人家の近くにまでやってきます。ヒヨドリの鳴き声が聞こえたら、雪が降るといいます。

●家にカエルが入ってきたら長雨の証拠

田んぼのカエルが家の中に入ってきたら、当分の間は雨です。水の好きなカエルも、あまり雨が長く続くとうんざりして、家の中に避難するのかもしれません。

●小鳥が低いところで鳴くと雨

小鳥も天候の変化を敏感に察知します。いつもよりも低いところにおりてきて、やかましくさえずるようでしたら、天候悪化のしるしです。

●朝、ヤマバトが鳴くと天気は下り坂、夕方鳴くようなら晴れ

ヤマバトは天気のよしあしによって鳴く時間が変わります。朝鳴くときは天気は下り坂で、そのうちに雨になります。夕方鳴くときは、たとえそのとき天気が悪くても、翌日は晴れ上がります。

●ヘビが木に巻きついていると大雨

●朝トンビが鳴いたら雨。トンビが川の上を舞ったら雨、山の上なら晴れ

●カエルがうるさく鳴くと雨

●牛や馬にハエがたくさんたかると雨

●アリが巣の上に土の山を作ると大雨

●スズメが水浴びすると晴れ

●夕方クモが巣を作りはじめたら翌日は晴れ

●ブヨがたくさん出ると翌日は雨

●スズメがうるさく鳴くと雪

●雨の中でヒバリが鳴いたら雨が上がる

●モズが高いところに巣を作る年は大雪

●ヘラブナがエサを活発に食うと雨が近い

●赤トンボが群れて高く飛ぶと翌日は雨

毒キノコを見分ける俗説に気をつける

キノコ中毒は怖《こわ》いものです。昔からさまざまなキノコの見分け方が伝えられていますが、これといって確実なものはありません。地味な色合いのもの、タテに裂けるもの、虫に食われているものは食べられる。はては、毒キノコでもナスとともに煮ると大丈夫、なんてものまでありますが、信用できるものではありません。

カーボン製釣《つ》り竿《ざお》は感電の危険がある

軽くてしなやかなカーボンロッドは釣り竿には最適ですが、他の材質のもの以上に感電には注意が必要です。というのは、炭素繊維は電気の良導体だからです。このため、高圧線や電車の架線のそばで釣り竿をのばすと、直接触れなくても通電して感電するおそれがあるのです。もちろん、落雷《らくらい》にも注意をはらわなくてはなりません。

落雷を避けるには高い樹木を探す

雷は出っ張ったところに落ちるもの。野外で雷にあったとき、近くに窪地《くぼち》があれば比較的安全ですが、ゴルフ場のような広い平地では樹木の下ぐらいしか避難場所がありません。まず、できるだけ高い樹木を選びます。安全なのは木を見上げて仰角《ぎょうかく》四五度の範囲の内側です。これより木から遠ざかると、避雷《ひらい》針《しん》の効果がありません。ただし、木から二メートル以上遠ざかること。近づきすぎると落雷のショックを受けてしまいます。しゃがみこんで姿勢をできるだけ低くするのも大切なことです。

「一時雨」と「ときどき雨」のちがいは

天気予報の基準では「一時雨」は予報の時間帯の四分の一未満降り続く雨、「ときどき雨」は予報時間帯の四分の一以上二分の一未満降り続く雨、もしくは降ったりやんだりする雨の合計時間が二分の一未満となっています。

つまり「一時雨」よりも「ときどき雨」のほうが外出先などで雨に出合う確率が高いのです。

キャンプ用のマットは風呂場用が最高

テントで快適に眠るためには寝袋以上に重要なのが下に敷くマットです。ふつうエアマットかウレタンマットが使われていますが、どちらも一長一短。エアマットは寝心地はいいのですが、パンクしやすいのが難点。登山用のウレタンマットはパンクの心配はありませんが、デコボコの場所では背中や腰が痛くなります。現在のところ、いちばんよいのは風呂場用のウレタンマット。これを適当な大きさに切って使います。登山用のものよりも厚手なので保温性、寝心地にすぐれています。持ち運びにはリュックサックの背中側に入れ、背当てにします。

キャンプで食べる肉はみそ漬けにする

キャンプの食事でいちばんのごちそうは肉類ですが、腐りやすいのが困りもの。これはみそ漬けにして持っていくのがいちばん。

持ち運びにはポリ袋を利用します。肉にみそをたっぷりぬりこんで、二重にしたポリ袋に入れ、輪ゴムで口を閉じます。口を閉じるときに、ポリ袋の中の空気をよく抜いておくのがコツ。こうすれば、安心してリュックサックの中に入れられます。調理は、そのまま焼き肉にするか、とん汁に入れるかすれば、みその風味が味わえます。

灯油をしみこませたレンガでたき火を

薪《まき》を使ってのたき火は、うまく火をつけるのにかなりの技術がいります。レンガをひとつ持参し、灯油をレンガにしみこませて火をつければ強力な火種になります。レンガの火だけでも、お茶をわかすなど簡単な料理程度なら大丈夫です。

レンガに灯油をしみこませる

ガソリンは朝入れると得

車に入れるガソリンは温度が上がれば容積も大きくなり、冷えれば小さくなります。朝、温度の低いうちにガソリンを入れると、昼入れるよりもずっとガソリン代の節約になります。よく車を使う人なら、年間にするとずいぶん得になるのです。

アサヘ

公共施設の周囲は駐車できる場所が多い

駐車場を探してウロウロするのはいやなものです。とくに約束の時間があるときなど、いっそうイライラがつのります。心当たりの駐車場がないときは、前もって市役所、図書館、公会堂などの公共施設が近くにないかどうか調べておくことです。

もし、その公共施設の駐車場に車をとめられなくても、その周囲にたいてい駐車可能な場所があるものです。こうした施設はおおぜいの人が利用するので、そうした人の便宜をはかって駐車できる場所が多いのです。

「五《ご》、十日《とおび》」は都市部に車で行かない

「五、十日」と呼ばれる五日、一〇日、一五日、二〇日、二五日、三〇日は道路混雑がひどいのがふつうです。これは、集金や納品などのため、会社関係者が取引先などに出回る日だからです。

したがって五、十日の混雑は都市部ほどひどいのが特徴です。このような日には、特別の用でもないかぎり、都市部にマイカーを乗り入れるのは避けたほうが無難です。

車頭時間《しゃとうじかん》で追突防止

追突事故を防ぐためには車間距離を守ることが大切ですが、これがなかなかむずかしいもの。たいていのドライバーはつい近づきすぎてしまいがちです。そこで、事故防止の研究者がすすめているのが「車頭時間」です。これは、車どうしの間隔を時間で測ろうというものです。前の車が道路上の標識や横断歩

道を通過してから、自分の車が同じ地点に来るまでの時間を「一、二、三」と測ります。これが車頭時間です。そのままの速度なら何秒後に前の車の位置に達するかを表しています。仮に車頭時間が二秒なら、前の車が急停車すれば、二秒後に衝突することになります。安全な車頭時間は二〜三秒。車頭時間一秒では、危険に気づいても、ブレーキを踏む間もなく追突してしまうそうです。

黒ぬりの車は追突されやすい

明るい色の車が多い中を黒ぬりの車が走ると、目の錯覚でひとまわり小さく見えます。ほかの車から見ると、車のまわりの空間が実際よりも広く感じられ、割りこもうという気を起こさせます。

このため、黒ぬりの車は追突されやすいのです。安全面からは車の色は明るいほうがいいのです。

第10章　なるほど便利！　驚きのアイディア集

水中でならハサミでもガラスが切れる

ガラスを切るには専門的な道具が必要だと思いこんではいませんか。実は、あまり厚くないものなら、ハサミでも切れるのです。ポリバケツなどの容器に水をいっぱいに満たし、ガラスをすっぽりつけます。こうして水中に手を入れ、ハサミでガラスを切ってみましょう。不思議なことに案外簡単に切れてしまいます。ガラスの切り口で手を傷つけないようゴム手袋をはめるのを忘れないように。

びんに穴をあけるときは水を入れる

色やデザインのよい洋酒などのびんは部屋のアクセサリーとしても使えます。でも、ひもでぶらさげたいときなどはびんに穴をあけなければいけません。こんな場合は、びんに水をいっぱい入れてから、クギでコツコツとつつきつづけると、ヒビが入ることなく、案外楽に穴をあけることができます。

五円玉と糸でポスターをまっすぐ貼れる

壁にポスターやピンナップを貼るとき、貼る場所の横に五円玉を木綿糸《もめんいと》で結んでぶらさげます。木綿糸に平行になるようポスターの

タテの線を合わせると、まっすぐに貼ることができます。

靴用ワックスでポスターの色あせを防ぐ

日当たりのよい壁にポスターを貼ると、せっかくの美しいポスターが日焼けして変色してしまいます。日焼け防止には透明の靴用ワックスが効果的。スポンジにつけて表面に薄くムラなくぬります。新しいときのままの色調がいつまでも保たれます。

額で壁を傷つけないよう消しゴムを貼る

額を壁にかけたとき、額のかどで壁を傷つけるのではないかと心配なときは、額をひっくり返して、下側の両角に消しゴムを薄く切って接着剤で貼りつけます。こうしておけば、消しゴムがクッションになって壁をいためることもなく、また額が傾いてしまうということもなくなります。

油絵はジャガイモでリフレッシュできる

壁に飾った油絵もうす汚れていては価値が半減してしまいます。ジャガイモを二つに切り、その切り口で絵の表面をやさしくふきましょう。筆跡の細かなくぼみまでふき終えたら、しばらく乾かしてからでんぷん粉をていねいに払い落とします。色彩のツヤが出て、元の美しさがよみがえります。

ふすまを破いてしまったら

破れた上張りがちぎれていないときは、次の方法で補修します。まず、穴より大きめに

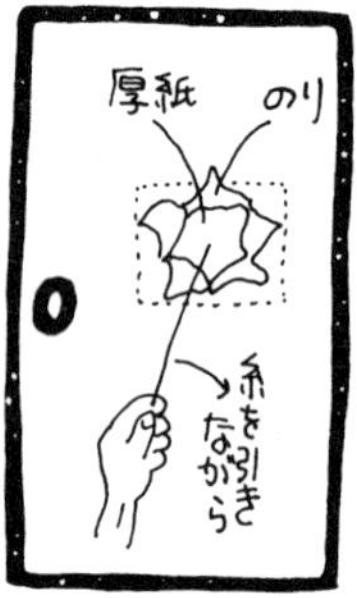

画用紙やハガキを切って、上張りとベタ張りの間にさしこみます。そして、めくれてしまった上張りにのりをつけ、さしこんだ厚紙を台にして元どおりになるよう張っていきます。このとき、芯《しん》にした厚紙の中央に糸をつけ、糸を引っ張りながら上張りを張ると、へこみができず作業も楽になります。

障子《しょうじ》は漂白剤を吹きつけると白くなる

障子の張り替えはめんどうなものです。少少の汚れなら張り替えずになんとかしたいもの。コップ一杯の水に小さじ一杯の洗濯のりをとかし、さらに漂白剤を少し加えます。これを霧吹きで障子に吹きつけておくと、見ちがえるように白くなります。

貼りついたシールはドライヤーではがす

小さな子どもが所かまわず貼ってしまったシールを簡単にはがすコツがあります。ヘアドライヤーでシールを温め、裏についている接着剤をとかしてからゆっくりはがせば、きれいにとれ、あとが残りません。

大きくなりすぎたネジ穴にはタワシの毛

壁にネジをさしこんでいるうちに、穴がだんだん大きくなり、ネジがきかなくなってしまうことがあります。こんなときはタワシや歯ブラシの毛を数本抜き、穴にさしこみましょう。そのうえでネジを再度はめこんでいけば、ピタリと固定してはずれなくなります。

接着剤を穴に注入し、かたまりかけたところでネジをはめても同様の効果があります。

サビついたネジはアイロンをあてて抜く

サビついてしまったネジは、なかなか抜けないもの。こんなときには、ミシン油を一、二滴たらしてからネジの頭にアイロンの先をつけ、二〜三分温めておくと、簡単に抜けます。

ペンキぬりのところにクギを打つコツ

ペンキをぬってある場所にクギを打ちつけたらペンキがはげ落ちてしまった、などということがあります。こんな失敗をしないためには、あらかじめクギを打つ場所にセロハンテープを貼っておき、打ち終わってからはがすようにすればいいのです。

クギに酢をつけて打つと抜けなくなる

自分で棚を作ったら、すぐクギがゆるんでガタガタになったなんてことがありませんか。こんな失敗をしないためには、打つ前に、クギの先に酢をつけておけばいいのです。クギが木の中でサビついて、しっかり固定されます。

キリにテープを巻いて均一の穴をあける

キリや電気ドリルで、同じ大きさの穴をいくつもあけたいときは、刃の部分の適当な位置までビニールテープを厚めに巻いておくと

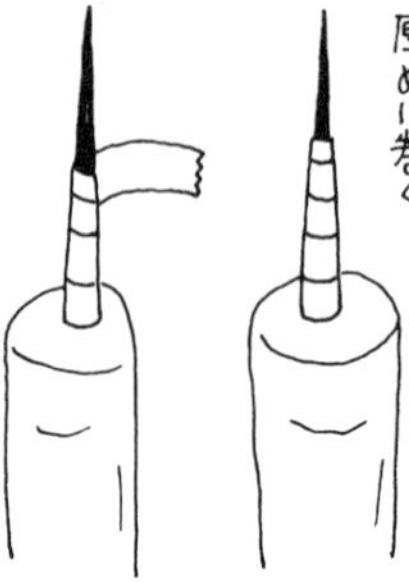

便利です。こうすれば一定のところで刃が止まるのでたびたび刃を抜いて穴の大きさを確かめる手間が省け、ぴったり同じ大きさの穴があきます。

カギ穴がサビついたら鉛筆の芯の粉で直す

ドアを開けるとき、カギ穴がサビついてなかなか回らないのはイライラします。こんなときは鉛筆の芯を削った粉をカギ穴に入れ、四、五回開け閉めをくり返します。こうすると、スムーズにカギが動くようになります。

タンスは週刊誌で簡単に動く

タンスを無理に動かすと畳やカーペットに傷をつけてしまいます。そこで簡単な移動方法を。タンスの引き出しを全部とり出し、下

の角に新聞紙二、三部か週刊誌をはさみます。こうして少しずつひっぱれば、一人でも楽に動かせますし、畳をいためる心配もありません。

物干し竿《ざお》は部屋の中にも一本

物干し竿を部屋の中にも一本さしわたすとなにかと便利です。もちろん雨の日の洗濯干しにも使えます。あちこちにぶらさげるよりずっとすっきりします。また、隅には、観葉植物やドライフラワーなどをつるしておけば、ふだんの日でも見た目が悪くありません。

接着剤のふたにはマチ針を

チューブ入りの接着剤は、一度使うと、次に使うときに、ふたのまわりがのりで汚らしくなりますし、ひょっとするとのりがかたまって出ないなんてことに……。そこで、丸い頭のついたマチ針を元のふたのかわりに使います。こうすればキレイですし、のりがかたまることもありません。

缶入りの接着剤は逆さに置いて保存する

缶入りのゴムのりなどの接着剤は、一度ふたを開けてしまうと、保存しているうちにふたのすきまから乾いてかたまってしまいます。これでは徳用の大きな缶で買う意味がありません。ふたを下に、底を上にして置いておくと、いつまでもかたまらず、最後までむだなく使えます。エナメルやペンキの缶も同じようにして保存します。

せっけん箱にはスポンジを敷く

せっけんを使うとき、ぬるぬるしているのは気持ちが悪いものです。いつも乾いた状態にしておくためには、スポンジを利用すると便利です。せっけん箱の底に薄いスポンジを切って敷くか、それがめんどうなら、いっそ厚めのスポンジをせっけん箱のかわりにして上にのせておくだけでもよいのです。せっけんの水分がスポンジに吸いとられ、いやなぬめりができません。

ぬれたかさはレンガの上に立てかける

雨の日、ぬれたかさを玄関に立てかけておくと、しずくがたれてたたきを汚してしまいます。そこで、レンガを二、三個玄関のすみに置き、その上にかさを立てかけると、レンガが水を吸いとってくれ、具合のよいものです。

ハチはヘアスプレーで退治する

ハチやアブはふつうの殺虫剤では気を高ぶらせるだけで、なかなか退治できません。ヘアスプレーを吹きかけると、ハチの羽はこわばり、たちまち飛べなくなってしまいます。ハチやアブ以外にも、羽のついた虫なら、この方法で退治することができます。

スリッパ立てはタオル掛けで作る

狭い玄関には、できるだけものを置きたくないものです。そこで、タオル掛けでスリッパ立てを作ります。タオル掛けを床から高さ一五センチくらいにとりつけ、ここにスリッパをつま先を上にしてさし込みます。こうして、二段、三段と作ればかなりの数のスリッパが立てられ、収納場所もとりません。しかも、スリッパを重ねる不潔さがありません。

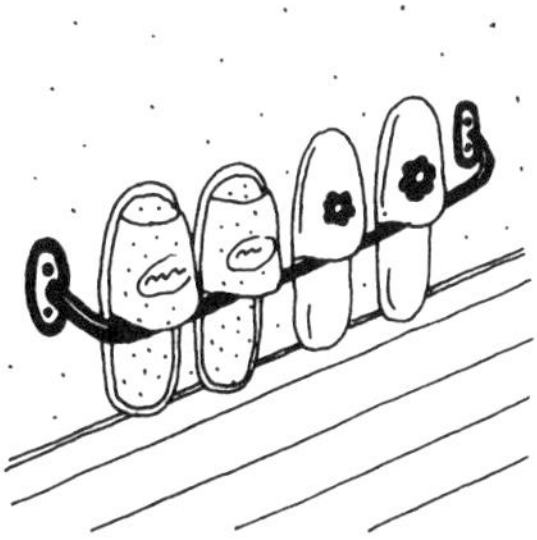

紙袋はスカートハンガーに収納する

買い物をしたときに入れてくれる紙袋は、とっておくといろいろに使えて便利なものです。でも意外に困るのが、この収納場所。棚などに並べてもゴチャゴチャとスペースをとってしまいます。そこで、スカートが八枚くらいかけられる段々式のスカートハンガーを利用してみましょう。同じ大きさのものをそろえてそれぞれの段にはさんでおけば、場所もとらずさっととり出せます。

古新聞の整理には段ボール箱を工夫する

古新聞はついためてしまいがちで、整理に

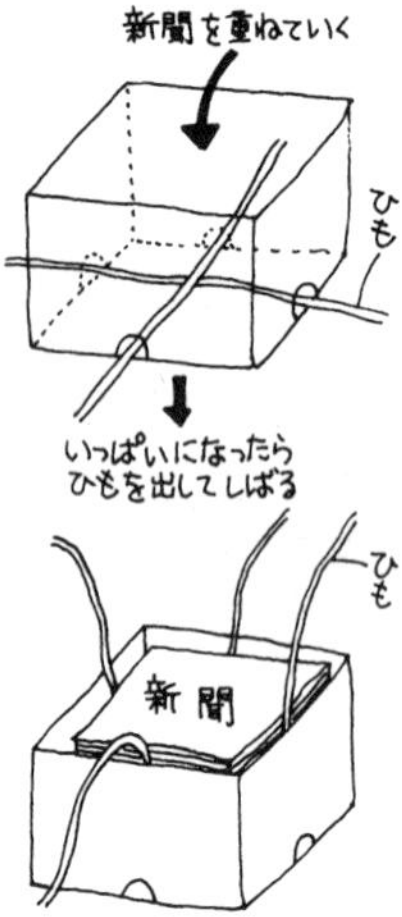

困ります。段ボール箱に入れる家庭も多いようですが、いざ古紙回収に出すときにとり出してしばり直すのもめんどうです。

そこで段ボール箱にちょっとした工夫をしてみましょう。

図のように、段ボールの四辺に穴をあけ、前もって十文字にひもを通しておくのです。新聞紙がいっぱいになったら、ひもを穴からはずして結べばそのまま回収に出せるというわけです。

タオル掛けをワイシャツ専用のハンガーに

ワイシャツは重ねてしまうと衿《えり》の形がくずれますし、意外に場所をとるものです。そこで、洋服ダンスや押し入れの内側にワイシャツ専用のハンガーを作っておくと便利です。市販のタオル掛けをとりつけるだけでいいのです。そこへ、クリーニングからもどったワ

イシャツを、袋から出してたたんだままひっかけておきます。とり出すのも簡単。

ワイシャツ入れに事務用のキャビネットを

ワイシャツ専用の収納ケースとしてぴったりなのが、事務用のファイリング・キャビネット。大判の書類整理に使われている幅四〇×奥行き四六×高さ七〇センチくらいのものなら、ポリ袋に入ったワイシャツが、書類を立てて入れるように、そのまま収納できます。一段の引き出しに十四、五枚も入り、スペースもとりません。

本は高さと前面をそろえて本棚に収納する

本が所狭しと並べられていると雑然とした印象を与えます。室内をすっきり見せるためには本棚の収納法にも気をつかいたいもの。そのコツは、本の高さをそろえるだけでなく、前面のデコボコをなくすようにすることです。奥行きいっぱいに入れず、前の面がそろうように奥に空間を作るとすっきり見えます。

ボックスで食事用テーブルの収納力アップ

部屋の真ん中に置かれた食事用テーブル

は、けっこう場所をとるもの。狭くて、小棚を置くこともできないと思いがちですが、このテーブルの下が意外な収納スペースになるのです。テーブル裏に、高さ二〇センチくらいのボックスをネジでとめつけましょう。それがめんどうなら、フックとチェーンを用意して、棚板をぶら下げます。棚は足のじゃまにならない大きさにすること。これで、びん詰めや缶詰、お盆などを楽々置くスペースができあがります。

余分なハンガーはベルトにかける

余分なハンガーは意外に置き場に困るもの。洋服ダンスにそのままかけておいたのでは、洋服をかけるスペースが狭くなってしまいます。そこで、使わなくなったベルトを一本、ハンガー掛けに利用してみましょう。ベルトを洋服ダンスにつるし、その穴にハンガ

ーをかけるのです。穴の数が少なければ、キリで穴をあけて増やします。

スイカを真っ二つに切るには

スイカを真っ二つに切るのはなかなかむずかしく、たいてい片方が大きくなってしまいます。子どもの多い家庭などでは、大きい小さいのと一騒動です。きれいに真っ二つに切るには、新聞紙を用意します。新聞紙にマーカーで直線をひき、スイカの真ん中をこの線に合わせます。スイカをしっかりおさえながら、包丁をこの線に合わせて切っていくと、真っ二つに切ることができます。

ロウソクは塩水につけて食卓へ

ロウソクのともる食卓もすてきなものですが、ロウがたれてテーブルクロスを汚してしまうと思うと落ち着かないもの。少しでもたれるのを少なくしたいときは、ロウソクを塩水につけることです。もちろん、つけたあとはよく乾かします。ロウソクを買ったらまとめてつけてしまうとめんどうがなくてよいでしょう。

トイレットペーパーを鎖《くさり》でつるす

トイレの中にトイレットペーパーをストックしておく意外な方法があります。鎖を天井からつり下げます。トイレットペーパー数個を鎖に通したら、鎖の下の穴に小枝をさしこんでトイレットペーパーが落ちてこないようにします。とるときは、小枝を抜いて、下のほうから順番にとります。

紙ナプキンはボタンにかけると落とさない

レストランでの食事のときの紙ナプキンは、はしに穴をあけてシャツのボタンに引っかけておくとすべり落ちません。子ども連れのときなど、子どもがナプキンを落とさないかと気を使わなくてすみます。ネクタイピンをしていたら、これでとめるのもよい方法です。

三角フラスコはデキャンタにもなる

専門器具、業務用品を暮らしに生かすのも楽しいものです。医療器具店にある三角フラスコや平底フラスコをワインのデキャンタとして使ってもいいし、試験管カゴを卵入れに使ってもいいでしょう。これらは、たいてい大きめで、機能的に使えます。きっとキッチンでも役に立つでしょう。

手ぬぐいでご飯を炊く

キャンプでご飯を炊くとき、ふつうは飯ごうを使いますが、こんな方法もあります。米を手ぬぐいに包みます。次に水をたっぷり含ませ、地面を浅く掘ってうめ、土をかけます。その上で火をたけばご飯が炊けます。

布袋で蒸しご飯を作る

蒸しご飯はこんなふうに作ります。洗い米を布袋に入れます。その布袋を大きな青葉でぶ厚く包んで、火の中に放り込みます。これで蒸しご飯ができます。

ビニールの折り目は熱湯でとる

ビニール製のテーブルクロスは、いったんしわや折り目がつくとなかなかとれません。かといってアイロンをかけるわけにもいかず苦労します。そこで熱湯にしばらくつけておき、そのまま広げて干せば、しわや折り目は簡単にとれてしまいます。

ホッチキスは立派な洋裁道具

ウエストなどのゴムをとり替えるとき、古いゴムのはしをひっぱり出し、新しいゴムのはしとホッチキスでとめてしまいます。そのまま古いほうをスーッと抜けば、ゴム通しの手間がいらずに新しいゴムが入ります。また、デニムや厚いウールなどのしつけにもホッチキスを使うと便利です。

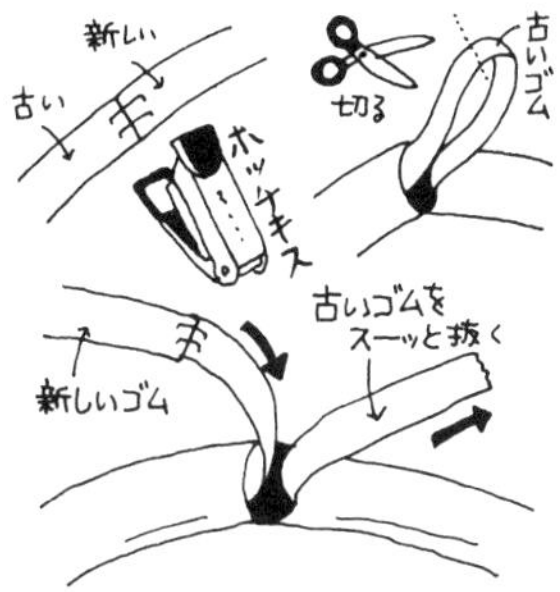

途中で折れた針は茶わんの底で研《と》ぐ

あとひと息というところで縫い針が折れてしまったときなど、いったん手を止めて、針を替えなければならなくてウンザリします。そんなときは、茶わんの底の、糸底《いとぞこ》というザラザラしたところで折れた針の先をちょっと研いでください。そのまま縫い続けられます。

服のラベルをつけ替えてスカーフどめに

ブラウスやワンピースの衿《えり》の内側についているラベルをつけ替えて、スカーフを通せるようにすると、衿からずるずるとスカーフが出てしまうことがなくなります。ラベルはたいていヨコに縫いつけてあるので、これをタテにつけ替えてしまいます。この中にスカーフを通せば、衿元はいつもすっきりというわけです。

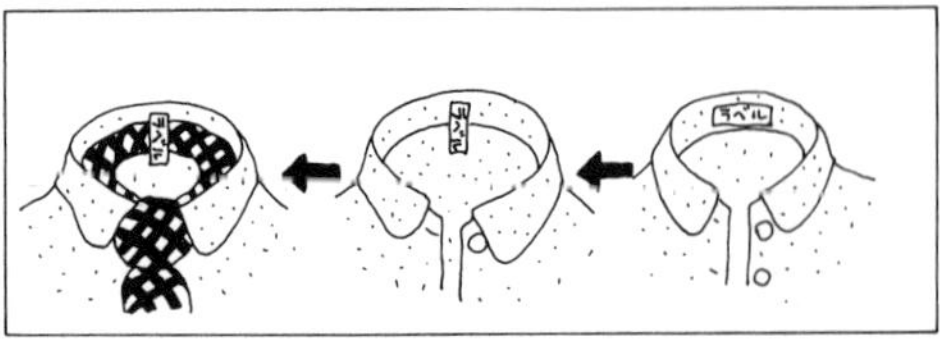

マットに折りこめる掛けぶとんカバー

掛けぶとんカバーは、くり返して洗濯してもいたまない丈夫な木綿の布で作るのがよいでしょう。ふとんがすっぽり入る袋状のカバーを縫い、足のほうを閉じずに開けておきます。足のほうはさらに五〇センチほど余分に布を使って、その部分をマットや敷きぶとんの下に折りこめるようにしておくと、掛けぶとんがずれなくて便利です。

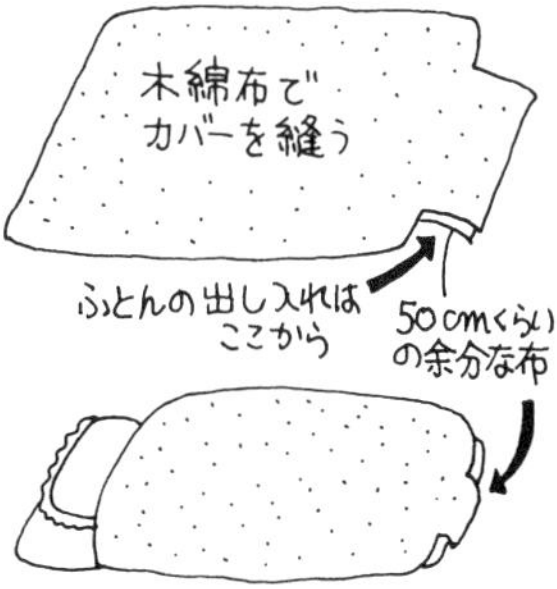
木綿布で
カバーを縫う
ふとんの出し入れは
ここから
50cmくらい
の余分な布

干したふとんを楽に裏返す法

ふとんを干した竿《さお》と平行に、もう一本の竿を並べておきます。裏返すときは、外側のほうのふとんの片側を持ち上げてひっくり返し、もう一本の竿にかけます。このやり方だと、一人でも楽々ふとんを裏返せます。

雪を利用してカーペットをリフレッシュ

小型で持ち運びの便利なカーペットなら、雪が積もったときにカーペットを裏返しにし、表面が雪に触れるようにして広げておきます。一五分たったら雪を払い、しっかり乾かします。見ちがえるように色のさえたカーペットに生まれ変わります。

すべりやすい化繊《かせん》のカーテンを縫うときは

スベスベした化繊のカーテン地はミシンをかけるのに苦労します。そこで、カーテン地の下にロールのトイレットペーパーを重ね、一緒に縫い合わせるようにします。目の粗《あら》いミシンでゆっくりかければ縫いやすく、しわも寄りません。縫い終わったら、トイレットペーパーをひっぱってはずせばいいのです。

きつい靴はお湯をつけてのばす

買ってしまった靴がどうしてもきつくて、足が痛くてたまらないという失敗はよくあります。そんなときの、ちょっと大胆なアイディア。熱湯にひたしたタオルで、靴の外側も内側もピタピタしめらせてしまうのです。熱で革がのびますから、乾いた布で水気をとってからはきます。はいたままで自然に乾くまで待ちましょう。これを二度ほどくり返すと、靴はぴったり足に合うようになります。もちろんそのあとで、保革油をよくすりこんで、靴クリームでツヤが出るまで磨くのを忘れないように。

時刻表は写真に撮る

バスや電車の時刻表は、ダイヤ改正のときに印刷したものが配られますが、うっかりも

らいそこなうことがあります。そんなときは駅の時刻表を写真に撮ってしまいましょう。書き写す手間が省けますし、転記ミスも防げます。また手札サイズに焼くと、定期入れにおさまってとても便利です。

電話番号簿は一行おきにマーカーをひく

家庭用の電話番号簿には、氏名と電話番号を書いた上から一行おきにマーカーで色をぬります。ぐんと番号が見やすくなり、間違い電話をかけなくてすみます。

こわれやすいものを送る方法

焼き物などを安全に郵送する方法です。ティッシュペーパーの箱の側面を一辺だけ残してナイフで切り、ティッシュの間にはさんでからテープでとめ、小包にします。送られた先では、物をとり出したあとのティッシュはそのまま使えます。

草むしりするときは爪の間にせっけんを

草むしりのときに爪の間に入った泥は、いくら手を洗ってもなかなか落ちません。あらかじめせっけんを爪でひっかいて、爪の間にせっけんをつめておけば大丈夫。草むしりにかぎらず、手を汚す仕事ならなんでもこの方法が使えます。

つまようじのケースは包帯入れに

傷口を保護する包帯は、清潔にして保存をしておきたいもの。つまようじのビニールケースが包帯入れに形も大きさもぴったりです。ホコリがつかず、気持ちよく使用できます。

泥棒に入られたら〝火事だっ〟と叫ぶ

夜中に泥棒の気配がしたら窓を開け、〝火事だっ〟と大声で叫びます。そのとき、フライパンなどをたたくといっそう効果がありま す。それは、泥棒だと他人事《ひとごと》だと思ったり、恐怖がってしまう近所の人も、火事ならば、急を聞いて駆けつけてくれる公算が大きいからです。

耳が遠い人と話すときはラップの芯《しん》を使う

お年寄りや耳の不自由な方と話すときにいつも大声ばかり張り上げていたのでは、話すほうも疲れます。また、はた目にも怒鳴っているように見えて、誤解をまねくことにもなりかねません。そこでラップの芯を使って話してみましょう。芯を相手の耳にあてて、ふつうに話すだけで、声が外にもれないため、かなり聞きとりやすくなります。

たくさん切手を貼るときはジャガイモを

年賀状などでたくさん切手を貼るときは、ジャガイモを二つ切りにしてスポンジがわりにします。底を少しそいで平らにすると安定がよくなります。切手につく水気が適度で、

かえってスポンジよりも使いやすいくらいです。湿り気が足りなくなったら、少しずつそいでいきます。

くっつき合った切手は冷蔵庫ではがす

保存しているうちにくっつき合ってしまった切手は冷蔵庫に入れておきます。こうすると、パラッと簡単にはがれてくれます。もちろん、のりの部分は損なわれていませんので、ふつうに使えます。

旅先でのベビーベッドはビニールプールで

小さな赤ちゃんを旅行に連れていくときは、ベビーベッドを持っていくわけにもいかず、寝かせる場所に困ります。そこでビニールプールを持っていきます。これなら旅行先でふくらませ、毛布やタオルを敷くだけでベッドに早替わりします。

レンズにひと息かけてソフトフォーカスに

カメラもただシャッターを押すだけではつまらないものです。いろいろと工夫をして、ちょっと変わり種の写真を撮ってみるのもおもしろいはず。たとえば、少しムーディにソ

フトフォーカスなんていうのもいいのではないでしょうか。セロファン、すりガラスなど方法はさまざまですが、何もいらなくて、もっとも簡単なのが、自分の息をかけるという方法。レンズにハァーッと息をかけ、くもったところで素早くシャッターを押すだけでできあがり。少しムラになるのは均一に息がかからないためです。

海水浴では腕時計をガラスのびんに入れる

海水浴には小さなガラスの空きびんを持っていき、腕時計をこの中に入れるようにします。空きびんはふたがしっかり閉まるものを選びます。砂や水が入る心配がなくなり、外から時刻が読めるのでとても便利です。

ボールをぶら下げておくと車庫入れに便利

ガレージに車を入れるとき、バックの感覚がよくわからなくて壁にぶつけてしまうことがあります。こうならないためには、ガレージの中に天井から糸でボールをぶら下げておきます。車にボールがあたってからどれくらい下がれば壁にあたるかを覚えておくと、ぶ

つける心配がありません。

蚊取り線香は寝る前に洗濯バサミをはさむ

蚊取り線香をひと晩中燃やしつづけるのはもったいないもの。人によっては煙でのどをいためてしまいます。寝る前に適当な長さのところに金属製の洗濯バサミをはさんでおくと、自然にそこで消えます。残りは翌日また使えるので経済的です。

スカートで自転車に乗るときは

自転車を走らせているときに、風でスカートがまくれあがってしまうのは気になってしかたないものです。これを防ぐには、洗濯バサミ二個を五〇センチほどのひもでつなぎ、ハンドルの軸の部分に、真ん中をクルリとまわしてとりつけます。スカートの裾《すそ》をこれでとめておけば、どんなに風の強い日でも安心です。

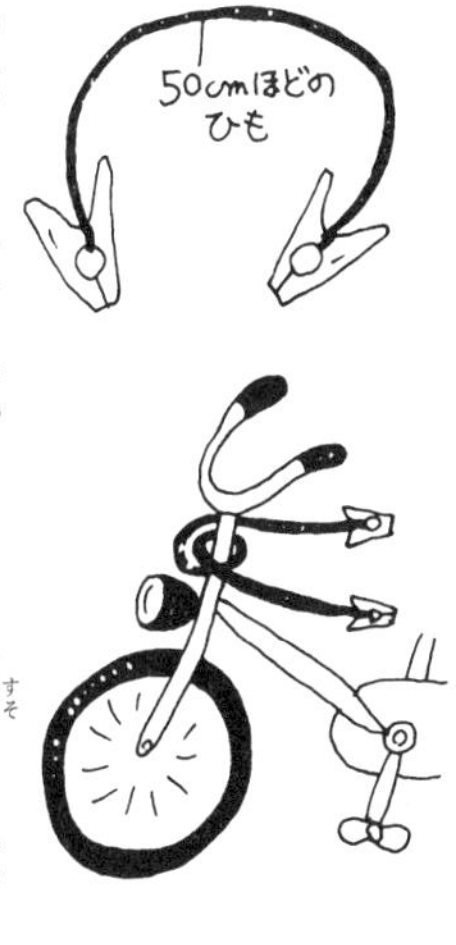

折れた口紅は冷蔵庫で直す

折れてしまった口紅は簡単に再生できます。折れた部分をマッチの火でとかして元のようにくっつけます。そして、冷蔵庫に入れておけば、元どおりになり、前と同じように使えます。

電気コードを使って ペディキュアをぬる

足の指はくっついているので、ペディキュアをぬるのにひと苦労します。電気のコードを交互に足の指にはさんでぬると、とても楽にぬれます。

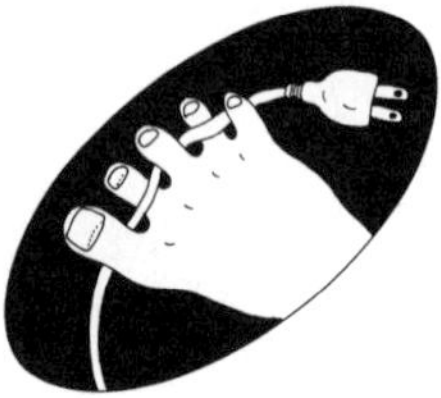

忘れ物防止には 腕時計を逆の腕にはめる

何かしなければならないことを覚えておくための記憶術です。たとえば、昼食後、○○さんに電話を入れるといったケースに役立つのです。しなければならない仕事がすむまで、腕時計をいつもはめている腕とちがうほうの腕にはめておきます。逆の腕にある時計を見るたびに用事を思い出しますから、忘れることはありません。

電灯の明るさは アルミホイルで三倍に

電灯を長く使っていると、だんだん明るさが落ちてきます。新しいものととり替える前に次の方法を試してみましょう。かさの内側にアルミホイルを張ります。アルミホイルが光を反射し、明るさはなんと三倍増しにもなるのです。

鏡でロウソクの明るさを倍増させる

停電になったとき、ロウソクの火だけではあまり明るくなりません。角度の調節できる電気スタンドに輪ゴムで鏡をとりつけ、ロウソクの火を反射させると、明るさが倍増します。

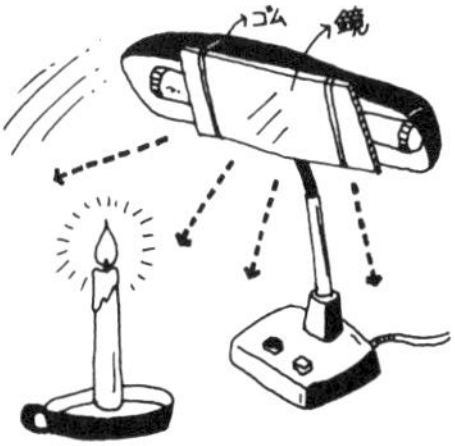

本作品は一九八四年九月、日本社より刊行された
『HOW　TO　コツ』を改題し再編集しました。

日本社―楽しく読みやすく、すぐに役立つ実用書をみずから編集し、出版している。
著書には『つい誰かに話したくなる雑学の本』『目からウロコ！ 日本語がとことんわかる本』『気にしだしたら眠れなくなる「？《ハテナ》」の本』『ついやってみたくなる「不思議」の本』『つい誰かに話したくなる日本史雑学 すごい人物ばかり・篇』『つい誰かに話したくなる日本史雑学 いつも事件はつきない・篇』（以上、講談社＋α文庫）などがある。

講談社＋α文庫 やってびっくり 生活雑学《せいかつざつがく》の本《ほん》
――HOW TO コツ1000
日本社《にほんしゃ》

2003年4月20日第1刷発行
2003年6月26日第3刷発行

発行者――――野間佐和子
発行所――――株式会社 講談社
東京都文京区音羽2-12-21 〒112-8001
電話 出版部(03)5395-3722
販売部(03)5395-5817
業務部(03)5395-3615

装画――――祐泉 隆
デザイン――――鈴木成一デザイン室
カバー印刷――――凸版印刷株式会社
印刷――――慶昌堂印刷株式会社
製本――――有限会社中澤製本所

落丁本・乱丁本は購入書店名を明記のうえ、小社書籍業務部あてにお送りください。送料は小社負担にてお取り替えします。
なお、この本の内容についてのお問い合わせは生活文化第二出版部あてにお願いいたします。
Printed in Japan ISBN4-06-256730-X
定価はカバーに表示してあります。

講談社+α文庫 Ⓑことば

書名	著者	内容	価格	番号
ちょっとしたものの言い方	パキラハウス	誰もが苦手なフォーマルな言い方。ゲーム感覚で活用できる脱・ロベタの一〇〇〇の定型	524円	B 1-1
*四字熟語366日	野末陳平	一日一語、スピーチ、手紙、ミーティングに活用引用、自由自在!! 言葉の名手になる本	880円	B 3-1
*英文対訳 世界を動かした名言	J・B・シンプソン 隈部まち子 訳 野末陳平 監修	ユーモア、知性、ウィットにとんだ言葉七九六を収録。生きる勇気と力を与える名言集!!	800円	B 3-2
*どこにもないヘンな雑学の本	野末陳平	深層心理学から男女カンケイ学まで、雑学の達人による雑学の絶品・珍品をお届けします	780円	B 3-5
*格調と迫力 名句・ことわざ366日 ビシッと決めることばの使い方	野末陳平 監修	重々しく深みのある言葉! その場を唸《うな》らせる言い方!! 思わず使いたくなる言葉が満載	880円	B 3-6
*誰もハッキリ答えられない社会のカラクリの本	野末陳平	大問題から小問題まで、どこにも出ていない世間の仕組み! 世の中のもやもやが晴れる	880円	B 3-7
*読めそうで読めない漢字2000	加納喜光	「豚汁」は「ぶたじる」か「とんじる」か!? ふだん曖昧に読み流している漢字がわかる本!!	913円	B 6-1
*誰もが「うっかり」誤用している日本語の本	井口樹生	「愛想をふりまく」「愛敬をふりまく」はどっちが正しい? 日本語をもう一度考える本!!	740円	B 11-3
目からウロコ! 日本語がとことんわかる本	日本社	言い回しやことわざの正しい意味と由来、敬語や業界用語も。「いいことば」はこれで万全	951円	B 13-1
つい誰かに話したくなる雑学の本	日本社	なるほど、そうか!! 本当のところを正しく知るのはこんなに楽しく面白い。話のタネ本	854円	B 13-2

*印は書き下ろし・オリジナル作品

表示価格はすべて本体価格(税別)です。本体価格は変更することがあります

講談社+α文庫 Ⓑことば

書名	著者	内容	価格	番号
気にしだしたら眠れなくなる「?《ハテナ》」の本	日本社	岩と石の境界はどこ? いわれてみると答えられない「身近な疑問」解消のものしり本!!	680円	B 13-4
やってびっくり 生活雑学の本 コツ《HOW TO》一〇〇〇	日本社	掃除、シミ抜き、洗濯、収納から料理、DIY、廃物利用、健康法まで、役立つコツと裏ワザ!	840円	B 13-5
*英会話、簡単な言い方ほどよく通じる	松本道弘	「英会話本」を信じるな!! 簡単表現と例文を丸ごと暗記して、大声で話せば確実に通じる	600円	B 17-1
ナニワ英語道 ホンネが通じる英会話	松本道弘 青木雄二 画	大阪的発想は、英語達人への近道だ!! 3大要素はストレート・スマート・ストロング!!	640円	B 17-2
GetとGiveだけで英語は通じる	松本道弘	getとgiveを使いこなすと、聞く力、読む力が大幅にアップし、驚くほど上達する!!	600円	B 17-3
*その場がど〜んともりあがる雑学の本	雑学倶楽部	雑学の元祖で、「日本雑学大賞」の主宰者が目的別場面別に選りすぐった、雑学本の決定版	840円	B 18-1
*雑学 宮本武蔵の人間学 なぜ日本人は不敗の武芸者にひかれるか	雑学倶楽部	小説・TVドラマではよくわからない人間武蔵の真実!! 武蔵の不思議な魅力を新発見!	780円	B 18-2
ちょっとしたアメリカ日常会話1000	松本薫 J・ユンカーマン	通じる日常会話は短くカンタンが当たり前!! 頭の中で考える前に声になる英会話習得本	780円	B 19-1
日常会話なのに辞書にのっていない英語の本	松本薫 J・ユンカーマン	簡単な英語の中にも想像を絶する意味の言葉が沢山! 知らないと生命を落とすことも!	580円	B 19-2
散文 私は生きるのを好きだった	谷川俊太郎	生きることのささやかな幸せが、胸の内に広がってくる! 極上のことばに出会える名著	880円	B 21-1

*印は書き下ろし・オリジナル作品

表示価格はすべて本体価格(税別)です。本体価格は変更することがあります

講談社+α文庫 Ⓑことば

書名	著者	内容	価格・番号
*40日右脳ラクラク記憶法 TOEIC®テスト 絶対出る英単語1500	リック西尾	基本中の基本だけど、意外とやっかいでミスをする日常生活英単語からマスターしよう!!	580円 B 22-10
ちょっと迷う とっさの敬語 どちらが正しい? 間違いやすい用例500	奥秋義信	知っててよかった使える実例。日常、職場、電話、スピーチ、手紙……あらゆる場面に!!	780円 B 27-1
*「学校英語」ではわからない英語の常識	松永大介	学校では絶対教えない本当の英文法、会話の常識中の常識を、面白い実例でやさしく解説	680円 B 28-1
*朝の通勤一時間で覚える TOEIC®テスト英単語 730レベル「月・火・水・木・金」速習法	小池直己	テストに出る英単語、ビジネス英語、決まり文句を月～金で速習・復習できる必勝本!!	640円 B 29-1
*朝の通勤一時間で覚える 語源別TOEIC®テスト英単語 700レベル「月・火・水・木・金」速習法	小池直己	1単語約15秒、1時間で240語を語源で覚えて700点突破!! 超スピード暗記単語帳	640円 B 29-2
*朝の通勤一時間で覚える たった50単語の英会話イディオム1000	小池直己	1000のイディオムを50単語から連想して覚える速習法!! 日本語訳で引ける索引付き	640円 B 29-3
*TOEIC®テスト600点 英単語コツあり速習法	小池直己	小池式覚え方のコツで構成した単語帳。読解問題に必須の広告などに頻出する単語も収録!	640円 B 29-4
*試験問題形式 TOEIC®テスト600点速習法	小池直己	TOEICの試験監督を務めた著者が明かす超実践暗記法!! 解きながら覚える500問	640円 B 29-5
お魚の常識非常識「なるほどふ～ん」雑学	マルハ広報室 編	魚の目利きから料理の勘どころまでプロも納得する知恵と蘊蓄《うんちく》! 魚介のカラー図鑑付き	880円 B 30-1
アメリカの子供が「英語を覚える」101の法則	松香洋子	たったこれだけの法則を覚えれば、母国語のように正しくきれいな発音が身につけられる	700円 B 31-1

*印は書き下ろし・オリジナル作品

表示価格はすべて本体価格(税別)です。本体価格は変更することがあります

書名	著者	内容	価格	番号
空想犯	安野光雅	空想犯アンノに手引きされ、嘘力、着眼力、発想力が急増！ 人生が愉快になる刺激本！	880円	B 32-1
騒音文化論 なぜ日本の街はこんなにうるさいのか	中島義道	うるさい日本に、嫌悪感で虫酸《むしず》が走り、反吐《へど》が出る。戦う哲学者の敵は「日本と日本人」!!	780円	B 33-1
*なるほど、そうか英語面白雑学 楽しみながら強くなる	鳥居オフィス	サザンの桑田、宇多田ヒカルの英語感覚は要注目だ!! 英語は面白ネタから入るのが一番	780円	B 34-1
自分の俳句をこう作っている	金子兜太	句作りのうまい人とへたな人はどこがどう違うのか。現代俳句の第一人者が明快に解説!!	880円	B 35-1
*知らないと損する お金のこと経済のこと	雑学ものしり倶楽部	基礎知識から得する知恵まで、これだけは押さえておきたい経済の常識とお金の運用法!!	840円	B 36-1
*ウソ、ホント!? 「からだの不思議」の雑学	雑学ものしり倶楽部	からだの神秘、五感の謎!? 噂の真偽《しんぎ》を最新情報で一挙に解明!! 健康に生きるヒント満載	740円	B 36-2
*「心のホント・心のウソ」心理雑学 人間関係で泣かないマニュアル	雑学ものしり倶楽部	ひとの心はここまでわかった!! 人間関係がスムーズになり、賢く生き抜くヒント満載！	780円	B 36-3
*超短縮ネット英語１５００ 日本で初のＷｅｂｌｉｓｈ辞典	関口敏行	ネットから生まれたＷｅｂｌｉｓｈ。短縮、顔文字、記号化。英語はここまで進化した！	780円	B 37-1
遠山顕の英文法31のツボで英会話名人	遠山顕	「お願い！」「よろしく」「ショックです」英文法のコツがわかって気分がスイスイ伝わる!!	580円	B 38-1
「読んで身につけた」40歳からの英語独学法	笹野洋子	40歳目前に英語を始め47歳で翻訳家になった著者の英語体験エッセイ。効率的独学のコツ	580円	B 39-1

*印は書き下ろし・オリジナル作品

表示価格はすべて本体価格（税別）です。本体価格は変更することがあります

- *自力解決!! ご近所トラブル対応術 — 志賀 剛 監修 / 佐藤友之 — クリーニングで服を失くされた。人の家で子供が花瓶を割った。そんな時役立つ法知識 — 640円 C 5-3
- 大工棟梁《とうりょう》の知恵袋 住みよい家づくり秘訣集 — 森谷春夫 — 家を新築したい、一戸建てを購入したいと考えている人にプロが教えるとっておきの知恵 — 880円 C 6-1
- ダイエットの常識・非常識 — 医学博士 小野博通 — 二度と太らなくなる体質改善法。空腹を我慢してもやせない!! 食べてやせて健康な体に — 540円 C 8-1
- 日曜日の住居学 住まいのことを考えてみよう — 宮脇 檀 — 間取りから家相まで、わかっているようでわかっていない家とのつきあい方を明快に語る — 563円 C 11-1
- 「がん」ほどつき合いやすい病気はない — 近藤 誠 — 乳がん治療で日本一の実績を誇る専門医による画期的な書。がんが恐い病気でなくなる!! — 718円 C 12-1
- 安心できるがん治療法 「治療死」しないために — 近藤 誠 — 治療苦に陥らない安心な治療法をがんの種類別に解説。命は医者に預けず自分で守ろう! — 780円 C 12-3
- よくない治療、ダメな医者から逃れるヒント — 近藤 誠 — 患者の知らない医療情報と医者選びのポイントを大公開。現役医師による「良心の書」! — 840円 C 12-4
- *クッキングパパのレシピ366日 — うえやまとち — わかりやすい、すぐできる!! 連載五百回記念の厳選料理満載で初心者もベテランも納得 — 854円 C 15-1
- *クッキングパパの週末のレシピ201 — うえやまとち — 作って楽しく、食べて感動!! 和洋中にパンやお菓子もぎっしり満載の超おすすめ料理集 — 640円 C 15-2
- *クッキングパパの読者ご自慢レシピ — うえやまとち編 — アイディア一杯のスピード料理、残りもの活用術、簡単ケーキなど。生活密着型(得)料理集 — 600円 C 15-3

*印は書き下ろし・オリジナル作品

表示価格はすべて本体価格(税別)です。本体価格は変更することがあります

講談社+α文庫 ©生活情報

書名	著者	内容	価格	番号
小林カツ代の切って煮るだけ鍋ひとつだけ	小林カツ代	春はたけのこの煮物、夏はラタトゥイユなど、オールシーズンのレシピがすべて鍋ひとつ！	580円	C 29-2
小林カツ代の野菜でまんぷく 野菜でまんぞく	小林カツ代	カレー味、クリーム味、ごま風味、みそ仕立てなどなど野菜が大変身!! 驚きの68レシピ	580円	C 29-3
小林カツ代の魚でカンタン 魚でおいしい	小林カツ代	下ごしらえが面倒、目やうろこが嫌、などの気分は一挙に解消！ おいしい魚の食卓実現	580円	C 29-4
*知ってホッとする「からだ系」の疑問	中村はるね 監修 からだ系コイダス編集部 編	恥ずかしくて誰にも聞けないアノ悩みと不安をズバリ解消。心とからだのリスクを考える	640円	C 30-1
ワインは自分流が楽しい ソムリエ世界一の原点	田崎真也	天才か、努力型か!? ワイン漬けの日々を経て彼はとにかく頂点を極めた。それから――	640円	C 31-1
世にも美しいダイエット㊤	宮本美智子 永沢まこと	やせるだけでなく心とカラダに活力を与える〝伝説のダイエット〟ついに文庫版で復活!!	600円	C 32-1
世にも美しいダイエット㊦	宮本美智子 永沢まこと	知的女性に絶大な支持を得たユニークな食事法はどんな効果をカラダにもたらしたのか!!	600円	C 32-2
絵を描きたいあなたへ 道具の選び方からスケッチ旅行のノウハウまで	永沢まこと	スケッチの達人があなたの手を取って教えてくれる描く楽しみ、誰でも上手くなる練習法	740円	C 32-3
*イラスト「かんたん手話」入門	飯塚千代子 監修 波切千秋 イラスト	自己紹介からSOSまで全2色刷りで解説。やさしい心を伝えるためにぜひ覚えたい!!	1200円	C 33-1
いい歯医者 悪い歯医者	林晋哉 林裕之	「削る」「抜く」「矯正する」だけではない、「いい歯医者」の見分け方、選び方のコツ！	740円	C 34-1

*印は書き下ろし・オリジナル作品

表示価格はすべて本体価格(税別)です。本体価格は変更することがあります